高等职业教育社区管理与服务专业系列教材

社区工作实务

主　编　溥存富　彭　振
副主编　郭小建　董海宁

中国轻工业出版社

图书在版编目（CIP）数据

社区工作实务/溥存富，彭振主编. —北京：中国轻工业出版社，2024.11
高等职业教育"十二五"规划教材
ISBN 978-7-5019-9653-7

Ⅰ.①社… Ⅱ.①溥…②彭… Ⅲ.①社区-工作-中国-高等职业教育-教材 Ⅳ.①D669.3

中国版本图书馆CIP数据核字（2014）第034379号

责任编辑：张文佳　　责任终审：张乃柬　　封面设计：锋尚设计
版式设计：王超男　　责任校对：吴大鹏　　责任监印：张　可

出版发行：中国轻工业出版社（北京鲁谷东街5号，邮编：100040）
印　　刷：三河市万龙印装有限公司
经　　销：各地新华书店
版　　次：2024年11月第1版第11次印刷
开　　本：720×1000　1/16　印张：17
字　　数：340千字
书　　号：ISBN 978-7-5019-9653-7　定价：39.80元
邮购电话：010-85119873
发行电话：010-85119832　010-85119912
网　　址：http://www.chlip.com.cn
Email：club@chlip.com.cn
版权所有　侵权必究
如发现图书残缺请直接与我社邮购联系调换
242219J2C111ZBQ

前言 PREFACE

  本书主要介绍了社区工作的相关概念、历史发展、理论界定、基本工作手法、英美等西方国家的社区工作模式、中国的社区服务、社区工作的一般过程与方法、社区工作技巧、新时期对社区工作者能力及素质的要求等。目的在于使读者了解社区及社区工作的相关知识，掌握社区工作的基本理论、方法和技巧，并尽量结合我国社区工作的实际情况，运用相关理论知识解决具体的社区问题，以期不断总结和完善适合我国国情的社区工作的理论、方法和技巧。

  本书可供高等职业院校社区管理专业、社会工作专业、社会保障专业、民政管理专业以及其他相关专业学生使用，也可作为从事社区工作、社区管理的广大社区干部和基层社区工作者的培训教材和必备参考用书。

  本书各章节编写分工如下：郭小建、董海宁编写学习情境一，溥存富编写学习情境二，彭振编写学习情境三，王玉龙编写学习情境四，李艳编写学习情境五，唐娇华编写学习情景六。溥存富、郭小建、王玉龙、唐娇华均为重庆城市管理职业学院教师，彭振为中国青年政治学院社会工作学院教师，李艳为重庆市大渡口区跃进村街道社保所社保员。

  在书中，我们引用和参考了大量的国内外文献资料，在此对有关著作或教材的原作者表示最诚挚的感谢。

  由于我们的能力和水平有限，书中难免存在不当之处，恳请广大专家、学者、同行和读者批评指正。

编者
2014.5

目录 CONTENTS

学习情境一　社区 ·· 1
任务一　了解我国社区的历史沿革 ································ 1
任务二　认识我国社区的性质特征 ································ 12
任务三　掌握我国社区的人口特征 ································ 19
任务四　掌握社区理论与研究方法 ································ 29

学习情境二　社区工作 ·· 51
子情境1　社区工作解析 ··· 51
任务一　理解社区工作的内涵 ···································· 52
任务二　掌握社区工作的内容 ···································· 57
子情境2　社区工作理论与模式 ··································· 90
任务一　内化社区工作价值观 ···································· 91
任务二　掌握社区工作的理论 ···································· 96
任务三　掌握社区工作的模式 ···································· 106

学习情境三　社区工作者 ·· 117
子情境1　社区工作者 ·· 117
任务一　知道社区工作者构成及角色 ······························ 118
任务二　内化社区工作者的素质要求 ······························ 122
子情境2　社区志愿者 ·· 125
任务一　掌握社区志愿者的招募内容与方法 ······················· 126

任务二 掌握社区志愿者的选拔流程与方法 …………………… 140
任务三 掌握社区志愿者的培训内容与方法 …………………… 146

学习情境四 社区工作方法与技巧 ………………………………… 155
子情境1 社区工作过程 ………………………………………… 155
任务 掌握社区工作过程与方法 ………………………………… 156
子情境2 社区工作技巧 ………………………………………… 171
任务一 掌握社区工作的组织技巧 ……………………………… 172
任务二 掌握社区规划的工作技巧 ……………………………… 181
任务三 掌握社区项目设计及评估 ……………………………… 193

学习情境五 社区照顾 …………………………………………… 202
任务一 掌握社区照顾的内容及方法技巧 ……………………… 203
任务二 掌握残疾人社区照顾的内容及方法 …………………… 211

学习情境六 社区行政与管理 …………………………………… 233
任务一 掌握社区行政的内容及方法 …………………………… 234
任务二 掌握社区管理的内容及方法 …………………………… 246

参考文献 ………………………………………………………… 263

学习情境一　社区

能力目标

1. 能够清晰地了解我国农村社区、城市社区的历史与发展
2. 能够清楚地辨别我国农村社区与城市社区的差异
3. 能够理解社区与社会发展的关系
4. 能够用社区的理论与方法指导社区工作的开展

知识目标

1. 掌握我国农村、城市社区历史与发展的相关知识
2. 掌握我国农村、城市社区的特征与性质
3. 掌握社区理论与研究方法的基本知识
4. 掌握社区的基本划分方法
5. 掌握中国小城镇理论的基本知识

任务一　了解我国社区的历史沿革

情境导入

在一次讨论课上，针对我国社区起源的时间和地点讨论引起了大家的争议：有同学认为我国社区最早起源于1949年新中国成立时；有同学认为我国社区最早起源于1978年改革开放时；有同学坚持我国社区概念的提出始于2000年；有同学认为我国社

区起源于香港；有同学认为我国社区起源于澳门；有同学则说是起源于广州；有同学认为我国社区起源于农村；有同学则认为起源于城市等，众说纷纭。

任务描述

根据上述情境，请讨论分析以下问题：
1. 我国社区最早起源于何时、何地？
2. 我国农村社区与城市社区有何异同？
3. 我国社区的特性有哪些？

任务实施

1. 按每10人为一组对全班同学进行分组。
2. 以小组为单位，根据情境展开主题讨论。
3. 各小组选派代表汇报、分享讨论结果。

任务总结

1. 教师结合情境对任务要求进行分析。
2. 教师对各小组讨论结果进行点评与讲授。

任务反思

认清我国社区的历史与发展对于开展社区工作非常重要。社区是一个持续体，我国社区经过半个世纪的沉淀，已经形成了自己独有的一些特征，认识社区的这些特征，是开展好社区工作的前提条件。

知识链接

当代社区的概念，指的是1949年10月1日中华人民共和国成立之后，至2001年年底的中国社区发展演变过程及其主要特征。经过几十年的发展，尤其是改革开放的30多年来，中国当代的社区建设得到了不断的发展和完善，并逐步走上真正的社区化发展之路。我国的社区建设在城乡人民生活质量的提高、精神文明的建设、基层民主化建设、人口素质、社会化管理等方面发挥巨大作用的同时，也在不断调整，以适应社会政治经济体制的改革。

一、中国当代乡村社区发展的演变过程及特征

（一）改革开放前的多变阶段（1949—1978年）

新中国成立以后，我国进行了许多重大的乡村制度改革，对当代的乡村社区发展产生了较为深远的影响。从不断推行的一系列改革与政策来看，乡村社区发展始终处于多变的发展状态之中，直到改革开放以后才走上稳步的发展阶段，这是与我国特殊的国情和时代需要相适应的。新中国成立之后的第一项任务就是全面推行土地改革，彻底废除封建地主土地所有制。1950年6月公布了《土地改革法》，在解放区开展了土地改革运动，到1952年9月，除部分少数民族聚居地区外，全国基本上完成了土地改革。封建地主土地所有制的废除，为后来中国乡村社区的蓬勃发展奠定了基础。

（二）改革开放后的稳步发展阶段(1979—2001年)

1978年党的十一届三中全会的召开，标志着我国乡村社区发展新时期的到来。历史的教训和时代的要求，促使党和政府重新考虑中国的发展道路和方向问题，开始实行积极的对外开放政策，并且在广大的农村地区开始了以联产承包责任制为起点的一系列广泛而深刻的改革，极大地改变了乡村社区的面貌，使得乡村社区建设翻开了新的一页，走上了稳步发展的新阶段。

（三）当代乡村社区的特质

与城市社区相比，乡村社区有如下特质：具有较广阔的地域，对自然生态环境的依存性较强；人口密度比较低；人口素质较低；人口的职业结构比较简单，同质性较强；家庭人口规模比较大、核心家庭比例少；乡村社会组织较城市简单等。在一般传统乡村社区中，习俗组织（如宗族、宗教、帮会组织）较多而法定组织较少，分科执掌、分层负责的科层制组织尚不发达；风俗作用强，居民的血缘、地缘关系较密切，居民多比较保守或迷信。当今随着社会经济和科技的发展，我国大部分乡村社区正逐步摆脱原有的传统条件限制，在社区意识、文化服务、组织关系等方面均趋向城镇化和现代化方向发展，具备了一些新的特征。

二、中国当代城市社区发展的演变过程及特征

结合街道体制演变和我国社区建设相关政策，我国城市社区发展大体上可划分为五个发展阶段：即街道建立与恢复发展阶段；开展社区服务阶段；创建文明社区阶段；推进管理体制改革阶段和城市基层社区自治阶段。

（一）街道建立与恢复发展阶段（新中国成立后至20世纪80年代中期）

新中国成立之初，为了加强城市管理，在市辖区和不设区的市，按一定的管

理区域设立了街道以及政府的派出机构——街道办事处。最初，我国的城市街道办事处是在废除民国时期保甲制的基础上建立起来，由接管委员会办事处演变而来的。

（二）开展社区服务阶段（20世纪80年代后期）

1987年，民政部在武汉主持召开了城市社区服务工作座谈会，明确了社区服务的内容和任务以及社区服务与民政部门的关系等。从这次会议开始，"社区服务"概念开始在全国兴起，也标志着我国城市社区服务的产生和兴起。

（三）创建文明社区阶段（20世纪80年代末至90年代初）

社区文明是一个城市文明的依托和重要标志。从20世纪80年代末开始，上海社区建设进入了以市政府大力推动、以精神文明创建为主要内容、全面改造社区硬件设施建设、不断提高市民文明素质和城市文明程度的攻坚拓展阶段。1991年市委明确提出建设"社会安定、环境优美、生活方便、文化体育生活健康"的文明社区的目标，并规定了各项具体工作的指导方针。从此，文明社区的创建活动列入市委、市政府和各区、街道的工作目标和发展计划之中，其主要目标是提高市民的素质和文明的程度。

（四）推进管理体制改革阶段（20世纪90年代）

社区建设与城市的管理体制改革紧密结合，是上海城市社区发展的一大特色。20世纪90年代以来，随着市场经济的发展、大规模的城市改造和建设、大批居民的迁移、外来人口的大量涌入、"单位体制"的变化、社会问题的增多，致使城市社会管理的任务大大加重。为探索适应新形势下的城市社区建设管理体制和运行机制，民政部于1999年开展了"全国社区建设实验区"的试点工作。先后分两批确定了26个城区作为实验区。实验区社区建设的要求是：改革城市基层管理体制，强化社区服务功能，以街道、居民委员会为依托，以提高居民的生活质量和文明程度以及群众自治为宗旨，因地制宜，建设治安良好、环境优美、生活方便、人际关系和谐的现代化文明社区，以维护社会稳定，实现城区社会经济的协调发展。

（五）城市基层社区自治阶段（20世纪90年代末以来）

从1999年开始，按照民政部有关部署，26个社区建设实验区率先开始了城市居民自治的试点，在一些地方开始产生了城市社区居民委员会的选举改革。在2002年11月召开的十六大上，党中央从建设小康社会的发展战略和目标出发，更加明确地提出了建设"居民自治、管理有序、文明祥和的新型城市社区"的要求，这标志着新世纪我国基层社区建设进入一个更高、更新的发展阶段。

（六）当代城市社区的基本特征

城市社区相对于乡村社区既有联系又有许多差异，其主要特征体现在以下几个方面：

（1）人口高度集中，密度大，组成成分复杂。

（2）生产力水平高，商品经济发达，职业的差异大而分工精细。

（3）交通方便发达，社会流动性大，个人地位和角色易变。

（4）社会结构复杂而层次多。

（5）社会控制主要靠正式机构和法律，力量小而犯罪多。

（6）生活方式多样，生活节奏快，紧张压迫感强，风俗习惯差异大，人的自由空间较大。

（7）经济、政治活动集中，金融、信贷、商业贸易、科学技术、文化、信息、服务等系统综合功能强，经济中心多，服务圈层接口混乱。

（8）居民的活动多，社会群体活跃，主要以职业为主，人际关系由血缘关系和地缘关系转向业缘化，人际关系重效率而轻人情，人们的互动数量多，深度不够。

（9）社会服务机构齐全，家庭的经济、教育等功能明显削弱。

（10）由于高度的异质性和较高的容忍，邻里的控制力量较小。

这些特点在不同的国家和地区有程度不同的表现。随着城市化的发展及城市与乡村差别的逐渐缩小，城市社区的特点将逐渐渗透到乡村社区。

三、社会转型期我国当代城市社区的新变化

（一）"单位社会"向"非单位社会"转型——中国当代城市社区的兴起

20世纪70年代末的经济体制改革，拉开了中国改革开放的序幕，也标志着我国由传统的计划经济体制开始向社会主义市场经济体制转轨。这一改革不仅引发了社会关系深层次的变化，为社会组织的重组带来了新的契机，而且使传统的"单位制"解体，出现了一个"非单位型"社会。主要表现为：

其一，随着传统"单位制"的解体，社会成员与工作单位的关系只是经济契约（合同制、聘任制等）关系，个人由依附性的"单位人"变为自由式的"市场人"，其职业和工作单位可能会经常发生变化，成为"流动单位人员"；由于工作单位与居住单位的分离，社会成员的工作与生活分离开来，不在单位工作的时间远远超过在单位工作的时间。

其二，市场经济不可能实现"充分就业"，相反它内在要求有一支供市场再选择的劳动力后备军，特别是现阶段中国城市企业改革和结构调整，造成上千万"下岗"工人。

其三，非公有经济的迅速发展，使数千万城镇社会成员游离于传统单位体制之外，从一开始就属于"非单位"人员。

其四，随着人口的老龄化，上亿离退休老年人口成为有单位但单位已难以管理的人员，其中有相当一部分的原单位已不存在。

其五，伴随工业化和城市化，特别是农村剩余劳动力的转移，上亿农民进城务工经商。他们中的一部分已在城市就业，但由于土地制和户籍制的限制，使他们工作、生活在城市，但并没有完全为城市所接纳，更无单位所依靠。

其六，由于市场竞争对劳动力素质要求的提高和工作单位具有了用工自主权，使上千万社会弱者难以进入市场竞争领域，也无单位依存。

总之，经济改革后所形成的"非单位型"城市社会，改变着传统的国家管理的微观基础。此时，国家无法通过由国家直接控制的"单位元"将社会成员整合在国家体系中，对社会加以国家结构化，由此就有可能出现社会离散、社会疏远、社会失序、社会失控等社会发展问题。而在社会发展和整合方面，市场不仅不是万能的，甚至是"失灵"的。因为，市场主体是以经济利益最大化为目标的，它不仅难以解决社会发展问题，反而会"制造"不少社会问题，如"不充分就业"，排斥社会弱者，将人与人之间温情脉脉的关系简化为赤裸裸的物质利益关系、不考虑生态环境和可持续发展等。由此就需要政府管理进行第二次改革，这就是培育社区，通过社区建设将分散的社会成员再组织起来，整合和动员社会资源，对传统的"单位制"社会加以重新构造（徐勇，2002、2003）。可见，单位社会向非单位社会的转型构成了当代城市社区兴起并得以快速发展的重要前提和基础。

（二）城市社区服务的长足发展

当代中国一个引人注意的现象是，城市社区服务体系正在以前所未有的速度和形式发展着，各种新的社区生活社会化服务体系，如雨后春笋般地发展起来，具体可以分为如下体系：

（1）社区家政服务体系，包括社会化经营的搬家公司、各种各样的家电维修服务公司、家庭保姆市场等。

（2）社区医疗服务体系，包括社区医疗网点系统、家庭病床服务、家庭医生体系及家庭保健服务等。

（3）社区消费服务体系，包括社区商业网点建设、超市连锁经营、"10分钟社区生活服务圈"、社区家庭商品配送服务等，特别是在20世纪90年代后期，一些大城市如上海等，电子商务和网上购物等已经在社区兴起。

（4）社区文化服务体系。目前中国很多社区已经建立多种形式的社区文化生活服务体系，包括社区图书馆、社区文化娱乐中心和婚丧嫁娶等专项文化生活服务等。

（5）社区老年人服务体系，包括社区老年人活动中心、老年人健身中心、老年人医疗保健中心及养老院等。

（6）社区教育体系，包括社区业余教育、社区终身教育和社区文明教育等。

（7）社区就业服务体系，包括社区再就业中心、下岗工人就业培训中心及对初高中与大学毕业生的就业服务等。

（8）社区治安服务与管理系统，包括救助体系、灾害预防体系及社区生活安全保障等。

（9）社区环境卫生管理体系。

总之，城市社区的管理与服务等的社会化体系表现在方方面面，住宅商品化、退休养老、失业救济等各种形式的社会保障制度也在社区内不断地发育、发展和完善，社区劳动力市场空前活跃。

（三）城市社区建设多种实践模式的出现

社区建设是中国城市体制改革的产物，是中国社会变革中的一大创造，短短10多年中有效地改变了城市面貌，促进了居民生活的改善。就目前国内城市社区建设情况来看，其实践模式主要有以下几种。

1. 整体推进模式

这种模式强调社区建设是一项全方位整体性的系统工程，其基本内容涉及政治、经济、文化、社会等各方面的社区工作，既包括物质文明建设，又包括精神文明建设；既包括硬件建设，又包括软件建设。

2. 专项特长模式

这种模式强调社区建设中某些方面要有特色。有的社区在经济、或文化、或住宅等方面搞成带有突出特色的社区。例如，南京市玄武区以社区服务系列化、产业化为特色；秦淮区以社区文化、社区教育高人一等；杭州市下城区各个街道注重居民委员会"小社区"的建设，使居委会"小社区"产生"大效益"，形成"小社区"建设的特色。还有活跃在各居民区"小社区"的"发明之家"、"集报之家"、"教师之家"、"集邮之家"等，这些特色里弄、特色家庭都从不同角度、不同侧面优化了社区环境，保障了社区安定、提高了居民素质、倡导了社区成员的协作互助精神、推动了社区社会事业的发展。

3. 资源共享模式

这种模式强调社区内各个单位通力合作，共建社区。这种模式形式多种多样，如南京市玄武区、鼓楼区近年大力开发社区资源，推行"街企共建"、"军民共建"等。

4.互利互动模式

这种模式强调社区建设的目的是满足居民群众日益增长的物质、文化需求，使社区内所有单位和居民群众都能从中得到益处。

5.物业管理模式

这种模式强调以住宅小区物业管理和社区服务互相促进为载体，开展全方位的社区建设。例如，天津市河北区建昌街道办事处把街道划分为若干住宅小区，依靠社区居民群众和社会力量，形成一个网络型社区结构，实行民主自治，共建互动，自我服务，共同受益，因而受到居民群众的欢迎；南京市鼓楼区倡导小区物业管理、社区服务和居委会构成的"三位一体"模式，引起了各方面的重视。

（四）城市社区社团或非政府组织的重新发展

在改革开放以前，中国公民结社的自由权利受到体制上的抑制，各类社团或非政府组织缺少存在的土壤。随着思想解放运动、民主法制建设及政府职能控制范围的缩小，使原有的组织体系之间的联系网络出现了断裂。中国的社团组织正是在这种背景下发展起来的。中国的社团组织的形成过程表现出来自民间和政府的双向推动。民间和政府对此类组织有着各自的期望，如果这种期望相互矛盾，社团组织创建就会遇到障碍，而当这些期望具有某种共同性，就会产生双方创建组织的共同行动。

中国社团组织一出现便得到迅速的发展。据中国民政部统计，2000年共登记社会团体9 858个，注、撤销社团17 459个，年末实有社团130 768个，其中，全国及跨省域活动的社团1 528个；省级及省内跨地（市）域活动的社团20 756个；地级及县以上活动的社团53 791个；外国商会及港澳台社团52个，其中全国及跨省域活动的有14个。但是这种情况与美国相比较差距甚远，美国目前有非政府组织100多万个，有800多万人在社区服务系统中工作，占全国就业人口的10%。同时，还有9 000万人次的志愿者。美国的社区服务有5千亿元的收入，其中70%是政府投入的。

非政府组织在中国社区生活中虽然仅初具规模，但已开始发挥作用。目前其功能主要体现在：促进成员在发挥兴趣、提高素质、寻求机会等方面的发展；维护成员的个别权益和群体权益；代表群体参与政治活动；参与经济活动；参与社会公益活动；协助政府有关部门完成某种行政职能等方面。

四、当代香港、澳门、台湾社区介绍

（一）当代香港社区的主要特征

自我国恢复对香港行使主权以来，香港的社区建设获得了更大的发展，与内地其他大城市的社区建设相比较，具有其独特的发展特征，主要表现在以下几方面：

目前，香港的19个区中有26个服务机构，2 500多个中心，工作人员主要由受过高等教育的专业社会工作者和义务工作者组成，有高等学历的工作人员占很大比例，保证了服务工作的高水平、高质量。在社区服务过程中，政府、非政府组织各有分工，各司其职，共同推动社区服务的蓬勃发展。

政府在各社区陆续成立社区中心、社区福利大厦及社区会堂，开展青少年、家庭、康复和老人服务。民政局负责制定社区发展政策，社会福利署则负责执行拨款及监察服务。根据政府的分工，民政局的责任为整合社区发展，包括对一些特别团体及小组的服务，而卫生及社会福利局则专注解决个人需要及问题。香港目前约有300间非政府服务机构提供社会服务工作。非政府组织所管辖的社区中心共14个，它们基本上提供社区工作及小组工作两大服务，而社会福利署则在13个社区中心和6个分区中心内提供小组工作服务。自1994年开始，社会福利署的19个中心内都设置了家庭活动与资源中心，而只有3个非政府组织的社区中心，通过奖券基金的资助，成立了家庭活动与资源中心。社区中心的基本服务对象包括儿童、青少年、成年人、妇女、老人、家庭等。近年来，社区中心重点服务区内部分弱势群体规模增大，包括新移民、失业人士、低收入家庭、单亲家庭、独居老人、长期病患者和残疾人士等。社区中心通过组织社区活动、动员居民解决问题。社区中心与区议会、居民组织、政府部门和其他服务机构都有紧密的合作。社区中心设立有管理咨询委员会，让地区人士及政府部门代表共同参与服务策划。

目前香港共有14个非政府机构办的社区中心，坐落于9个区域，其中12个为政府资助，根据政府制定的标准，每个社区中心服务8万~12万人口的社区。这些非政府机构所办的社区中心是促进香港社区服务发展的重要形式，主要为社区内不同类别人士提供一个聚首的地方。通过举办活动，推动社区融合，培育社会责任感和自助互助精神，同时加强个人及家庭的能力，解决社区内的问题，促进并改善社区居民的生活质量和素质。这些有特色的非政府机构所办的社区服务工作主要包括以下几方面：

（1）服务目标——社区中心在个别社区内提供不同类型的服务，目的是通过建立社区服务小组、自助组织及志愿者、义工小组等形式，推动社区居民的互助活动，关注并参与解决社区问题；提供社区中心服务设施，并以此作为社区的基地提供服务，以协助社区居民达到个人成长，建立社区归属感和责任感。

（2）服务内容——社区中心设有康乐室、会议室、自修室、阅览室、礼堂及运动场，供社区居民、家庭及地区团体使用；社区中心的专业社会工作者及工作员，利用社区中心设施及多元化工作手法为个人、家庭、坊里、团体提供不同类型的活动服务，并根据区内问题及独特需要，提供专业的社会工作服务。例如提供辅导、咨询服务、答疑小组活动、建立社区网络、举办社区教育活动、培训义工、组织居民关注社会政策等；通过服务转介及社区网络，联系区内其他社会服务，以加强个人及家庭功能。

（3）设备——包括有活动室、会议室、自修室、阅览室、图书馆、计算机室、礼堂、运动场、家庭活动资源中心等。

（4）特色——全面工作手法；全体人关怀；全社区关注；全面邻舍接触。

（5）工作重点——响应整体家庭需要：设立家庭会员制度，提供各项家庭活动，促进家庭关系、亲子沟通等；为独特需要社群提供服务：为单亲家庭、综援受助家庭、长期病患者、妇女、新移民、就业困难人士和独居老人设计活动，提供支持服务，协助组织互助小组等；关注社区内社会问题：就交通、居住环境、治安、重建等问题提供咨询和辅导服务，组织及推动居民参与改善生活素质；倡导公民教育：推广社区健康教育、环保教育，推广基本法、关注政治选举论坛等；提供个人成长服务：如学校服务计划、妇女服务、领袖训练、义工培育、工友服务等。

（二）当代澳门社区

1999年12月20日，中国恢复在澳门行使主权。1997年中国成立了澳门特别行政区筹备委员会，并于1999年12月20日成功地恢复了澳门的主权，按照"一国两制"的方针设立了澳门特别行政区。

中国内地各级城市的社区居民自治管理组织是居民委员会，在澳门则没有居委会之类的机构，各类群众社团组织在社区中起到了关键作用，其中，由居民自发组织的街坊会一直是社区建设的重要角色。

街坊会主要协助社区居民尽力解决各种问题，提供社区服务，居民对其具有极强的信任感和归属感，是真正意义上的社区居民自我服务、自我教育和自我管理的自治组织。

街坊会有一个由居民代表选出的理事会，理事会成员全部是义务工作，街坊会只有两个领工资的专职人员：一个秘书，一个杂工。街坊会常年有100多人的义工队伍为社区开设慈善机构申请救济；街坊会组织义工，长年照顾老人们的日常生活，替他们解决各种生活难题等。并且在政府的资助下，成立了一个老人服务中心，成为社区老人学习、娱乐、交流的重要场所，产生了很好的社会效益。街坊会是民间组织，活动经费极其有限，其经费主要来自会费和社会捐助，举办活动时政府也会给予一定资助。但是在缺少经费的情况下，街坊会仍想办法坚持为社区居民开展服务，履行着社区居民自治组织的职责。目前，在澳门像街坊会这样的社团组织有1 800多个，在社会公共事务和社区建设中，这些社团起着举足轻重的作用。而澳门政府也支持和促进这些社团的发展，发动他们参与公共事务和社区建设，收到了事半功倍的效果。

中国内地的工会一般是指在企业内开展福利、组织员工文娱活动、代表工人利益的重要机构，对单位所在社区的建设与管理的参与程度很低。而澳门，工会在社区服务当中发挥着十分重要的作用，已经成为开展社区服务的重要机构。澳门工会联合总会在不同的社区内设有综合服务中心，服务中心以"维护居民合理权益，推动居民关心和参与社会，促进社区环境的改善和居民生活素质的提高"为宗旨，为居民提供多元化社区服务。包括为居民提供各类权益咨询和信息，约请立法会议员解答法律咨询并接受投诉，关注医疗、教育、交通等民生问题的改善，设立家庭问题热线、协助居民处理家庭问题，组织义工帮助困难家庭，为学生提供补习，举办推广公民意识的各类讲座，组织郊游、文艺表演、室内健身等活动，深受社区居民欢迎，服务中心也成为社区的活动中心。

（三）当代台湾社区

我国台湾的社区分为都市社区和乡村社区两大类。其中，乡村社区按照所处的区位和主要的生计方式可细分为平地农村社区、山地农村社区、矿村社区、盐村社区和渔村社区等（蔡宏进，1996）。乡村社区一直是台湾社区发展工作和相关研究的重点。近年来，随着城市化的推进，城市社区数量的增加，城市社区发展也逐渐受到重视。

社区发展按照推动主体的不同可以分为两类：一是当局主导型的社区发展；二是以居民自治为核心的社区发展。20世纪90年代以前，台湾社区发展中，当局的主导作用非常明显，民间力量相对较小，居民的主动参与也比较少。

因此，20世纪90年代前台湾的社区发展可以按照当局社区工作的不同阶段分为两个时期：一是1965年以前，以农村社区建设为主的基层民生建设时期；二是1965年到80年代末、90年代初的以当局推进为主的社区发展时期。

我国台湾的社区发展对大陆现阶段的社区建设有着一定的借鉴意义，主要表现在：

（1）行政部门应该逐渐减少对社区建设的行政干预，改变工作方式，给社会中介组织和民众提供更多的参与机会、更大的活动空间，为社区走向真正的自治奠定基础。

（2）社区发展中应该努力培育优秀的社区领袖，社区领袖应与社区自治团体（如社区发展协会等）共同努力，组织居民参与社区发展。依靠社区居民的积极参与，发扬集体互助的精神，开发社区资源、营造社区环境、共建文明社区，提高市民素质、改善生活质量，是社区发展的本质特征，也是社区建设的目标。

任务二　认识我国社区的性质特征

情境导入

为了让同学们更清楚地认识我国社区的性质，老师给同学们布置了一个课堂作业，老师给每位同学发了一张大白纸和若干彩笔，要求同学们认真回想自己家所在的社区，把自己家社区的地理位置、基本特征、构成要素、社区所发挥的作用与功能用图文形式标出来，并判断自己家所在的社区属于什么类型的社区。

任务描述

根据上述情境，请讨论分析以下问题：
1.我国社区的功能与作用有哪些？
2.我国社区的构成要素有哪些？
3.我国有哪些类型的社区？

任务实施

1.按每10人为一组对全班同学进行分组。
2.以小组为单位根据情境，展开主题讨论。
3.各小组选派代表汇报、分享讨论结果。

任务总结

1.教师结合情境对任务要求进行分析。
2.教师对各小组讨论结果进行点评与讲授。

任务反思

掌握我国社区的构成要素、功能、划分等知识点是开展社区工作的基础，但同学们在掌握这些知识点的时候，应结合社区的实际情况来理解，而不能坚持本本主义，应该在书本学习的基础上，带着书本上提到的知识点走进社区场所，进行实地考察和对比理解，这样才能够真正掌握社区的这些基本特征和要素。

知识链接

一、社区的含义

社区是社会学的一个基本概念。最早使用社区这一概念的是德国社会学家腾尼斯，他在1887年出版的《社区与社会》一书中最先使用了"社区"（gemeinschaft）一词。美国的社会学家查尔斯·罗密斯把滕尼斯的社区（gemeinschaft）译成了英文"community"。"community"一词的含义很广泛，在社会学上，它主要是指在一起生活、工作的人的共同体。这和滕尼斯的"gemeinschaft"一词的含义已有区别。中文的"社区"概念是从英文的"community"翻译过来的。1933年，费孝通等燕京大学的一批青年学生，在翻译美国著名社会学家帕克的社会学论文时，第一次将"community"这个英文词译成"社区"。在此之前，有人将它译为"共同社会""地方共同社会""共同区域社会"等。

我国从20世纪80年代政府倡导社区建设以来，社区一词得到了越来越多的应用，现在已经成为很普及的名词之一。更重要的是，社区在中国社会中地位的上升，已经影响了整个社会结构的变迁。在党的"十六大"报告中，社区这个词被再三提到："完善城市居民自治，建设管理有序、文明祥和的新型社区"；"加强公共服务设施建设，改善生活环境，发展社区服务，方便群众生活"；"高度重视社区党的建设，以服务群众为重点，构建城市社区党建工作新格局"。作为社会学的一个基本概念的"社区"，被中国社会接纳并写进了中国最高级别的官方文献中，其中蕴含的社会意义是非常深刻的。社区已经成为当今中国规模最大的、覆盖面最广的、可用作社会支持（尤其是对社会弱势群体和贫困群体）和进行社会动员的组织资源，也成为我国多学科学者都广泛研究的对象。

中共中央2000年11月3日转发《民政部关于在全国推进城市社区建设的意见》（中办发〔2000〕23号）中是这样界定社区的：社区是指聚居在一定地域范围内的人们所组成的社会生活共同体。目前我国政府官方认可的城市社区范围，一般是指经过社区体制改革以后作了规模调整的居民委员会辖区。本书所讨论和研究的社区即指这类社区。

要准确把握社区的主要特征，除了要了解社区的含义、类型、基本构成要素以外，我们还有必要了解社区与社会、社区与社会群体和社会组织的区别与联系，因为它们是关系密切且容易混淆的几个概念。

二、社区的基本特征

（一）社区是一个社会实体

社区有一定的地域；一定数量的人口以及由这些人所构成的社会群体和社会组织；有完整的组织机构和运行机制，还有自己独特的社区精神和社区文化等。它包括了社会有机体的最基本内容，是宏观社会的缩影。

（二）社区具有多重功能

社区是人们生活和交往的最基本的场所，人们在这里进行生活、交往、娱乐、经营等各种活动。概括起来，社区的主要功能有：社会管理和协调功能、社区互助和服务功能、社区教育和培训的功能以及社区文化的社会化功能等。

（三）社区是人们参与社会生活的基本场所

人们的基本生活活动大都在本社区范围内进行。人们主要在本社区范围内解决吃、穿、住、用等日常生活的物质需要和各种感情、精神的需要。另外，绝大多数居民作为某一社区的正式成员，在本社区范围内享有参与社区管理、选举人民代表、选举社区干部等项权利。从这个意义上说，社区还是人们参与政治生活的基本场所。社区作为人们生活的基本场所，决定了它必须具备相应的活动设施。

（四）社区以聚落作为自己的依托或物质载体

所谓聚落，是指人类各种形式的居住场所，它不单纯是房屋的集合体，还包括与居住直接有关的其他生活设施。我国城乡的聚落形式有村落、集镇、县城镇和城市等，它们都是社区的依托或物质载体。一般来说，一个社区的构成要素大都聚集在聚落之中，人们的基本生活也是在聚落这一地域内进行的。

（五）社区是发展变化的

如同其他社会现象一样，社区也是人类活动的产物，随着社会的发展而发展。

三、社区的构成要素

所谓社区的构成要素，也就是构成社区的主要因素。与社区的概念一样，各方学者对社区的构成要素的理解也是不同的。根据各家学者对社区构成要素的阐述并结合我国社区建设的实际情况，我们一般认为构成社区的主要因素大致包括五大类别：一是，一定数量的人群；二是，一定的地域条件；三是，一定的生产生活设施；四是，居民所具有的社区意识；五是，具有一定特色的社区文化等。

（一）一定的人群

社区是社会的缩影，是一种比家庭等初级群体更大、更复杂的人类群体。社区首先是一个"人群"或一个"人的生活共同体"，一定数量的人群是社区的第一要素，以一定社会关系为基础组织起来并进行共同生活的人群是社区存在的第一个前提。没有人群，社区就没有主体，这时有的仅仅是地域范围，是区域的概念而非社区概念。社区的人口要素，主要应该包括：社区人口的数量、社区人口的结构和社区人口的分布这三方面的含义。

（二）一定的地域

一个社区居民的主要活动多数都集中在某一特定的地域空间里，这个空间便是社区的地域要素。它包括社区的自然环境、自然资源、生活环境、生活条件等方面。社区可以说是特定人群与特定地域条件相结合而形成的人类社会区域生活共同体，是一个地域性的社会实体。这个地域的自然地理和其他地理的状况、位置、特点等，对整个社区有着重要的意义。所以，一定的地域便自然成为社区的要素之一。

（三）一定的生产和生活设施

社区是人们参与社会生活的基本场所，是人们开展多种活动的平台，而人们进行各种活动，必须要有各种物质要素的支持。同时，社区居民委员会为了满足社区居民的物质和精神需求，组织开展社区服务也需要有各种设施和条件，社区文化活动、环境整治、治安强化、流动人口管理、帮困扶贫等都需要一定的活动设施。因此，一定的生产和生活设施是构成社区的重要因素。从我国社区的实际情况来看，社区的基本设施主要包括以下类型：社区成员进行日常生活的基本设施，例如房屋、交通工具、通信设备、便民商店、社区服务中心等；社区的公共服务设施，例如学校、文化站（室）、宣传栏、医院（卫生院、医疗所）等；社区成员参加社区管理活动和政治活动的基本设施，例如办公用房、办公设备等。

（四）一定的社区意识

社区意识主要是指社区居民对自己所属的社区有一种认同、喜爱和依恋的思想及心理感觉。这种思想和心理感觉是社区生活对其成员的思想观念长期影响的结果，也是构成社区的一个重要因素和衡量社区的标准之一。它是社区环境内成员之间所建立的归属情谊，它来自于社区成员彼此所具有的共同利益、共同问题、共同需要及共同环境等所产生的认同心理。所以，如果一个地方的居民毫无社区意识，就意味着他们毫无凝聚力，就很难形成和谐生活，构成一个社会共同体。

（五）一定特色的文化

社区文化指"通行于一个社区范围之内的特定的文化现象，包括社区内人们的信仰、价值观、行为规范、历史传统、风俗习惯、生活方式、地方语言和特定象征等"。从实质上说，社区文化就是一个社区的主流意识，是共同的社区心理和社区行为，是带有浓厚社区色彩与烙印的人际关系和交往方式，是人们对社区的归属感、认同感、依恋情结和荣辱心态，是一种较为一致的价值取向。当然，不同的社区，其文化方面表现出来的特点有所不同，甚至很有自己的风格和特色，这一点，在我国实行计划经济时代尤为明显和突出。

四、社区的类型

从我国社区建设的实际来看，社区大致可以分为以下几种类型。

（一）按社区所形成的不同方式来划分

按社区所形成的不同方式来划分，可以将社区分为自然社区和行政社区。

1.自然社区

自然社区是人们在生产和生活中自然形成的、完全符合社区的最初含义的社区，是人们在长期的共同生活中逐渐扩展而形成的，如农村中的自然村落、自然镇以及农村人口向城市流动过程中形成的自然迁移人口的聚集地等。在城市，某些长期定居生活在同一地方的人们在历史的长河中自然形成的街坊或者特定区域，也属于自然社区的类型。

2.行政社区

行政社区是指依靠行政力量，以行政辖区划分的方式形成的社区。社区与社区之间的界限被明确地标志在行政地图上，并以法律形式加以界定。在中国内地的城市里，以"居民委员会"的地域和管辖范围作为一个社区，这也是我们一直说的中国官方所划分的城市社区的范围；在农村，则以一个"村民委员会"的范围作为一个社区。

（二）按社区的功能来划分

社区的功能不同，体现出来的社区的类型会完全不同。以高科技园区为中心的社区，往往信息便捷、环境优美、街道景色和谐统一；以文教设施为中心的社区，科学与人文氛围较浓、人力资源比较充裕、文化色彩明显；以商业活动为中心的社区则区域繁华程度高、购物休闲方便等。根据这种对社区的主要影响因素，我们也可以将社区划分为很多种：政治型社区、经济型社区、工业型社区、军事型社区、教育型社区、旅游型社区、文化型社区等。不过，需要说明的是，按主要活动和主要功能对社区进行分类具有明显的相对性，有些社区既有较强的经济功能，又是一定区域的政治中心，甚至还是文化中心，其主要功能是多方面的，对于这些社区，应该加以具体分析。

（三）按社区形成的基础来划分

由于各社区形成的基础和方式不同，居民的组成方式、居住条件、思想观念、文化背景也完全不同。

1.社区居民委员会

社区居民委员会是以原来的居民委员会为基础，按照新的标准和原则，适当扩大规模、调整范围而形成的。这类社区在目前现有的社区中占较大比重。

2.由新兴物业管理小区转换成的社区

随着城市建设的发展，特别是房地产业的迅猛发展，一座座住宅小区如雨后春笋般出现。这些小区在建设初期一般没有成立社区居民委员会，多是由业主委员会或物业公司承担小区的日常管理工作。在社区建设中，大部分小区按照要求，经过民主选举，建立了社区居民委员会，由小区转换为社区。

3.由过去的村组改造成的社区

伴随城市的发展和城镇化进程的加快，原先的一些城市郊区已发展为城区或城镇，尤其是城郊地带和经济发展较快的城镇，过去的农民变成了市民。在社区建设中，将有关的村组撤销，改建为社区居民委员会。

4.由机关单位或者企业的后勤服务过渡的社区

过去，一些大型的机关和企事业单位承担着大量的社会事务管理和服务职能，有的是垂直管理，有的是系统管理。现在，通过体制、机构改革，这些机关单位将这部分职能剥离出来，交给了社区，原先由机关或单位直接管理的干部职工及其家属也相应转移到了社区，实现了由"单位人"向"社区人"的转化。

五、社区的功能

社区是社会的缩影，人们在社区进行政治、经济、文化、社交、娱乐等各种社会活动。社区的功能主要有：社会管理和协调功能、社区教育和培训功能、社区互助和服务功能以及社区文化的社会化功能等。

（一）社会管理和协调功能

社区是社区成员的聚集之地，居民生活在社区内，与社区的联系紧密，关系密切。社区必须拥有各种机构和组织，拥有自己的社会化体系来维护社区的秩序，创造安全、稳定的社区环境，保障居民生命和财产的安全，保证社会的稳定，并通过这个体系把社区内最重要的价值观、行为模式、文化传统传输给社区内的成员。社区通过良好、完整的自治管理和服务，组织和培养社区居民良好的社区意识，协调社区成员之间的关系，为个人和家庭提供稳定和谐的生活和发展环境。

（二）社区教育和培训功能

社区教育是在一定地域范围内，充分利用、开发各类教育资源，旨在提高社区全体成员整体素质和生活质量，促进区域经济建设和社会发展的教育活动。社区教育和培训的功能就是充分利用、整合社区的教育设施和社区内外的教育资源，为社区居民提供各类教育服务，以扩大社区居民的知识面、改善知识结构、掌握各种技能和技巧、提高思想政治素质和科学文化素质。

（三）社区互助和服务功能

目前社区互助的主要内容大概包括：面向社区老人、儿童、优抚对象、残疾人、低保对象等弱势群体的援助与服务；社区成员之间开展的志愿服务和互助服务；社区志愿者开展的面向全体社区居民的各种无偿、低偿便民利民服务；区域单位、社区家庭和社区居民参加的各种捐赠救助、服务救助、公益劳动、结对帮扶等活动。

与社区互助不同，社区服务功能的基本要求是通过基础性保障和福利性照顾，来满足社区居民自己的日常生活所需。就目前的社区而言：社区服务的内容主要包括社会救助和福利服务、便民利民服务、社会化服务、再就业服务和社会保障服务等。

（四）社区文化的社会化功能

当今世界，文化与经济和政治相互交融，在综合国力竞争中的地位和作用越来越突出。文化的力量，深深熔铸在民族的生命力、创造力和凝聚力之中。纵观人类社会发展的历史，文化既表现在对社会发展的导向作用上，又表现在对社会的规范、调控作用上，还表现在对社会的凝聚作用上。

要发挥社区文化的社会化功能，还要注意以下几个方面的问题：

第一，要注重宣传教育。社区要大力弘扬和培育民族精神，要对中华民族几千年来形成的优秀的民族精神、近代以来在争取民族独立和解放以及社会主义现代化建设进程中体现出的宝贵精神进行宣传，以丰富民族精神的内涵。

第二，营造良好的文化环境。良好的文化环境是发展先进文化的重要条件。社区文化环境包括两个层面：一是整个社区的文化氛围；二是全体社区成员的文化修养和对文化事业的关切程度。这两个层面相互联系、相互依存。

第三，发展文化产业。发展文化产业对于满足人民群众不断增长的精神文化需求和促进人的全面发展具有重要意义。

任务三　掌握我国社区的人口特征

情境导入

在重庆仁爱社会工作服务中心实习的小李，接到中心的委派，第二天来到了中心的社区工作项目点——重庆市沙坪坝区陈家桥街道学府社区。小李要在这个社区完成一项关于社区人口特征的调查报告。接到任务后，小李开始思考如何完成这份调查报告，其中，困扰他的最大因素是：他不大清楚社区人口特征应包括哪些方面的内容。

任务描述

根据上述情境，请讨论分析以下问题：
1. 小李接下来应该如何做？
2. 社区人口特征包括哪些方面的内容？
3. 社区人口与社区发展有什么样的关系？

任务实施

1. 按每10人为一组对全班同学进行分组。
2. 以小组为单位根据情境，展开主题讨论。
3. 各小组选派代表汇报、分享讨论结果。

任务总结

1. 教师结合情境对任务要求进行分析。
2. 教师对各小组讨论结果进行点评与讲授。

任务反思

人口是社区的主体，社区工作的对象是人群，掌握社区人口的特征，是开展好社区工作的关键，可以从社区人口的特点、结构、分类、分布与变迁等几个大的方向上进行调查。在调查的过程中，可以借助社区居委会的工作者、社区楼栋长的力量，因为他们都是社区里的活动家，对社区人口很熟悉同时也受社区居民的信任。

知识链接

一、社区人口的概念

在一般意义上，人口是指存在于一定时间和空间范围内，生活在一定社会生产方式下，具有一定数量和质量，并表现为一定结构的有生命的个人所组成的不断运动的社会群体。这一概念包含了：人口是数量和质量的统一；人口是时间和空间的统一；人口是自然属性和社会属性的统一三个方面的内涵。

二、社区人口的特点

相对于一般人口而言，社区人口由于其生活空间的特定性，因而具有自身的特点。

（一）较强的地域性

虽然任何人口都具有一定的空间，但社区人口的地域性更强，范围更具体、确定。如我们讲某某社区的人口，就是指这个社区范围内的全体个人的总和，而不是别的社区的人口。

（二）规模的有限性

人口都具有数量性，但我们一般说的人口的数量范围很广，小到几个人，大到几十亿。而社区人口的数量虽然随社区自身大小的不同而不同，但相对而言，其数量还是有限的。

（三）一定的同质性

社区人口由于生活在特定的区域，面对共同的社会经济环境，而且个体之间具有一定的关联，因此社区人口的某些特征往往具有一定的同质性。如在高校社区，人们在文化程度、生活方式等方面具有相近性；某些社区，都是白领阶层居住，他们的职业性质、收入水平等都差不多；在一些老龄社区，由于人们年龄的相近，导致许多生活方式的趋同。尤其是农村社区的人口，往往具有相同的背景、职业、生活经验、价值观念、风俗习惯、生活方式等，有很强的同质性。

（四）人口活动的关联性

社区内有政党、群众团体、生产组织、服务系统、行政管理部门、邻里、家庭等各种组织。这些组织在社区内部形成彼此关联的活动网络。社区人口依赖这些组织并在组织内活动，从而形成彼此之间的关联性。

（五）共同的文化和心理特征

社区在长期形成过程中，在文化上常常表现出自己的某些特点。社区经济、文化发展水平决定着社区成员的心态和思维方式，表现出某种共同的心理特征。

三、社区人口结构

（一）社区人口结构的概念与种类

1. 社区人口结构的概念

所谓社区人口结构，也称社区人口构成。是指社区人口本身在一定时间的内部组合状态，一般用组成部分的比例关系来表示。社区人口结构有时间上的规定性，没有具体时间标志的社区人口结构是不存在的。

人口是一个具有许多规定性和关系的丰富的总体。我们可以从不同的角度对人口进行观察和分析。人口的生物属性和社会属性使它具有年龄、性别、民族阶级、宗教、职业、文化程度、婚姻状况、语言等诸多的标志。社区人口结构就是从这些不同的方面、不同的层次来研究社区人口的内部组成状况，从而揭示社区人口内部不同的特征。

2. 社区人口结构的分类

社区人口是由各种相互关联的组成部分构成的。就人口构成因素的特点和性质而言，可以分为三大类：社区人口的自然结构、地域结构和社会结构。

（二）社区人口的自然结构

1. 社区人口的性别结构

社区人口的性别结构反映一个社区内全体人口中男女人数的比例关系。通常以男女人数分别占总人口的百分比表示，或用男女人数之比（以女性人口为100）表示，称性别比。

社区人口的性别结构受多方面因素影响，既有自然生理因素，又有社会、经济、文化因素，而且还反映过去历史上的烙印。就每个社区而言，其当前的人口性别比均取决于下列四个因素：出生婴儿性别比；男女两性死亡率的差异；迁移人口（包括迁入和迁出）的性别差异；人口的年龄结构。而性别结构一旦形成，反过来又会对社会经济发展和人们的生活（特别是婚姻家庭）发生重大影响。

2. 社区人口的年龄结构

年龄结构是最重要的社区人口自然结构之一，是各年龄或年龄组人口在社区总人口中所占的比重。现在国际上通常按照三分法划分年龄组：0~14岁为少儿组，这组人口比重越高，人口就越年轻；15~64岁为成年组，属劳动年龄人口，这组比重越高，潜在的经济活动人口和负担年龄人口就越多；65岁及以上为老年组，这组人口比重越高，人口就越趋于老年型。2000年中国人口中，这三个年龄段的人口分别为28 979万、88 793万和8 811万，占总人口的22.89%、70.15%和6.96%。

人们常把年龄结构与性别结构综合起来使用，称为性别年龄结构。而且，可以把男女各年龄组（5岁组）分左右划成条状，形成一个整体上像金字塔的图形，称为人口金字塔。用人口金字塔可以表示人口性别年龄结构的三种类型：①年轻型的塔型下端宽，即少年儿童人口比重大，塔型上端尖，即成年、老年人口比重小；②成年型的塔型较直，即各年龄组人数差别不大，但塔型顶端尖，即高龄人口急剧减少；③老年型的塔型下端窄，即少年儿童人口越来越少，塔型上端宽，即中老年人口比重大。

（三）社区人口的地域结构

1.人口的自然地域结构

它是指人口在不同的自然地理区域的分布形成的组成状况，说明了人口发展的地点和空间。因此，地球表面及其不同的表层特征，是人口的自然地域结构形成和发展的基础。人口的自然地域结构主要是水平分布结构和垂直分布结构，例如，距离海岸线距离的分布结构；温带、热带、亚热带、寒带等的人口比重；山区、高原、丘陵、平原、盆地、沿海及岛屿的人口结构。

2.人口的行政区划结构

它是根据人口在各个行政区域的分布而形成的人口结构。因此，人口行政区划结构是由行政区域和人口两个因素构成的。这种地域结构的变动，是由行政区域变动、人口变动或两个因素同时变动引起的。

3.人口的城乡结构

它是指城镇人口和乡村人口分别占总人口的比率，反映了人口在城市和乡村中的分布情况。

（四）社区人口的社会结构

1.民族结构

民族结构是指按不同的民族标志来划分的民族人口结构，它是社区人口社会结构的重要组成部分。研究民族结构对于民族区域规划，确定民族政策、社会经济政策以及人口政策具有重要意义。

2.宗教结构

宗教结构是指社区中各种宗教信仰人口在总人口中所占的比重。研究人口的宗教结构，对于分析和解决社会问题与人口问题，制定宗教政策，是十分必要的。

3.教育程度结构

教育程度结构是指一个社区内具有各种不同文化程度的人口占社区总人口的比重。它反映了社区人口的文化素质状况，是衡量一个社区人口质量高低的重要标志之一。衡量文化教育结构的指标主要有文盲率、就学率两个指标。

4. 家庭结构

家庭结构指的是社区内不同类型家庭比重的变化。家庭作为连接人口与社会的桥梁，既是人们生活的基本单元，又敏感地反映着社会的变迁，是承担人口变迁和社会变迁的重要载体。家庭结构的变化反映了人口与社会的双重变化。

家庭结构的类型，按户内人数划分为一人户、多人户；按户内代数划分为一代户、多代户；按家庭关系划分为核心家庭、主干家庭、复合家庭、不完全家庭、单亲家庭等。一般而言，家庭户规模日趋下降、家庭结构趋于简单，这是社会进步和发展的必然趋势。

5. 在业人口的行业和职业结构

在业人口的行业结构是指在社会经济活动中，不同行业的人口占全部在业人口的比重。它反映了在业人口在国民经济各部门各行业中的数量分布状况，它既是一种人口经济指标，也是反映国民经济结构的一个重要指标。

在业人口的职业结构是指社会经济活动中从事各种不同职业的人口与全部在业人口的比重，是反映一个社区在业人口的社会分工状况的一个重要指标。

（五）制约社区人口结构发展的因素

不同的社区人口结构有其形成的具体条件，但任何社区人口结构都是一定历史条件的产物，而且人口作为一个社会系统是从简单向复杂发展的，其结构的形成有一个历史生成和发展的过程。在这个过程中，影响人口结构的诸因素的增减变化起了重要作用。

1. 生物学因素

人口具有生物属性，就是说，人口具有出生、发育成长、衰老以至死亡的生命全过程，也有为生物学规律所支配的一切生物所具有的遗传变异及全部生理机能。许多人口现象特别是如性别、年龄、生育、死亡、寿命等都是以人口的生物属性为自然基础的。生物学因素对人口结构有很大影响。

2. 生态环境因素

生态环境是指人类周围的各种影响人类生存发展的天然形成的物质和能量的总和。生态环境对人口的地域结构有重要影响。一个社区的人口地域结构必然受气候、地形、土壤、水源等生态环境的影响。另外，在自然经济占统治地位、交通比较闭塞、居民的生产和生活在较大程度上依赖于自然界直接提供消费资料的条件下，这种影响更为明显。

3. 社会经济因素

一定的生产力发展水平是形成一定的人口结构的最根本条件，也是引起人口结构变动的最根本原因。人口的性别、年龄结构虽然有其生物学基础，但是不同国家和地区在性别、年龄结构上为什么存在明显差异，却不是单纯用生物学因素所能解释的了的。这种差异，主要是由生产力发展水平不同所致。

一定的人口结构是在一定的社会生产方式下形成的。人口结构不仅以生产力发展水平为转移，而且受生产关系性质的制约，尤其受生产资料所有制形式的制约。不同社会的人口社会经济结构及其性质，是受那个社会占统治地位的生产关系及其性质支配的。

四、社区人口分布与变迁

（一）社区人口分布

1.人口分布的基本概念及测量

（1）人口分布的基本概念。人口分布是一定时间内人口在地理空间上的结构。人口分布的分类方法主要有两种：一是依照人口的行政区划进行分类，分为国家、省、市等。一般的社会、经济和人口统计数据以行政区划来发布。二是按照人口居住地类型并考虑各地的社会、经济和自然条件的差异进行分类，如山区和平原，城市和乡村等，具有人口分布的内在社会经济意义。

（2）人口分布的测量。人口密度：人口密度是指某一时点单位土地面积上居住的人口数，通常以每平方千米常住的人口数来表示，反映了人口在地域分布上的稠密程度。

人口集中系数：人口集中系数是反映人口相对于土地的分布均匀程度的指标。

城市化指标：城市化水平是一个国家或地区的城市人口占总人口的比重。

2.影响社区人口分布的因素

（1）人类所处的自然环境状况决定了人口分布的基本轮廓。自然环境因素包括气候、地形、土壤、水资源、地形和各种能源等，它们影响着人类生存的难易程度并直接决定人口分布的稀稠状况。一般而言，自然资源丰富的地区人口较稠密，自然环境恶劣的地区人口较稀少。在人类社会发展早期，社会生产力水平十分低下的情况下，自然环境的状况，如地形、气候、植被、水源和矿产资源等因素直接决定了人口分布状况。随着人类适应和改造自然能力的增强，人类受地理环境的限制越来越少。但自然环境因素始终是人类生产和生活赖以存在和发展的基础，只是其影响的力度在变化。

（2）任何一种人口分布都是历史积淀的结果。任何现有的人口分布都与一定历史时期的社会政策和社会经济条件紧密相关，它们通过作用于人口迁移和生育行为来影响人口分布。那些具有环境优势的地区最先成为人口聚集的地方，随着历史的发展，环境优势不断被强化，迁入者不断增加，形成高密度的人口聚集地，有些地区还发展成为政治、军事和文化中心，有些地区则由于环境的破坏，成为不毛之地。

（3）生产力的发展水平影响人口分布。人类以什么样的方式居住、以什么样的方式相互联系和以什么样的方式满足生存的最基本需求，主要取决于人类具有的控制自然的能力，即社会生产力的发展水平。人类的生活方式和生活梦想全部建立在一个社会可能达到的生产力水平上，而与生产力发展水平紧密相关的劳动分工导致了人口分布的聚集或分散。

（4）人口过程的方方面面影响人口分布。人口分布是一个动态的过程。人口的出生和死亡过程直接作用于一个地区人口的增减，形成人口的基本空间分布，而人口迁移则是人口再分布的主要形式。人口分布过程就是人口自然增长过程和人口不断迁移过程的结果。

（5）科学技术的发展影响人口分布。科学技术是人类改变自然环境并克服环境困难以维持其生存和发展的重要手段，人类的发明和发现改变着人类的生存条件。随着现代科技的发展，人类认识自然和征服自然的能力越来越强，利用空间的能力不断加强。人类的新发现是无限的，创造力是无止境的，未来人口分布存在着各种可能性。

（二）社区人口变动

人口是一个不断发展变化的个体生命总和。随着时间的推移，社会经济、自然条件以及人口自身条件的变化都会引起人口变化。这种由于社会经济、自然条件以及人口自身内在因素而引起的变化就是人口变动。人口变动有三种形式：自然变动、机械变动和社会变动。

1.人口的自然变动是由于人口的出生和死亡而引起的人口数量的变动

人口自然变动的结果是自然增长。人口的出生和死亡受生物因素的影响，生物因素是人口自然变动的自然基础，但人口自然变动的决定因素是社会经济因素。社会制度、经济发展水平及文化、教育、习俗等影响生育水平和死亡水平，从而影响人口自然变动。

2.人口的机械变动是指人口在空间位置的移动

它有两种情况：一是人口改变定居地点的移动，就是我们一般狭义上说的人口迁移。人口迁移使迁出地、迁入地人口总量、结构等发生变化；二是暂时性位移，不改变定居地点，叫人口流动。人口流动属于广义上的人口迁移范畴。人口的机械变动受到自然条件的影响，但起决定作用的是社会经济因素。无论是人口的流因、流向还是流量，都受一个国家和地区经济、政治、文化的制约，其中，生产力发展水平和生产力布局起决定性作用。

3.人口的社会变动是指人口在社会有机体中的组成状况的变化

随着教育事业的发展，人口文化教育程度结构发生的重大变化；计划生育工作的开展，使得家庭类型结构发生了很大变化。人口社会变动是由社会经济条件决定的。

人口自然变动、机械变动和社会变动是相互依存、相互制约的。人口自然变动、机械变动会引起人口社会变动，人口社会变动也会制约人口自然变动和机械变动。

（三）社区人口迁移

1.人口迁移的概念、类型与测量

（1）人口迁移的含义。人口迁移，是指人口在地理上的位置变更，又称为人口的机械变动。这种迁移有狭义与广义之分：从狭义上讲，人口迁移就是改变常住地点；从广义上讲，人口迁移既包括改变常住地点，又包括不改变常住地点的临时性移动。

（2）人口迁移的类型。人口迁移的类型多种多样，我们可以从不同角度，对人口迁移进行分类。

根据人口迁移的空间范围，可分为区内人口迁移和区际人口迁移。区内人口迁移是指在一个社区内，人口由一个地方迁居到另一个地方的人口移动现象。区际人口迁移则是人口从一个社区到另一个社区的人口移动现象。

根据迁移人口的居住时间长短，可分为永久性人口迁移和非久性人口迁移（暂时性人口迁移）。永久性人口迁移是指人口从原来的居住地到其他地区定居的人口迁移形式。非久性人口迁移是指那种暂时的、不长期定居在迁入地的人口迁移形式，包括定期性人口迁移、季节性人口迁移和临时性人口迁移三种形式。

根据迁移人口的主体差异，可分为农村人口迁移和城市人口迁移。

根据迁移人口的方式，可分为自愿性人口迁移、强制性人口迁移和有计划的人口迁移。

根据迁移人口的原因，可分为政治性人口迁移、经济性人口迁移和社会性人口迁移。

（3）人口迁移的测量。测量人口迁移的指标有绝对指标和相对指标两种。绝对指标是指在一定时期内，某一地区的迁出人口数、迁入人口数、总迁移人口数（迁出人口数+迁入人口数）和净迁移人口数（迁入人口数−迁出人口数）。相对指标则是指迁入率、迁出率、总迁移率和净迁移率。

2.影响人口迁移的因素

影响人口迁移的因素很多，有自然因素、经济因素和社会因素，其中，社会因素特别是生产力发展水平起决定作用。

（1）自然因素。一般而言，一定有利的自然环境是人口居住的基础和前提，人们总是由自然环境条件较差的地区向自然环境条件较好的地区迁移。但优越的自然环境和丰富的自然资源只有经过人们认识、改造之后，才会对人口产生吸引力，自然灾害在对农业生产造成巨大灾害之后也会引起人口迁移。因此，制约人口迁移的不是原始的自然因素，而是经过人类利用和改造过的自然因素，也就是说，生产力的发展水平决定了人口迁移。

（2）经济因素。经济因素对人口迁移是主要的、经常起作用的因素。在生产力发展水平低的时期，人口迁移受经济发展水平的影响不大，主要受自然环境的影响，人口迁往自然环境好的地区。在生产力发展水平较高的时期，经济发展水平决定人口的流量和流向。生产力发展水平较高的地区，提供的就业机会多，工资水平较高，是人口净迁入区；生产力发展水平低的地区，提供的就业机会少，劳动力过剩，工资水平较低，是人口净迁出区。而且，随着生产力的发展，国民经济部门结构不断发生变化和调整，引起劳动力在各部门间的流动，导致人口在各部门间和地区间的迁移。交通工具则是人们征服自然地理阻隔的有力工具，其不断的发展，为大规模的人口迁移提供了有利条件。此外，一个新地区的开发也往往伴随着人口迁移。

（3）社会因素。人口迁移是一种复杂的社会现象，政治、军事和宗教等因素是造成人口迁移的重要因素。其影响之大，有时会超过经济原因。而且，这类因素往往同经济因素结合起来对人口迁移发生作用。

五、人口与社区发展

（一）人口在社区发展中的地位

社区是由人口组成的，没有一定数量的人口，也就没有人类社会。人口是全部社会生产行为的基础和主题。

1.人口是社区发展的承担者

（1）劳动人口是生产力的主体。劳动者是生产力中的主体因素。任何社会的生产行为总是表现为具有一定的生产经验和劳动技能的劳动者利用生产资料去改造自然、创造社会财富。离开了劳动人口，再先进的生产工具，再好的生产资料也不可能发挥作用，生产过程也无法进行。生产力的提高与科学技术密切相关，而科技发明创造、科技成果引入生产过程、生产过程中科技的应用都是劳动人口实践活动的结果。因此，劳动人口是推动社会生产力发展的重要因素。

（2）全部人口是生产关系的承担者。生产关系是人们在物质资料生产过程中相互结成的社会关系。离开了人口，不仅生产过程不能形成，更谈不上结成生产过程中人与人之间的相互关系了。全体人口中每一个人都要以不同的形式同生产资料发生关系，人们对生产资料的占有程度，决定了人们在生产过程中的地位，并由此决定人们对生活资料的获取方式，从而形成不同的产品分配方式。可见，全体人口直接或间接地成为生产关系的承担者。

（3）上层建筑通过人口的行为来实现。上层建筑是建立在经济基础上的政治、法律、道德、哲学、艺术、宗教等观点以及同这些观点相适应的政治法律制度。其中，政治、法律、道德、哲学、艺术、宗教等属于社会意识形态，是社会经济形态在人们观念中的反映，并要在人们的活动中表现出来。离开了人口，就无所谓社会意识形态了。而政治法律制度则是社会调节人与人之间关系的手段，它既是人们社会实践活动的结果，又是社会政治斗争的产物。离开了一定人口的社会实践活动，社会的政治法律制度就不可能存在，也没有存在的价值了。

2.人口是社会生活的主体

社会生活包括社会的物质生活和社会的精神生活。无论是社会的物质生活还是社会的精神生活，都属于人类实践活动的领域。没有一定数量、质量和结构的人口，就不可能有人类生活，更不可能形成社会生活。

3.社会经济活动是人口的群体活动

人口是经济活动的主体，经济活动的任何环节都离不开人口。无论是物质资料的生产、分配，还是交换、消费，都是人类活动的结果。社会经济活动的各个方面都有人的参与，都是以人的活动为主体的过程，故人口群体的活动构成了社会经济活动。

（二）人口对社区经济发展的影响

1.人口数量对社区发展的影响

人口数量与经济社会发展之间的关系，可概括为以下两个方面：一方面，适度人口对于经济和社会发展是必需的。人口过分稀少，显然对发展经济不利；另一方面，人口过多，则可能导致资源环境的破坏和经济上的贫穷与落后，并引发一系列的社会问题。

2.人口分布对社区发展的影响

人口密度对社区经济发展的影响也是比较复杂的。一方面，人口密度的提高将促进经济的发展；另一方面，并不是任何条件下人口数量及密度与经济发展都相互促进并成正比例关系。在一定条件下，人口数量及密度过大会对经济发展产生阻碍作用。

3.人口结构对社区发展的影响

人口结构对社会经济发展有重大影响，从根本上说是人口结构与物质资料生产结构相适应的问题。一方面是作为社会基本生产力的有劳动能力的人口数量、质量及其在社会生产各部门中的构成的变化，对物质资料生产的发展规模和发展速度有重要影响；另一方面，作为社会基本消费的人口的数量、结构、消费水平，对积累和消费的比例、扩大再生产的规模和方向也具有重大影响。

任务四 掌握社区理论与研究方法

情境导入

某社区属于农转非社区，留守老人和儿童非常多。中年人都到城市里打工挣钱，然后拿回家建了楼房，但住在楼房里的还是只有留守的老人和孩子，中年人都住在城市里，这导致了该农转非社区出现了大量的新空楼房，并产生了老年人赡养、孩子抚养问题。社区工作者小张对此很感兴趣，他决定对这一社会现象进行研究，但他苦恼于不知道该用什么理论和方法进行研究。

任务描述

根据上述情境，请讨论分析以下问题：
1. 如何看待这一社会现象？
2. 小张该选用什么理论和方法进行研究？
3. 有哪些社区理论？

任务实施

1. 按每10人为一组对全班同学进行分组。
2. 以小组为单位根据情境，展开主题讨论。
3. 各小组选派代表汇报、分享讨论结果。

任务总结

1. 教师结合情境对任务要求进行分析。
2. 教师对各小组讨论结果进行点评与讲授。

任务反思

在理论指导工作中，尤其是在运用理论的时候，一定要结合本地的实际情况，特别是针对来源于西方的理论，同学们一定要带着反思的精神和视角去学习和吸收。同时，也不要抛弃本土的理论和经验，只有把西方的理论与本土的理论、经验和实际相结合起来，才能够真正实现用理论指导工作、解决社会问题。

知识链接

一、社区理论

社区研究起源于西欧,并在美国得到了很大发展。社会学界一般认为,1881年德国社会学家滕尼斯的著作《社区与社会》的出版,标志着社区研究的开始与社区理论的诞生。当时,社区理论学派的主要代表有滕尼斯、齐美尔和韦伯等。在社区理论的发展过程中又逐渐形成风格各异的不同学派。

在滕尼斯看来,社区和社会关系都是一种理想类型。他认为,在现实世界中,既没有纯粹的社区型的关系,也没有纯粹的社会型的社会关系。在现实中,人类组织都是处于社区和社会这两个极端的假设结构之间。因此,社会学的社区研究应重点探讨传统社会关系如何不断地被现代关系所取代的过程以及由这一转化过程所引发的一系列社会问题。

齐美尔注重研究大城市社区,他认为社区是社会和社会制度的最小单位,是社会结构中的原子和原始要素。社会可被分解到社区层次上,从而在社区的各种关系上探索社会存在的基础。

韦伯把人类社会分为两种类型:社区和社会。社区中人们的关系是非理性的,而社会中人们之间的关系是法理性的。

滕尼斯、齐美尔、韦伯等阐述的社区理论,开创了从社会学角度研究社区的先河,其理论学说传播到美国以后,成为美国社会学界研究社区的基础理论,并获得巨大发展。发展至今,社区理论形成了:社会体系理论、结构功能理论、社区行动理论、社区的人文区位理论、社区的人口理论、社区的文化理论、权力结构理论、小城镇理论等不同的派别。在此,我们仅对部分社区理论作讲解。

(一)社会体系理论

社会体系理论又称社会系统理论,它把社区视为一个社会体系(社会系统)来分析,将社区视为集中于某一地方而又比较持久的体系,许多人、群体和机构相互交往、相互作用的网络来加以分析。

社会体系理论就是把社会看作是许许多多相互关联的部分组成的一个巨大体系,要考察这个巨大体系中的各个部分、各要素之间的关系以及这一体系与其他体系之间的关系。社会体系理论把社区视为一个社会体系。社区的经济、政治、文化、日常生活等活动就是通过社区里的社会关系网络进行的。这个关系网络一处发生障碍,社区活动就受到影响。这些社会关系经过长期发展形成各种组织和制度,成为社区的基本要素。这些组织和制度之间相互依存、相互作用、相互交织，也就是说它们共生共存，组成一个社会体系的社区结构。例如，一个社区内有工厂、学校、商店、医院、饭店、邮电局等，它们之间的社会关系组成社会体系和社区结构。作为社会体系，社区本质上是由许多关系密切的个人或团体组成的，其中的各种社会关系不仅持续时间长，而且具有一定的范围性、结构性、互动性和关系性。

1.范围性

社区体系通常有一定的范围，包括物理的和地理的、社会的和心理的等。社区的社会体系界限与范围视体系的种类及性质而定。

社区的物理范围包括：社区内的所有土地、人们创造的物品及人口本身等。若以社区的组成单元——家庭来看，则物理范围包括家庭所拥有的土地、房屋、家禽、家畜及家庭成员。

社区的社会范围包括：社区内各种团体、个人及这些团体与个人之间相互关联的结合体。通常在一个社区内的最大社会范围界限下，还包括许多较小范围的社会界限。

社区的心理范围指社区内的人在各种心理层面上所能接受的范围，而社区内子系统的心理范围则仅指社区内较小团体的人所能接受的各种心理界限。

社区内各个层面的社会系统的界限会有变动，如地理范围扩大，社会及心理范围也随之扩大；反之，社区的各种范围也可能缩小。维护社区范围的途径很多，其中最重要的是通过立法或制定规则的程序把社区体系及其各副体系的范围予以明确划定并维持其稳定。

2.结构性

社会体系都有相当稳定的结构，形成结构的主要元素包括角色、地位、群体、组织。一个社区就是由角色、地位、群体、组织构成的，其中角色与地位是最基本的结构单位，而群体则是由一群有关系的角色与地位所构成的组合体，数个群体形成一个组织，组织与组织间的结合则形成了社区。社区体系内部的群体具有相当的自主性和独立性，这是社区社会体系区别于其他社会体系的重要特点。

3.互动性

社会体系理论强调体系与体系之间或体系内各部门之间的互动性。社区内的互动关系不仅发生在个体之间，也发生在群体与群体、组织与组织以及三者彼此之间。双方在互动过程中，都进行自我调整以适应对方，互动方式包括以下三种类型：强制性互动、协商性互动、规范性互动。不管互动方式如何，双方都有进有出，有取有舍。

4.关系性

社区体系理论强调社区内各系统和各部门之间的相互联系。

(二)结构功能理论

受美国社区研究和社区理论的影响和推动,英国著名社会人类学家马林诺夫斯基(B.Malinowski)和布朗(P.M.Blown),在社区研究领域提出功能主义理论和分析方法。

结构功能理论在社区研究中强调整体性原则,把社区生活看成一个整体,社会的各种制度、规范、习俗相互配合,以维持社区生活的正常运行。如果要解释社区中的某种社会现象,就要探讨这一现象在更广泛的社会联系或文化联系中所执行的功能。与这种理论相联系的研究方法之一就是在一个特定社区进行长期性的参与观察,全面了解社区社会生活各方面的特征和联系,从而对社区生活和社区变迁做出解释。

功能理论注重对结构关系的原因和结果进行探讨,两者相辅相成。此外,功能理论还注重文化体系的比较,它研究的对象是社区,而以研究社区的个别体制的功能及结构来了解社区的共同生活。所以,当功能理论研究个别体制时,它的实际对象仍是社区的整体。在各种体制中,功能理论特别注意有关的风俗和制度,这是功能理论的特色。

结构功能理论主张理论与实地工作相结合。理论要与事实相符,实地工作的目的是发现人类共同生活的原理、原则,所以布朗主张应把实地工作者与理论家合而为一。实地工作有了理论的根据才有科学的意义,理论有了事实的基础才不至于空泛。而在社区中,功能理论有了实地工作的基础。布朗指出,当进行实地研究时,必须首先对社区的社会生活即它的社会结构的功能加以直接的研究。

功能理论除了把社区当作一个社会系统进行完整的分析外,也就社区的各个子系统进行分析。地方政府显然是社区中最复杂的子系统之一。它不仅被其他子系统的网络包围着,而且本身还包括众多的部门和下属单位。

社会体系理论为我们研究这些相互联系的单位提供了分析框架。这些不同的部门分别具有各种不同的特殊功能,因而整个政府子系统的功能相当复杂。从国家角度看,政府的主要功能是社会控制与社会管理的功能。在控制与管理的功能上,社区与省、中央政府是一致的。社区还有一个基本功能,即提供公共设施和服务的功能。

经济系统是社区中的另一个重要子系统,此系统包括商店、工厂、银行、公司等实体。在现代社会里,经济系统一般建立在国家基础之上,而不在社区基础之上。社区里的生产和服务都不仅以本社区成员为目的。尽管如此,社区经济仍必须执行一项重要的功能,即提供机会以满足社区居民就业、消费等需要。因此，社区经济系统提供的服务必须被看作是社区生活的功能需求之一。

在现代社会里，教育系统在现代社区起着越来越重要的作用，其突出功能是：与家庭一道完成个人社会化的功能。在简单社会里，家庭可以独立完成上述任务；然而，在现代社会里，家庭的这种功能却被削弱。教育系统还执行着其他功能，如参与社区发展、实现社区整合等。宗教系统的主要实体是教堂、教会、寺庙等，其主要功能在于引导居民遵从社会规范和道德。家庭这个子系统的功能是繁衍生活，促进个人社会化，满足其成员生理、心理等多种需要，因此也具有维护社区生活安定、促进社会进步的作用。

结构功能理论的观点把社区看作是由各种相互联系、彼此依赖的部分所组成的整体，各部分对整体发挥一定的作用，满足特定的功能。这种理论对社会整合研究具有一定优势，但在解决现代社会矛盾和冲突等非均衡状态时就显露出了它的局限性。

（三）社区行动理论

社会行动理论注重分析社区的领导层、决策过程、社区参与等问题与社区变迁的关系。社区行动理论的中心要点在于强调社区行动的社会关联性，把种种社区行动看作是各种社会行动中属于社区性的部分；社区是一个社会互动的复合体，社区中的社会活动与区外的社会活动相关联，区内的各种社会活动也是相关联的。

社区行动指发生在社区，与社区生活有直接联系的具有广泛参与性的社会活动或互助行为。社区总是在行动中展现，一个小区就是一个小社会，多么大的事件、事实都是具体在社区中发生的。社区行动的特征是：大多数社区成员的广泛参与；行动目标是试图解决涉及社区成员的共同生活问题。

应该明确的是，社区行动并非笼统指发生于社区的所有行为。必须区分两类地方上的行为：一类是确实作为社区现象的地方行动；另一类则是与该地区关系并不重要或只有间接联系的就地行动。前者是"地方行动"，后者是"就地行动"。

1.社区行动的类型

社区行动理论家把社区行动的形态分成三种：突发性的社区行动，习惯性的社区行动，创始性的社区行动。

（1）突发性的社区行动。此类行动是突然爆发的，无组织、无法预见的，如围观火灾或车祸现场即属此类。

一般发生突发性社区行动时，社区居民都会受到相当程度的震撼，短时间之内社区内也会缺乏适当的应对措施。而在行动发生之后，社区行政单位都会应变处理，以便迅速结束这类行动。

（2）习惯性的社区行动。所谓习惯性的社区行动是指例行的、正常的社区事件。这种事件常由社区中多数人共同行动，如我国每年特定时日举行的赛龙舟、国庆庆典、国际风筝会等即属此类。

这种习惯性的社区行动是可以预期的，所以也成为社区居民生活的重要组成部分。这种行动一般对社区居民鼓舞性较大，伤害性较小。但在居民较缺乏理性行为的社区，有些伤害社区居民和睦及财力的陋俗无疑是会阻碍社区进步的。

（3）创始性的社区行动。所谓创始性的社区行动是指从来没有发生过的，经人为设计的社区行动，如社区有计划发展的行动。因为以前未曾发生过，所以不是习惯性的，更不属于不可预期的突发性行为。这类创始性的行动常常为解决问题而发生，参与的方式也常是志愿性的和民主性的。

一般而言，创始性的社区行动都经过几个明显的发展阶段：

第一阶段：形成兴趣、取得共识；

第二阶段：建立具体的目标及行动体系；

第三阶段：针对目标建立更具体的行动方案，包括制定规则等；

第四阶段：事务的执行和参与阶段，推行行动方案的实施；

第五阶段：行动完成，评估与改进。

一种创始性行动完成之后，这一行动便已失去创始的性质，此后的类似行动只能是重复性的或例行性的。

2.社会参与

社会参与是一种主要的社区行动方式，因此发动居民就需要社区的领导者事先详细计划。而社区的领导者常常是社区行动的关键人物，让我们看一下领导者的分类：

非正式领袖——因其优于他人的才能、性格、道德和某些先天条件，受到基层居民拥戴而自然获得领导地位。

制度性领袖——由组织规则与制度产生。

权力精英——指少数手中有充分权力资源、对民众有特殊影响力的特殊人士。

社区的各类领导者——非正式领袖、制度性领袖、权力精英都各有所长，但在筹划、研究社区行动时，都必须分析下列有关问题：首先，谁会积极参与？居民对什么问题感兴趣？参与的方式有哪些？程度有何不同？参与程度与决策方式的关系如何？不同参与方式的结果如何？

除了考虑上述问题，社区领导者要想让社区居民广泛地参与到社区行动中来，还必须了解影响社区参与的因素。

1. 职业因素

在城市社区，职业类别是影响社区参与的一种重要因素；但在乡村社区，因为职业分化低，职业因素并不重要。因而在城市社区，社区行动的层次性强，而在乡村则不明显。

2. 收入因素

收入水平也是与参与程度有关的一个因素。一般来说，高收入者参与的程度较深。高收入者有良好的收入、较高地位，通常是生活无忧，愿意花费更多时间来参与社区的事务与活动。

3. 教育因素

教育程度越高，其参与社区活动的程度越大。因为高程度的参与或领导能力是由后天学习得来的，不经过教育过程就很难获得这种社会性的知识和技术，所以受较高教育者大都有能力担任领导职务并参与较高程度的社会性活动和事务。

4. 年龄因素

因为年龄因素关系到个人的心理状态、社会能力及生活方式，所以也与社会参与有关。一般说来，不同年龄层次的人有不同的爱好，对同一活动也就有不同的参与程度。

5. 性别因素

男女性别因职业结构不同，在家庭和社会中的角色、地位不同，所以社会参与类型及程度也不同。在我国，一般男性的社会参与机会较多，参与程度较高。

6. 婚姻状况

一般已婚的人对社会活动的参与率较高，尤其是子女上学的父母，对社区内学校事务较为热心。而单身男女则愿意参加与自身爱好相同的有关活动。

7. 居住时间的长短

一般居住时间越长，个人对社区的认同感也越强，对社区事务表示关切，因而参与意愿会相对较高，但不同的人对社区的整合速度不一样，有些人在短时间内即可做到良好的调适并整合。通常教育程度高、能力强、经济条件好的人，调适与整合的速度较快，因此在较短时间内即可作较深的社会参与。

8. 团体的因素

个人对社区活动参与的程度除与上述个人条件有关外，也受到团体条件影响。团队中领导的作风及能力以及成员间社会性质异同及社会关系的远近等都是重要的团体因素，领导者的亲和力强，则成员的参与率高。各成员同社会性质相近或关系密切都有助于提高成员参与的意愿。

评价：

社区行动理论注重研究解决社区实际问题的社区行动，因而具有特殊的实践意义。它的优点是与社区发展的实际工作密切联系,在社区中应用很广。与其他理论相比,它较为注重微观的、技术的层面,但其不足之处也很明显:它的研究范围似乎局限于地方社会,限制较强,对较大社区或社会研究起来则显得力不从心。

(四)社区的人口理论

人口是构成社区的主体,社区是一种地域性的群体。任何一个社会群体都是由一定的人口组成的,没有一定人口聚居和活动的自然地区就不成其为社区。我国著名社会学家赵承信在《社区人口的研究》一文中曾指出:一个断续增加人口的社区和一个断续减低人口的社区相比较,前者和后者在文化上自然表现出不同类型的进展。所谓区位和社会结构就是人口、土地与文化三大要素的相互关系,因此,要研究社区生活,必须分析人口现象。

1.社区人口理论概述

以人口为中心的社区研究,其分析项目通常包括社区人口的年龄、性别、家庭、婚姻、宗教、语言、职业、教育水平、社会经济地位、社会态度、生理心理健康等变数以及人口的增长与流动等。

分析一个社区的人口特质,对了解这个社区的某种人口问题十分有益,而剖析若干社区由人口特质所形成的社会现象,也能促进社区性质的分类研究——这就是人口探究法。但以人口特质为中心的社区研究,不探讨社区团体与居民以及它们自身之间的互动问题,对社区的分析不够深入,因此许多社会学家都主张要综合研究人口现象。戴维斯主张人口学和社会学的学者至少应从下列四个方面考察社区:

(1)研究人口结构变迁和社会经济结构变迁的关系。

(2)研究居民生活态度与社区社会制度的关系。

(3)研究劳动人口与人口结构及社会组织的关系。

(4)研究人口结构与家庭组织的关系。

台湾社会学者徐震在其著作《社会发展:方法与研究》一书中指出:在运用人口探究法时,对于一个社区居民是否具有共同意识与共同兴趣、有无人群观念与团体精神,亦应加以测量和分析。社会学家何肇发也提出:目前人口社会学者亟待解决的问题,包括人口的重新分布问题、新居民点的设置问题、城乡社区的适度人口问题、人口变动与社会角色变化问题等。

所谓人口问题的社区分析,是指通过社区调查,具体分析社区的人口状况及其对社区建设的影响,从而提出解决人口问题的对策。人口状况,可以从静态和动态两个方面进行考察。从静态上考察,人口的状况通过一定时点上的人口数、人口密度及人口构成反映出来;从动态上考察,人口的状况通过一定时期内各个时点发生的有关人口变动的总和反映出来。

2.影响社区的人口因素

在一定的生产力发展水平下，保持相对适当数量和一定质量的人口，是社区生产、建设和生活赖以持续协调发展的重要因素。从社会学的观点来看，社区的人口现象可从数量、构成、分布三方面进行分析。

（1）人口数量对社区的影响。社区人口的数量是指某一时期社区的人的数目，属于某一社区的人的数目代表了那一社区的人的资源总额。

人口的数量必然因出生、死亡和迁移而变动。各个社区的地域范围有大有小，人口数量有多有少。社区范围的大小、人口的多少，会影响到社区规模的大小，社区的结构功能与变迁的性质也会不大一样。

（2）人口构成对社区的影响。人口可以看作是各种类型和具有各种特征的个人的集合体，也就是个体成员特征和属性的总和。一个社区的人口构成包括多个方面，大致来说，人口的构成可分为自然构成、社会构成、人口分布和人口素质。

1）人口的自然构成：包括性别构成、年龄构成等。一个社区的人口性别构成（即男女比例）影响择偶、婚姻家庭关系以及社区的发展。男女比例失调，会影响社区发展。人口年龄构成也是最重要的人口特征之一，它关系到社会分工、消费需要、文化教育以及人类自身的繁衍。青年人口和老年人口的不同划分，显示了某个社区的社会经济活动、居民社会心态及文化、娱乐的不同类型。

2）人口的社会构成：包括民族构成、文化教育程度构成、婚姻状况构成、宗教信仰构成、人口的地区分布构成等。它反映社区的现有生活水平、文化背景、受教育程度和权力结构以及与之相连的互动形式、组织形式和社会问题。

此外，对社区人口的婚姻状况构成的考察，可透视一个社区婚姻行为的价值观念变化、家庭整合与解组问题、妇女儿童的权益问题、社会关系重新组合问题，而且还反映着社区的文化背景和发展水平，是社区人口研究中的一大课题。

3）人口分布：人们在一定的土地或地域聚居，人口分布现象千差万别。这里所说的"社区的人口分布"指某一社区体系中人口的自然和地理散布，包括人口的密度、距离、互相交往或与其他社区联系的方式。人口分布不仅仅是一系列个人自愿选择的结果，还主要受经济、政治、文化、科技因素的影响。

4）人口素质：社区人口的数量、构成与分布形成的社区基础，决定了社区的存在和规模。但对社区而言，人口素质更有意义。人口素质包括人的身体素质、思想素质和文化素质。提高社区人口素质对社区发展有巨大推动作用，而提高人口素质的途径有多种：实行优生优育，健全卫生保健制度，提高居民体质；加强教育投资，提高文化素质；增加大众传播渠道，普及新思想。社区决策者应保证教育在社区建设中的地位和投资份额,这对于提高整个社区人口的素质是非常重要的。

(五)社区的文化理论

文化是人类独有的特征,是社会生活也是社区生活不可缺少的重要方面。作为地方社区,社区文化既要受整个社会文化的制约,同时又有其自身的特点,从而使这个社区不同于另一个社区。

1.社区文化概述

文化研究是社区研究中的重要课题,文化与社区不能分割。社区的文化是流行于一个社区范围之内的文化现象,它包括当地人们的信仰、价值观、规范、制度、传统、风俗习惯、生活方式以及显示当地特点的方言和象征等。社区文化从思想上和心理上对社区成员起着维系作用,并使社区借以区分本地人和外地人。

2.社区文化功能

社会文化是一个复合体,它在社区中具有非常重要的功能,主要表现在以下几方面:

(1)传承功能。社区文化和社会文化一样,是人类社区长期保存、积累和传承的文化成果,社区的居民,经过从儿童到青年的不断学习,对自己的生活世界、反应采取的行为模式都有了充分了解。这样,在个人天然素质的基础上,注入社区文化,使每个个人都具备与其他人相似的行为、观念,获得他人的支持与认同,社区也由此得以稳定和延续。

(2)认同。社区的认同是公众对个人的地位的看法,这种认同带有更多规范性的含义。在封闭的社区,居民活动距离有限,人与人的互动非常全面,社区的认同常常能够决定个人的生存和发展,有时其重要性甚至代替了自我认同。在开放的社区,居民活动范围较大,相互关系片面,自我认同就比社区认同重要。

(3)社区的整合与延续。由于具备前两种功能,社区文化因而产生强大凝聚力,整合社区文化中的不同因素,使社区成员紧紧团结在一起。同时,文化还能使社区延续,在社区快速变化或受到外来力量的压迫时,原有文化中会有一部分不能适应形势,但一些基本的文化趋向却会成为居民重获新生、重建秩序的依据。文化所推崇的目标具有连续性,它使个人能够度过社区变迁的冲击。

文化具有这样的功能,因此,它常常被用作一种手段,通过激发人们的认同感,来增强社区的吸引力和凝聚力。

(六)中国的小城镇理论

1984年年初,在经过两年多的研究后,我国著名社会学家费孝通先生公布了他的研究成果《小城镇　大问题》。这篇论文为小城镇的建设的实践问题进入理论和学术层面的研究打开了局面。首先让我们看一下费孝通先生对小城镇的定义："……有一种比农村社区高一层次的社会实体存在，这种社会实体是以一批并不从事农业生产劳动的人口为主体组成的社区。无论从地域、人口、经济等因素来看，它们都既具有与农村社区相异的特点，又都与周围的农村保持着不能缺少的联系。我们把这样的社会实体用一个普通的名字加以概括，称之为'小城镇'。"费孝通先生从文章一开始就明确小城镇的社区性质，这个性质也是小城镇发挥自身功能的物质基础。在其他人的研究中，小城镇又被称为集镇、城镇等，但实质内容相差无几。下面简要介绍我国小城镇研究的状况。

1.概述

自从社会学引入中国后，城镇研究便成为社会学研究的对象。1930年燕京大学建立了清河实验区，把北平西郊的清河镇作为社会研究和实验的基地，其研究成果后来记载在黄迪先生编写的《清河镇社区》中。在该文中，黄先生首次提出了"村镇社区"的概念，指出了家、村、镇三个层次在整个社会生活中的相对地位，认为"家"的重要在于它是经济、婚姻与家属的枢轴；"村"的重要在于它是正式教育、庙宇宗教和地方政治的舞台；而"镇"的重要则在于其为社区对外交换的媒介。

但真正的大规模的城镇研究是在20世纪80年代以后，农村经济的发展，使城镇建设日显重要。从20世纪80年代初开始，费孝通先生发表了一系列以小城镇研究为主题的文章，论述了江苏省小城镇的发展过程、作用及存在问题。在费孝通先生的带动下，小城镇研究工作开展得很快，并逐渐形成了一支以实证研究为主的城镇研究队伍，其研究成果收录在《小城镇　大问题》和《小城镇　新开拓》等著作之中。

2.小城镇的形成、特点及功能

城镇作为一种基本的社区类型，在农村—城市连续体中占有十分重要的地位。它是农村与城市的结合部，是联结城市和农村的中间环节，是通向城乡政治、经济、文化交流的桥梁和纽带。中国小城镇在20世纪80年代初因乡镇企业的兴起而迅速发展。由于乡镇企业在国家经济生活中发挥着越来越重要的作用和乡镇企业本身的不断壮大，小城镇的作用也越来越引起人们的关注。小城镇逐渐成为具有中国特色的重要社区类型。

（1）小城镇的形成。不同的自然、社会、经济条件，造就了不同的小城镇社区，其形成和发展各有特色，根据我国的情况，小城镇的形成可分成以下5种类型：

1）由农村交换集市逐渐发展成为小城镇。这是小城镇形成的基本方式。农村地区大量的小城镇都是由集市演化而成的。这类小城镇对农村依赖性较强，一般规模都不大，只有几千定居人口，有少数的商业服务机构、学校等职能机构。这类小城镇规模比较稳定。

2）在方便的地理位置上发展起来的小城镇。这类小城镇规模上较大，各种城市性设施也比较多，因为它们是在优越的地理位置上生长出来的。比如，在山区出口处、水陆交通枢纽、铁路沿线、河湖口岸等处，都因为人流货物的转运、各种土特产品的集散而兴起较多繁华的小城镇。

3）随大城市某些设施的扩展而生成的小城镇。这类小城镇的生成有两种：一是大城市扩展城市化的产物；一是某些独立的工矿点、大型疗养院、重要风景名胜旅游地、大型科研基地的职工住宅区等。这两种小城镇的特点是生成的速度快、附属性强、联系范围小。

4）以某项特种手工业为基础发展起来的小城镇。这类小城镇大多出现在经济作物产区，以加工经济作物的手工业活动为基础发展而成。例如，茶区的小镇家家制茶，棉区的小镇户户纺纱；某些特种手工业技术代代相传，产品考究，享有盛誉。

5）以乡镇企业为基础发展起来的小城镇。中国改革开放后，乡镇企业有了突飞猛进的发展，伴随乡镇企业的建立、兴旺，带动了一批小城镇发展。这类乡镇企业的集中地已经发展成了实质上的小镇，我国东部沿海地区许多小城镇就是由于乡村工业的发展而兴起壮大的。

（2）小城镇的特点。小城镇是农村和城市连续体中的过渡性和中介性的社区，具有亦城亦乡、非城非乡的特点。这集中表现在过渡性、融合性、流动性等方面。

1）过渡性。从费孝通先生所给的小城镇的界定中，小城镇既有与农村相异的特点又都与周围农村保持一定的联系。小城镇地处城乡之间，被称为"乡头城尾"，它既是农村居民政治、经济、社会活动的中心，又是城市科学技术、经济、文化向农村地区辐射传播的中转站，在城乡之间的物质文化交流中起着重要的桥梁和枢纽作用。

2）融合性。小城镇社区的最大特点，是融城乡于一体，具有城乡两种社区类型的特点。表现在：小城镇中第一、二、三产业兼有，农工商门类齐全；既有非农人口，也有专门从事农业生产的农业人口，更有"亦工亦农亦商"的兼业人口；小城镇的文化也体现了城乡两种文化的交融，"乡土文明"和"城市文化"彼此交融，形成别具一格的小城镇文化；此外，小城镇的政治、经济、文化、教育、生活方式等方面，都程度不同地兼有城乡特色。

3）流动性。小城镇是城乡经济文化交汇之处。在经济方面，工业产品和材料之间的流动通过小城镇完成；在文化传播方面，小城镇善于把城市文化加以改造和变型，转变成农村居民能够接受的文化之后再传播到农村去。而且，小城镇存在大量的流动人口，这为小城镇的发展注入了活力。流动促进发展，使小城镇更加兴旺。

（3）小城镇的功能。小城镇作为联结城市与农村桥梁的地位，决定了它在国民经济和社会生活中特殊的社会功能，主要表现在：

1）小城镇是农村工业化、城市化的基地。小城镇的建设与发展，为农村工业的发展创造了极为有利的条件；农村经济的兴盛，又促进小城镇的发展，形成良性循环，使小城镇在城市和农村经济网络中的纽带作用得到充分发挥。现在我国以乡镇工业为支柱的小城镇正有力地促进工业化的全面发展。

小城镇的发展还加快了我国城市化的速度。中国人口基数大，发展小城镇人口是中国城市化的现实选择。

2）小城镇是城乡经济、文化、科学技术交流的枢纽。小城镇由于有较优越的地理位置，历来是城乡物质、信息交流的中心和农副产品的集散地。各种资源、信息先到城镇，再向周围农村辐射。以小城镇为中心的网络正在形成。小城镇的发展，能为城乡双向提供信息，对工农业生产起到调节作用，促进城乡间各方面的交流。

3）小城镇是调节农村剩余劳动力的"蓄水池"。随着社会技术进步和经济发展，我国农村剩余劳动力比重在不断增大。据预测，目前我国有近2亿的农业剩余劳动人口。这么多人涌向城市，必然会给城市带来巨大压力，阻碍城市功能的正常发挥。为寻找吸收大量剩余劳动力的出路，费孝通先生通过具体而深入的调查，得出结论：小城镇可以为中国在世界上走出一条独特的城市化道路。有了小城镇的发展，大量农村剩余劳动力不用都往大城市跑，就近在小城镇就业并安居，进入现代文明城市，大城市也将因此避免大量民工潮的冲击，克服一系列城市病。费孝通先生把小城镇形象地比喻为"农村人口的蓄水池"，认为中国搞好小城镇建设将为第三世界的城市化探索出一条新路。

小城镇的发展，为解决农村剩余劳动力问题提供了出路，这是因为：

第一，小城镇可以以较低的代价安排剩余劳动力。

第二，小城镇可以以多种方式接纳农村剩余劳动力，而且能够以"摇摆人口"形式接纳从农村"半转移"出来的劳动力。小城镇靠近农村，农民可以离土不离乡，这样，比较符合我国农民乡土观念强、不愿离家的特点。

第三，小城镇在接纳农村剩余劳动力过程中，不需要或较少需要国家投资，主要依靠自己的力量。

第四，小城镇面广量大，可以大规模地吸收农村剩余劳动力。所以发展小城镇对调节农村剩余劳动力具有蓄水池的作用，它既解决了农村人口压力，又解决了城市的人口压力和"二元结构"的矛盾。小城镇实质是被称为二元结构两极的城市和乡村之间的"接合部"。日本人类学家鹤贝和子在考察了苏南后认为：小城镇给世界提供了一种模式，解决了西方国家许多不能解决的问题，为亚洲社会的现代化提供了经验。

3.小城镇研究面临的问题

我国小城镇发展取得了令人瞩目的成就，但在发展过程中也存在一些问题。主要表现在小城镇人口聚集规模小、效益不高、基础设施落后、环境恶化等。费孝通先生在1994年发表的《小城镇研究十年反思》中论述了自己对小城镇发展建设中出现问题的反思，他认为："只看到它（小城镇）所发生的功能，看到它增加百姓收入，起着人口蓄水池作用，以及走上现代化道路等等，而没有从根本抓住它的要害，点明这是改革开放引入社会主义市场经济的必然结果。"

从我国小城镇发展来看，形成这些问题的原因有：

第一，在发展小城镇的过程中缺乏统筹全局的理论指导和政策引导。20世纪80年代以来，在"大力发展小城镇"的一般性号召下，全国农村地区出现"小城镇热"，各地对发展小城镇的积极性很高。但由于对小城镇发展缺乏深入认识，又没有很好的经验，造成小城镇遍地开花，在低水平上普遍发展的局面。

第二，在制定小城镇发展规划时，对城镇体系的发展未给予足够的重视。

第三，行政管理体制限制了城镇规模的扩大。乡镇企业是小城镇的经济主体，由于各乡镇都是在自己的乡镇上发展乡镇企业，从而使人口和工业难以按照经济规律向条件好的城镇集中。

第四，经济发展水平的制约。城市经济活力不够，中心作用没有充分发挥出来；农业集约化、机械化程度低，这都在很大程度上制约了小城镇发展的规模、速度与水平。

4.小城镇理论现状及研究意义

（1）小城镇理论现状。近年来发表的小城镇研究的文章数量很多，但出现两多两少的情况，即实地调查多，理论概括少；描述性的多，论述性的少。由此可见我国的小城镇研究还处于积累原始资料的初始阶段，理论上还不够深入、系统。因此，在学术上也没有形成不同观点之间的交锋。各种看法、观点虽有分歧，但都散见于各自的正面阐述中。近几年来的城镇研究主要围绕下面几个问题：

第一，关于小城镇的概念和城乡归属问题。对同一研究对象有不同称谓：小城镇、集镇、乡镇、小市镇等。各人从不同角度、立场出发，对小城镇的称谓各有侧重。

第二，小城镇形成和发展的规律问题。大部分人认为小城镇"繁荣于商"，由集市演变为镇，认为小城镇的发展受下列因素制约：政策、行政体制、农业发展水平以及大中城市的作用。

第三，关于小城镇功能问题。多数文章认为小城镇的作用在于沟通城乡，缩小城乡差别和工农差别，吸收农村剩余人口，减少城市人口压力，加速建设新农村。

第四，关于小城镇的规划和建设问题。不少从事实际工作的作者呼吁小城镇应该根据自身的性质和特点进行规划，并提出一些相应的指标，至于建设集镇的具体策略，更是各抒己见，看法不同，如"工兴镇"、"商兴镇"等，难以尽述。

（2）小城镇研究意义。我国的小城镇研究是在费孝通先生大力倡导下蓬勃发展起来的。对于费孝通来说，小城镇研究是其社区研究工作的一个重要部分，一个新的研究单位。小城镇作为社会结构的要素，凝结了中国社会结构变动中的各种矛盾。自1979年中国农村实行改革以来出现的各种问题都与小城镇联系在一起，选择小城镇作为社区研究的单位，不仅可以揭示中国社会发展中的基本矛盾，从中也可以看到隐含在发展中国家现代化过程中的基本矛盾。从它出发更容易接近对于社会整体的把握，事实也正是如此，费孝通先生正是通过小城镇的研究，拓展到城乡关系以及城乡体系的研究。小城镇作为内容丰富的社会结构单位，是一个很有研究价值的起点。它为中国社会学的发展做出了有意义的尝试，至少它在理论方面发展了社会学。

尽管我国的小城镇研究刚刚起步，但它在理论和实践上都已产生了深远的影响。理论上，它丰富了社会学的内容，揭示了城乡之外的一种新社区——小城镇社区，使我国对社区研究一开始就具有自己鲜明的特色，不拘泥于西方社区研究的城乡二分法。在实践上，由于小城镇研究来自实践又扎根于实践，其研究成果言之有物，有的放矢，为科学地发展和建设小城镇提供了许多有价值的参考意见，并提高了人们对小城镇重要性的认识。小城镇的快速发展是与研究者们的努力分不开的。

二、社区研究方法

（一）社区研究及其方法

社区研究发端于19世纪末叶的欧洲。1887年德国社会学家滕尼斯出《社区与社会》一书。这被公认为社区研究的开始，也标志着社区理论的诞生。

我国社区研究也有比较长的历史。在新中国成立前，一批留学欧美的中国学者，如吴文藻、李景汉、吴景超教授等人，回国后运用西方社区研究的理论和方法，研究中国的实际，取得了很好的成绩。稍后的费孝通教授，几十年专注于社区研究，取得的学术成就有目共睹。与西方社会学不同的是，由于我国社会发展的实际需要，特别是近年来政府对于社区建设的重视，社区研究在我国社会学界一直受到重视，并成为热门研究领域。

随着社会学研究方法的进步与发展，社区研究方法同样有了非常大的进步。除了传统的方法不断得到改进之外，现代社会学的许多方法，如社会网络分析方法、社区区位分析方法等，也很自然地被应用于社区研究，从而使得现代社区研究的方法更加丰富也更加科学。

（二）社区研究方法的特点

社区研究是社会学研究的一种类型，因而它具有社会学研究的一般特点，即一般的社会学研究程序与方法同样适用于社区研究。但是，在社会学研究中，社区研究又是一个特殊的研究领域，其研究的对象与研究的内容，决定了社区研究较之其他社会学研究，在方法上具有与众不同的特点。

1.社区研究的整体性

在进行社区研究时，无论研究者出于何种考虑或要达到何种目的，都会把社区作为一个整体来进行研究，这是社区研究与其他社会学研究的区别之处。当研究某一种社会现象时，我们通常是把社会中的人（社会个体）作为这一社会现象的载体，由此探索这种社会现象的运动规律与机制，但当我们在社区研究中分析同一社会现象时，除了以社区中的成员作为该社会现象的载体外，还必须把该社会现象与该社区的地域因素或区位因素结合起来进行分析，亦即在社区的整体结构与特性的基础上分析该社会现象的发生、发展与变化规律。

2.社区研究的要素取向性

社区研究中存在明确的取向性，即从某一方面入手研究社区。社区由不同的要素构成，当研究者以某种社区要素为主要研究内容而展开社区研究时，便被称为选择了某种研究取向。当我们把社区构成要素划分为地域与区位、人群与心理、制度与文化三大类型时，也同时确定了社区研究的三种取向，即社区研究的地域与区位研究取向、人群与心理取向和社区研究的制度与文化取向。当然，以社区的某个要素作为研究取向，不是说只研究这个要素而舍弃其他要素，而是说以这种要素为基础或切入点，兼顾社区其他要素，从而有侧重地完成对社区的整体性研究。

（三）社区研究方法的类型

社区研究方法通常可以分成两大类型，即社区研究的一般方法和社区研究的专业方法。

1.社区研究的一般方法

社区研究的一般方法，是指那些不仅适用于社区研究，同样适用于其他社会现象研究的普遍性、通用性方法。这些方法包括：调查法、观察法、文献研究法和实验研究法。调查法包括问卷调查法、访谈调查法、个案调查法及座谈会调查法等多种方法。问卷调查法又可分为访谈式问卷调查法、发放式问卷调查法及邮寄式问卷调查法。观察法可分为非参与式观察法和参与式观察法。文献研究法可分为一般文献分析法和内容分析法。实验研究法可分为自然实验法和实验室实验法。

上述社区研究的一般方法，又可分为定性研究方法和定量研究方法两大类型。

2.社区研究的专业方法

社区研究自从产生到现在，经过较长时间的发展，已经成为一个专业性很强的研究领域，因而也形成了一系列具有自己特色的专业性研究方法。这些研究方法包括：社区区位研究方法、社区文化研究方法、社区权力研究方法、社区网络研究方法、社区制度研究方法等。

显而易见，社区研究专业方法的实施，必须借助于社区研究的一般方法，即社区研究一般方法与专业方法结合使用，才能有效地完成社区研究的任务。

（四）社区研究中的社会网络分析方法

1.社会网络及其功能

（1）什么是社会网络。我们把人称为社会动物，是因为人必须与他人结成一定的关系，才能在这个世界上生存下去。这一点人类早就意识到了。我国古代的荀子把人的这种社会关系特性称为"群（体）性"，而且他用这种"群（体）性"创造性地解释了人类优于动物的原因。他说人的力量没有牛大，跑得没有马快，但是牛、马都为人所使用，其根本原因就在于人具有群（体）性，即社会性，人与人之间能结成一定的社会关系，而牛马做不到。

随着人类认识能力的提高，特别是随着社会研究水平的提高，人们发现，一个人在社会中通常要与许许多多不同的人建立关系，这些关系就像是一个网络，人与人之间的关系是网络上的连接线，而建立关系的人便是网络上的结点。人们把这个网络叫作社会网络（social networks）。也有人认为，不仅个体之间形成的关系是社会网络，而且把群体、组织、社区之间建立的关系也称之为社会网络。

每个人都会以自己为中心形成一个大小不同、质量各异的社会关系系统，这是一种客观存在，而把这个关系系统比喻为一个网络系统，并运用网络分析方法进行研究，不仅形象、生动，易于为人们所接受和理解，而且便于进行量化分析。正因为如此，社会网络这个概念自20世纪70年代产生到现在不过短短30多年，已形成了一整套颇具影响力的理论和分析方法。

（2）社会网络的结构与功能。我们知道，网络构成的元素是连接线和结点。同样，社会网络构成也有两大要素，那就是作为网络结点的人和作为网络连接线的人际关系。结点和连接线的特性以及结点与连接线的联结方式形成网络特定的结构，从而决定网络的功能。

在社会网络中，作为结点的人是社会网络的主体，社会网络的结构与功能都取决于这个作为主体的人。人的特性，包括性别、年龄、受教育水平、职业、所处社会阶层、价值取向等，决定了他（她）将建立什么类型、何种结构的社会网络，从而发挥一定的功能或作用。由于个体的差异，人们在形成自己的社会网络方面会表现出很大的不同。有的人能够建立起非常复杂的社会关系网络，而有的人社会网络则比较简单。

从社会网络的数量来看，可以通过伙伴数量的多少来测量个体社会网络的结构。同时，人们建立社会网络的手段或方式是人际交往，每个人与不同伙伴交往的频率是不一样的，有的交往频率很高，经常见面；而有的交往甚少，一年到头难得交往几次。由于交往频率的不同便形成了网络主体不同的社会网络结构，有人将此划分为强关系社会网络结构和弱关系社会网络结构。强关系社会网络指网络主体与其交往频率高的网络伙伴所建立的社会网络结构；而弱关系社会网络结构，则指网络主体与那些交往频率较低的网络伙伴所形成的社会网络系统。这种以交往频率高低对社会网络结构的分类只具有相对意义。但是，强关系社会网络与弱关系社会网络是一种客观存在，每个社会个体都具有与自己的亲朋好友形成的强关系社会网络，也都具有由那些相比而言疏远一些的交往伙伴所组成的弱关系社会网络结构。对于网络主体而言，强关系社会网络与弱关系社会网络的作用是不一样的。

此外，不同个体所形成社会关系网络的质量也会存在很大的差异。所谓社会网络的质量，涉及网络连接线（关系）的作用问题。人们建立社会关系网络的目的是为了沟通或交流，因此网络连接线中流动着的是信息（也有人认为网络连接线中流动着信息和资源两种东西。实际上资源也就是信息，有价值的信息就是资源）。网络连接线中流动着的信息对网络主体来说价值越高，表明网络的质量越高，而这是由提供或发布信息的网络伙伴的质量或层次决定的。例如，一个人所交往的社会网络伙伴都是一些具有较高社会地位、身居要职的人，因而在交往过程中能通过社会网络发布各种高质量的信息。所谓高质量的信息，可以用三项指标来衡量：其一，信息的真实性，社会网络伙伴提供的信息必须是真实的，才有质量可言，道听途说的信息谈不上是高质量的信息；其二，信息的丰富性；即通常所说的信息的含金量高，信息所包含的实质性内容多；其三，信息对网络主体的有用性，社会网络伙伴提供的信息必须是网络主体感兴趣、对其有价值的信息，才算是高质量的信息。

人们之所以要建立自己的社会关系网络，是因为社会网络的功能主要表现在以下两个方面：

其一，社会网络对于个人（网络主体）所具有的功能。

从一般意义上来谈论社会关系网络对于个人的功能，是一个很古老的话题。当然，随着社会的进步和发展，现在这个问题又增加了新的内容和含义。

我们通常从如下三个方面来理解社会网络的一般功能。

首先，社会关系网络对人的社会化功能。我们认为人是社会性动物，就是说，人具有社会性这种本能。但是，"本能"这个词在我国一度被赋予贬义的色彩，似乎只有动物才有本能，人是不应该被说成是具有本能的。实际上，本能是由现代生物学上所说的基因遗传密码决定的，人具有社会性本能，就是在人的基因中具有社会性这种遗传密码，这丝毫没有贬低人的尊严的意思。

人的社会性本能使得人生下来就具有与他人交往、与他人建立关系这样的需要和动机。从人的发展角度来说，只有创造进行人际交往的环境，顺应人的社会性本能，才能顺利、健康地发展自己的人格，成长为合格的社会成员。反之，如果一个人不能与他人交往，无法与人建立正常的人际关系，人格就会产生畸变，也就不能成为一个正常的社会个体。因此，从这个意义上讲，与他人交往并建立社会关系网络便具有了社会化的功能，即人是通过学会与他人交往并建立社会关系网络才成其为一个合格的社会成员的。

其次，社会网络的情感交流功能。人是情感型社会动物，必须与他人不断进行情感交流才能生存和发展。在人的情感交流的过程中，情感也是以信息的形式在关系网络连接线中流动和传递的。但与一般的客观性信息不同，情感是人的内心体验，是一种带有强烈主观色彩和自我指向特性的信息。人是通过与他人的情感交流才理解他人和认识并形成自我的。社会关系网络为人们顺利地进行情感交流提供条件。

最后，社会网络的互助功能。相依互助是人类社会生活的根本特征，随着社会的发展，人们之间的相互依赖性越来越大，相互支持和帮助对于人们的现实生活也就变得越来越重要。形成和建立各自的社会关系网络，是实现人们之间互助相携、共同发展最有效的方式，是人类理性选择的结果。

其二，社会网络的社会功能。

社会网络的形成和发展，不仅对于个体来说具有重要的功能，而且对于社会中的群体、组织、社区进而对于整个社会同样有着十分重要的作用。社会关系网络对于群体、组织、社区以及整个社会发展的功能，同样是以个体社会关系网络的功能为基础实现的。因为无论群体、组织还是社区和整个社会，都是由个体组成的。就拿社区来说，人是社区的主体，个人社会网络关系的发展及其功能的实现，对于社区的发展来说是一种宝贵的社会资源，现在学术界已把这种以个人的社会关系网络为基础形成的社会资源称为社会资本，因为这种社会关系资源能为社区的繁荣和发展创造价值。

2.社会网络分析方法的产生与发展

虽然有关社会网络研究的思想可以追溯到很早，但一般认为，使用网络方法研究人际关系问题，最早当属美国学者莫雷诺于20世纪30年代进行的所谓社会关系计量研究。莫雷诺用问卷方法测量群体内部的人际关系网络。通过询问被调查者参与各种活动时在群体中选择伙伴的意向，能测量出群体中人际关系的网络结构。在莫雷诺研究的启发和影响下，越来越多的人参加到社会网络研究的队伍中来，研究的领域不断扩展，研究的成果越来越多，不仅成立了社会网络研究的专业性学术团体，而且创办了专业性的社会网络研究学术期刊。社会网络研究发展的重要原因之一，是网络方法不仅能形象、直观地描绘人际关系的结构和状态，而且能用数学方法对人际关系进行定量研究。我们知道，网络方法是一种数学分析方法，它以图论为基础研究各种网络（包括电路网络、交通运输网络、电脑网络、神经网络等）的结构状态和运行机制。社会网络研究正是借助于这种网络分析的数学方法，对人与人之间的人际关系网络进行量化分析。

社会网络分析方法从产生到现在，大致经历了：心理—社会网络关系分析方法；社会交换网络分析法；20世纪80年代以来的网络分析方法三个阶段。

社会网络分析最早是在美国社会心理学中产生的，其创始人莫雷诺（JacobMoreno）是一位博采众长的社会心理学家，他在网络分析方面的贡献是他创造了后来被称为社会测量学的社会网络分析方法。社会测量学正式诞生于1934年。3年后，莫雷诺创办了《社会测量学：人际关系》杂志。在该杂志的创刊号上，莫雷诺将社会测量学界定为"一种确定和测量个人对社会生活中的其他人做出的社会反应的方法，这是一种用来描述个人希望同其伙伴结成何种程度和何种形式的亲密关系的手段"。

此后，莫雷诺又进一步谈到，社会测量学是社会关系的测量，从其最广阔的意义上来说，是关于一切社会关系的全面测量，他进一步提出并阐述了"心理社会网络"问题。"个体聚集在一起，并形成构形各异的心理社会网络和社区（人们生活于其中），这些心理—社会网络和社区通过特殊的情绪交流结为一体。今天，可以如同描绘该地区的自然地理一样精确地描绘这些心理—社会网络和社区。与人种学的概念，诸如阶段、种族相比，社会原子模型、心理—社会网络以及其他许多类似的结构，和人类社会的动力学部分一样，也是实际存在的。"

心理—社会网络是一种通过人际网络交流情绪情感的人际关系系统。测量和分析这种心理—社会网络,是社会测量学的主要任务。心理—社会网络的研究通常包括如下方法和程序:

1)用问卷方法收集资料。社会测量学的问卷很简单,通常只要求被调查者回答2~3个问题就行了,因为它要测量的是群体中各个个体之间的相互选择与拒斥问题。在问卷中,研究者通常是设定一种情境,要求被调查者做出选择。

2)用矩阵法列出群体成员的相互选择与拒斥。即用一个矩阵表,记录下群体中所有个体相互选择和拒斥的情况。

3)网络图分析法。把群体中成员相互选择和相互拒斥用图形表示出来,称为心理—社会网络关系图分析法。

4)群体内聚力计算法。通过测量群体中成员之间的相互选择数,可以了解群体中人际关系的状况,群体成员相互选择的数量越多,相互拒斥数越少,则表明群体中的人际关系越好、越密切,也就是群体的内聚力或凝聚力越强。

3.社会网络分析方法在社区研究中的运用

作为一种研究人际关系的有效方法,社会网络分析方法在社区研究中具有重要的作用,具体表现在以下几个方面:

(1)社区内群体与组织内部的结构与人际关系研究。群体与组织是社区构成的基本单位。在社区内,个人组成群体,不同的群体组成组织,不同类型的组织构成社区。从根本上说,群体和组织都是由作为个体的人组成的,个体之间以一定的关系为纽带而结合成为群体;不同的群体又以一定的关系共同构成组织。因此,一方面,群体研究与组织研究是社区研究的固有内容,正是通过社区内群体和组织的研究来反映社区的状态、结构和运行规律;另一方面,社区中群体和组织内部结构与人际关系都是以社会网络的形式存在的,因此运用社会网络分析的理论和方法来研究社区中的群体和组织,是一种行之有效的方法。

(2)社区人际关系研究。社区是一个区域社会,它是一个由社区人口、社区制度与文化、社区环境区位构成的有机整体。社区人口是社区的主体,社区中的人们由于居住于相同的社区环境中,生活于共同的制度与文化之中,通过交往而形成一定的社区人际关系和社会心理状态,如社区人际关系和谐或者冲突、社区中人们的内聚力与归属感的高低等。当我们把社区作为一个整体时,同样可以运用社会网络分析的理论和方法来研究全社区人际关系的结构与发展变化规律。这种研究与社区中群体与组织研究的不同之处在于,它打破了人们所属群体和组织的界限,不考虑群体与组织对人际关系的影响,一般性地考察全社区人际关系的结构与发展变化规律。如社区中人们通婚圈的研究、社区交友圈研究、社区亲属关系网络研究,都属于这种研究。

（3）社区中人们的社会支持网研究。社区中人们的社会支持网研究，是当前社会网络分析研究中比较多的内容，我国也有不少学者在从事这方面的研究。所谓社会支持网，就是个体所建构的在需要帮助时能为自己提供有效帮助的人际关系网络。社会支持网是一个人在社会中生活、工作所必须具备的社会支持力量，包括物质支持、精神支持、情感支持等。我们通常说的个体不能离开社会而单独生存，指的就是每个人都需要自己的社会支持网络。社区中人们的社会支持网络反映的是社区中人们的社会关系，或者说社会支持网络关系是人际关系的一种具体形式。从这个意义上说，社区中的社会支持网研究，就是社区人际关系研究的一种特殊形式。

学习情境二 社区工作

子情境1 社区工作解析

能力目标

1. 能够根据社区实情设计社区服务方案并实施社区服务
2. 能够进行社区调解、社区矫正服务
3. 能够在社区开展社区教育等服务

知识目标

1. 掌握专业社区工作的基本知识
2. 掌握社区服务的基本知识
3. 掌握社区就业的基本知识
4. 掌握社区治安、社区调解、社区矫正的基本知识与方法
5. 掌握社区卫生的基本知识
6. 掌握社区教育的基本知识

任务一　理解社区工作的内涵

情境导入

重庆市丰都县名山街道名山社区是重庆市第一批社区工作项目试点社区，该社区属于农村社区，社工小阮是驻站社工。来到社区后，小阮跟着低保员进行入户调查等低保工作，一段时间后，小阮觉得这不是自己理想的社区工作，于是找到社区主任、书记汇报了自己对于社区工作的理解。小阮突然提出现在社区居委会干的这些工作不是专业的社区工作，这让社区主任、书记以及社区干部觉得小阮的想法太理想了，他们都认为小阮还没有把书本上所学的理论知识跟中国的实际结合起来。

任务描述

根据上述情境，请讨论分析以下问题：
1.社区居委会的工作跟社会工作中的社区工作有哪些区别和联系？
2.社区工作有哪些功能和特点？
3.社区工作与社区建设是什么关系？

任务实施

1.按每10人为一组对全班同学进行分组。
2.以小组为单位根据情境，展开主题讨论。
3.各小组选派代表汇报、分享讨论结果。

任务总结

1.教师结合情境对任务要求进行分析。
2.教师对各小组讨论结果进行点评与讲授。

任务反思

社区居委会的工作是我国本土的社区工作，社区居委会的工作可以称作实际的社区工作，今天讲的社区工作可以称作专业的社区工作。在大力发展专业社区工作的今天，我们离不开本土的经验，专业的社区工作有其值得借鉴的地方，但实际的社区工作在我国已经有半个世纪的历史，同学们一定要注意总结、借鉴实际社区工作的好经验于专业社区工作之中，整合实际社区工作与专业社区工作，为社区居民提供更好的服务。

知识链接

在现代社会中，不断涌现出来的社会问题、社区居民日益增长的社区服务需求，直接促进了现代社区工作的诞生。在解决社区社会问题，促进社会发展、构建和谐社会的过程中，社区工作已日益被我们所接受，而且显示出了巨大的作用。

（一）社区工作的界定

社区工作有广义和狭义之分。广义的社区工作是指在社区内开展的以提高社区福利、促进社区和社会协调发展的社会服务或社会管理。因此，任何人或组织，包括政府、政党、各种社团以及企业等，只要在社区内从事的助人活动和服务，都可视为社区工作（实际的社区工作）。

狭义的社区工作则是社区社会工作的简称，特指专业社区工作机构及专业社区工作者关于社区工作的理论、方法、技能及其应用过程。社区工作主要以社区和社区居民为工作对象或服务对象，通过专业社区工作者的介入，旨在确定社区的问题与需求，发掘社区资源，动员和组织社区居民实现自助、互助和社区自治，化解社区矛盾和社区冲突，预防和解决社会问题，从而促进社区服务质量、福利水平的提高和整个社会进步的过程（社区社会工作）。目前，我们居委会干部、委员的工作实际上就是我国内地特色的社区工作，是我国本土化的社区社会工作。然而，我们的这种具有中国特色的社区工作有待改进和完善。

结合我国的实际，我们这样来定义我国内地的社区工作：社区工作是指社区专职工作者在党和政府的领导下，依靠社区力量，利用社区资源，强化社区功能，解决社区问题，促进社区政治、经济、文化、环境协调和健康发展，不断提高社区成员生活水平和生活质量的过程。

在我国，由于社会及历史的原因，专业社区工作制度尚处于发育的初期。尽管如此，专业社区工作对介入社区工作的重要性，已日益受到政府的重视。例如，上海市已经成立三支全市性的专业社区工作机构，负责在社区中开展对吸毒人员、边缘青少年和刑法执行对象及"两劳释放人员"的社会矫正工作；上海市民政局开始在社区服务机构设置专门的社区工作者岗位；浦东新区各个社区也已经引入社区工作理念和方法；北京市则开始用掌握了社区工作相关知识、技能和方法的"专职社区工作者"逐步取代传统的"居委会干部"。重庆市团市委组织与重庆城市管理职业学院合作的在30个社区开展社区青少年服务（青少年社区工作）的尝试，重庆市社区管理职业资格证认证制度的颁布与实施，都说明了重庆市的社区工作也正朝着专业化、职业化方向发展。

（二）社区工作的目标

从社区社会工作专业角度出发，社区工作的目标主要有以下几个方面。

1.促进居民参与、解决社区问题

社区工作者认为社区问题的解决主要应依靠社区居民，相信居民有能力处理与他们日常生活密切相关的问题，例如社区安全、社区环境整治等，居民所暂时缺乏的是解决问题的知识和技巧。因此社区工作者的重要任务是帮助居民建立参与解决社区问题的信念，树立信心，传授解决社区问题的知识和技巧，发现居民的潜能，培育居民的领导能力，推动居民参与集体行动，群策群力解决社区问题，改善居民的自我形象，提升居民和社区自决、自立的能力。

2.改善社区关系、提升社区意识

社区工作者认为在社区关系主要有两种表现形式：一是对外关系。是指社区通过与政府机构、辖区单位建立良好互动的关系，表达居民的意见和诉求，争取资源，解决社区问题和满足社区需求。二是对内关系。一方面是指社区内部各组织之间的关系，如居委会、服务站（工作站）、业委会、物业公司，社区工作者致力于推动各个组织建立互信互赖的关系，合理解决社区问题，促进社区凝聚力的形成。另一方面是指居民和居民之间的各种关系，包括邻里关系、本地人和外来人口的关系、代际关系、同辈关系等，社区工作者致力于推动社区居民之间的交流、沟通、协商和合作，促进社区居民之间的互惠、互助，培养相互关怀的社区美德，促进社区归属感的建立。

3.挖掘社区资源、满足社区需求

社区工作者在社区的重要工作是挖掘社区的人力、财力和物力资源，并通过资源的配置工作，来满足社区居民的需求。在这个过程中社区工作者通过发现、挖掘、整合资源和管理资源的工作，一方面能让社区中有需要的居民尽快得到有效支持，提升专业服务的质量；另一方面能保证资源的有效运用，避免重复和浪费的工作。社区工作者在挖掘资源过程中，一是重视挖掘社区中的人力资源，如培养社区骨干、招募和组织志愿者工作等；二是重视社会政策研究工作，通过对相关立法、政策、规章的分析，为社区居民和服务对象寻求政府资源的支持；三是重视辖区单位（或组织）的资源发展工作，通过推动辖区内政府、事业单位、企业和公益性民间组织的合作，推动社区建设，促进社区和谐。

（三）社区工作的社会功能

结合当前社区居委会的工作实际，我们可以将社区工作的功能大体概括为以下几个方面。

1.服务功能

这里讲的服务功能包括两种：一般性质的社区便民利民服务的功能和专业性的社区服务功能。专业性的社区服务功能是指医护工作者、社区工作者、法律工作者等专业人士在社区内为老年人群、贫困家庭、残障人士等存在特殊困难的群体提供专业化的服务，即专业性的助人工作。当然社区工作还可以通过设置社区服务窗口、社区服务站、社区服务中心、社区青少年服务中心、社区养老助老中心、社区康复中心等社区组织和机构，为社区居民提供一系列服务。

2.社会保障功能

社区工作的社会保障功能主要体现在以下两个方面：一是补偿功能，当社区居民的家庭由于某种原因暂时或永久性地失去收入时，社区工作者通过调查等具体的工作，寻求多方的帮助，可以为处于困境中的居民从物质或精神上提供一定的补偿；二是调节功能，主要指社区工作在调节收入水平、缩小贫富差距、缓和社会矛盾方面的作用。

3.社会控制和社会稳定功能

通常情况下，社会稳定的破坏以及社会混乱和社会动荡的出现，与社会上相当数量社会成员的正当需求得不到满足有一定关系。而社区工作则通过一整套社会救济和社会保障体系与运作机制，发动各种形式的社会援助，帮助社会弱势群体解决实际生活困难，积极控制可能引发社会不稳定的因素，从而促进社区乃至全社会的稳定。

4.合理配置社区资源功能

社区工作合理配置社区资源，对社区中弱势群体进行的援助是多方面的。包括动员社区经济资源为他们提供物质帮助，利用国家法律、法规和相关政策为他们提供权利上的保护，发展社会支持网络为他们提供生活上的照顾和服务等。

5.促进人的发展功能

社区工作的目标与特征决定其在工作过程中，需通过一系列专业工作手法的运用，鼓励居民集体参与，改善自己的生活质量，增强解决问题的能力。

（四）社区工作的特点

1.以社区为对象

社区工作的第一个特点是以社区为对象，即为居住在社区中的个人、家庭提供服务，更重要的是服务整个社区。而从社区的角度看，社区工作者不仅服务那些有地域界限的社区，也会关注功能社区或共同利益社区，这种社区是由一群有共同背景、共同需要或面对共同问题的人组成，他们未必居住在一个地域社区内，但他们都拥有共同的特质和利益，例如促进进城务工人员群体、下岗失业人员群体等。而在地域社区内，社区工作者的对象是居住在社区中的每一个人，从老到小，包括上班的、上学的和居家的居民。

2.重点解决社区居民所面临的集体性问题

集体性问题主要是指社区居民，无论男女老少都不得不面对的问题。这些问题扰乱了居民的日常生活秩序，给他们造成了诸多的不便与困扰。社区工作者通常会敏锐地发现这类与居民切身利益高度相关的问题，从这些问题入手，鼓励居民交流、沟通、协商、达成共识，共同参与解决问题，保障居民的日常生活秩序，维护居民的共同利益，促进社区的团结和凝聚。

3.采用宏观结构的视角分析和介入问题

社区工作是以整个社区为对象的，而社区问题常常与社会转型和社会变迁有关，涉及整个社会的政策和制度。因此社区工作者在分析社区问题时较多采用宏观结构视角分析问题，认为社区问题的产生不完全是源于居民个人，而是与社区周围的环境、相关政策和制度有密切关系。因此，一方面解决问题的方法不应纯粹是改变个人，增强适应，而是要改善周围的环境，促进政策和制度的完善；另一方面，解决问题的责任也不能由个人承担，而是政府、社区都有责任提供资源，协助处理和解决问题。这种解决问题的策略更关注强调遏制和阻断问题的诱因，促进社区居民个人、群体、社区组织和社会密切联系，推动社会的良性运作和发展。

4.强调社区参与、关注人的发展

社区参与的理念是受第二次世界大战后联合国主导的社区发展运动的影响而产生的，强调社区发展的行动主体应从政策转移到民众，通过社区居民"自上而下"有组织地参与解决与他们共同利益相关的问题，来提高居民的生活质量、凝聚社区意识、提高社区生产力。社区工作者所倡导和组织的居民参与行动，包括参与社区决策和资源分配，共同商讨设计服务方案，执行服务方案，并保障决策和服务方案有效惠及社区的居民。社区工作者推动社区参与，可以让居民在共同生活经验中学会承担社区责任，自动自发参与社区建设；可以培养社区居民内在的集体意识，"我们"意识，增强对社区的认同感；可以推动居民间的社会互动和互助，满足社区居民的多元化需求；可以让居民共同分享社区参与的成果，并把这些成果逐步推广到其他社区，推动整个国家发展和社会进步。

社区工作的目标一方面要通过解决社区问题，改善制度的过程，为居民争取资源，维护居民权益，改善其生活环境，提高生活质量；另一方面还要通过社区教育的过程，促进居民的成长，包括处事态度的改变、决策能力的提高、公民意识的建立等，使居民愿意参与社区公共事务，愿意为社区作贡献。

5. 重视社区资源的挖掘和运用

社区资源包括社区的人力资源、物力资源、财力资源、组织资源和文化资源等，社区工作者在社区中的重要作用是挖掘、组织和善用社区各种资源，为社区作贡献。

任务二　掌握社区工作的内容

情境导入

某社区是一个典型的农转非老年型社区，老人特别多，他们大多数都是和子女分开居住，子女一个星期或者一个月才来看望老人一次，其他时间都是老人们自己生活。社区楼栋长来到社区居委会反映，很多社区老人觉得生活枯燥、单调、没有意思，很不适应城市社区的生活，总觉得在社区里生活得不自在。社区楼栋长希望社区工作者能够想想办法丰富老人们的社区生活，让老人们感觉到社区的温暖，有一个幸福快乐的老年生活。

任务描述

根据上述情境，请讨论分析以下问题：

1. 如果你是这个社区的社区工作者，接下来你应该怎么做？
2. 请根据案例，设计一个老年人服务方案。
3. 请讨论，可以从哪些方面为老人提供服务？

任务实施

1. 按每10人为一组对全班同学进行分组。
2. 以小组为单位根据情境，展开主题讨论。
3. 各小组选派代表汇报、分享讨论结果。

任务总结

1.教师结合情境对任务要求进行分析。
2.教师对各小组讨论结果进行点评与讲授。

任务反思

社区服务方案的设计一定要根据社区居民的实际需求而定,所以,设计服务方案的第一步就是要进行需求评估调查,案例中,社区工作者应花时间对社区的老年人进行深入的了解和细致的访谈,掌握老人们的实际想法和需求,然后再来设计服务方案,这样才能让服务方案更具操作性、实用性。

知识链接

一、社区服务

（一）社区服务的概念

社区服务是在工业化、城市化进程中产生的。20世纪80年代后期,民政部开始倡导发展社区服务,并从理论上界定社区服务的含义、性质和目标。1992年中共中央国务院发表了《关于加快发展第三产业的决定》,首次将社区服务列入第三产业的范畴,并指出要优先发展。于是社区服务便成为我国的特殊第三产业,随后,民政部又联合国务院所属的13个部委颁布了《关于加快发展社区服务业的意见》,这两个文件的出台很大程度推动了我国社区服务的实践和理论研究的发展。"社区服务"这一概念日益为广大城市居民所熟悉、接受。社区服务事业与居民生活逐渐变得息息相关。

在学术界有关"社区服务"的概念有很多,比较有代表性的有以下几种：

徐永祥认为："社区服务是社区社会服务的简称,是指在政府的资助和扶持下,根据居民的不同需求,由政府、社区内各种法人社团、机构、志愿者所提供的具有社会福利性和公益性的社会服务以及居民之间的互助性服务；这种福利性、公益性的社会服务的本质特征是无偿性的服务,并辅以不以营利为目的的微利、低偿性服务；这种社会服务的对象主要是社区中的弱势群体和优抚对象,也包括社区中的边缘群体和全体居民；这种社会服务的形式和层次,有专业人士、专业机构提供的专业化服务和非专业化服务之分别。"

张乐天等人认为：社区服务包括城市社区服务和农村社区服务。城市社区服务是指在政府的倡导和支持下，为满足社区成员的多种需要，依托街道和居委会，发动社区各方面力量开展的具有社会公益性质的居民生活服务活动，是广义的社会保障体系的重要组成部分。

新时期的社区服务是广义社区服务，既包括无偿、低偿提供的社区福利性、公益性服务，又包括低偿和有偿提供的社区便民利民的物质、文化、生活服务。把社区服务界定为广义社区服务，能够适应和谐社会建设的多方面要求，符合党的十六大以来党和政府对社区服务的基本定位，符合在社会主义初级阶段全面协调可持续推进社区服务工作的客观实际情况；强调开展社区服务要在政府的引导和扶持下，依托社区组织、动员社会力量、利用社会资源，走社区服务社会化道路。

关于社区服务的界定还有很多，根据我国内地现在的实际情况，我们倾向于这样界定社区服务的概念：社区服务是在党和政府的统一规划领导下，在民政部门的倡导组织下，以社区组织为依托，以社区居民的自助互助为基础，突出重点对象，面向社区全体居民，以提高社区居民生活质量为最终目标的社会性服务。

（二）我国社区服务的历史沿革

社区服务在我国的发展起步较晚，20世纪80年代初，"社区"和"社区服务"这两个词在社会上还少有人知。20多年后的今天，社区服务已经在全国各地轰轰烈烈地开展起来，并已经积累了一些经验，逐步形成了自身独特的发展道路。社区服务从产生到发展大体经历了三个阶段。

1. 社区服务的起步阶段（1987—1989年）

20世纪80年代中期，经济体制改革已经取得了显著的成绩，政企分开初步得以实现，企业开始迈上了自主经营、自负盈亏的道路，原来由企业承担的社会福利和社会保障事业逐步推向社会。下岗失业人员的增加、人口老龄化问题的出现、人民消费结构的多元化发展使社会要解决的问题越来越多。此时社会福利制度改革也已开始启动，原本由国家负责的社会福利保障改革为社会化的福利制度，开始在街道办事处建立"社会福利服务网络"。

民政部于1987年年初在全国率先公开提出了"社区服务"的概念。在大连召开的社区服务工作座谈会上，民政部长崔乃夫同志对社区服务的含义做了初步的阐述，指出社区服务是"在政府的倡导下，发动社区成员开展互助性的社会服务活动，就地解决本社区的社会问题"。

1987年武汉市江汉区民族街率先响应民政部的号召，开展了照料老人、家庭护理等八项社区服务。同年9月，全国各地的民政干部在武汉召开了全国城市社区服务工作座谈会，民政部副部长张德江在此次会上提出了社区服务的定义：

"社区服务是指在社区内为人们的物质生活和精神生活所提供的各种社会福利和社会服务。"这标志着社区服务在全国范围内正式开始起步。但当时人们对社区服务的概念还处于进一步的探索之中,在理念上社区服务还只是被界定为社会保障制度的组成部分。也正是在这次会议之后,江汉区民族街的做法被推向全国,经济相对发达的大中城市在街道办事处、居民委员会层面初步开展了为老年人、残疾人、优抚对象等民政服务对象提供的福利服务活动,也在少数地区出现了为社区居民提供便民利民服务的社区服务活动。但这些社区服务活动从总体上说还只是偏重于一个小社区、小项目和特殊对象,对社区服务的真正内涵和运行机制还都处于探索阶段。

2.社区服务普及推广阶段(1989—1993年)

这一阶段以1989年10月有关部门在杭州召开全国城市社区服务工作经验交流会为标志。这次经验交流会总结和交流了武汉社区服务工作座谈会以来社区服务工作的经验,要求在全国的街道办事处和居民委员会普遍开展社区服务,并在1989年颁布的《城市居民委员会组织法》第四条中规定了:"居民委员会应当开展便民利民的社区服务活动",以法律的形式确定了要在居民委员会层面开展社区服务。但在居民委员会组织法中没有特别指明社区服务的发展方向和开展便民利民服务的优惠政策。于是,街道办事处和居民委员会开始尝试性地开展了一些社区服务项目,如为有需要的社区老年人提供老年活动场所,在社区召集有积极性且有能力的人开办小杂货铺、小修理铺、便民早点摊等,这些服务项目基本是为了满足社区居民的部分生活需要而设立,也得到了居民群众的欢迎。

1991年11月,民政部再次在北京召开了全国社区服务工作研讨会,会上对社区服务的内涵、外延、地位、作用、组织、管理、发展趋势等方面进行了理论上的探讨,将社区服务从本质上确定为社会福利工作,并进一步将社区服务的内容细分为老年人服务、残疾人服务、优抚对象服务、便民利民服务四个大方面。1992年国务院发布了《关于加快发展第三产业的决定》,在这个决定中将社区服务放入了社会化服务体系中,作为社会化服务体系的一部分开始发挥作用。在这一阶段中全国多数城市都开展了社区服务,不少城市的社区服务形成了系列发展的态势,内容也逐渐变得丰富多彩,几乎包括了社区需要的所有社会服务。

3.社区服务逐步走向成熟阶段(1993年至今)

1993年8月,民政部联合中央其他13个部委局颁布了《关于加快发展社区服务业的意见》,这是社区服务发展中的第一个政策性文件。文件明确了社区服务是社会保障体系和社会化服务体系的一个重要行业,是具有福利性质的第三产业,并第一次提出了社区服务要向社会化、产业化方向发展,要建立自我积累和自我发展的运行机制，要强化"以服务养服务"的意识，也就是要以有偿服务（经营性服务）养无偿服务（福利性服务）。这一文件的出台为社区服务的发展提出了明确的目标、要求和基本任务，并制定了相关的扶持保护政策，由此激发了社区服务的内在活力，使社区服务在全国迅猛发展。

1994年年底，随着街道社区服务中心的普遍建立及社区服务在街道办事处、居民委员会范围的深层次推进，一些问题也相继出现，如社区服务中心如何更好地适应市场经济的挑战；如何以有偿服务养无偿服务，实现可持续发展；有偿服务如何规范，社区服务究竟该如何定位等，这些问题已经开始制约了社区服务的进一步发展。为了使社区服务的运行机制、外部环境、内在要求及价值理念等更好地适应经济社会，民政部在上海召开了全国社区服务经验交流会，澄清了社区服务发展中存在的一些认识和理念问题，重申了社区服务应以福利服务为宗旨，同时指出在社区服务中要坚持以社会效益为主，不能因经济效益而偏离了其福利性的本质。会上再次强调了开展社区服务的重要性。

1995年民政部颁布了《社区服务示范城区标准》，在全国布置开展创建社区服务示范城区的活动。这一标准的公布为社区服务在全国城区的广泛普及和整体水平的提高提供了规范性指导和示范性样板，保证了社区服务发展沿着正确的方向推进。

到1999年9月，全国建立了区级社区服务中心745个，街道社区服务中心3 385个，居民委员会社区服务站超过4.3万个，老年人公寓6 529个，其他老年设施（包括活动站、康复保健站、生活服务站、婚姻介绍所等）16.3万个，优抚服务设施135.5万个，残疾人服务设施3.7万个，婚姻殡葬服务设施近15万个，各类便民利民服务设施超过102万个；社区专职服务人员超过57万人，兼职服务人员超过60万人，社区服务志愿者超过547万人。街道办事处和居民委员会对社区服务工作越来越重视，并已经组建了较成熟的社区服务体系。

中办发「2000」23号文件又将社区服务作为社区建设重点发展的项目，并再次明确了社区服务的主要内容，包括四个方面，即社会救助和福利服务、便民利民服务、社区单位社会化服务以及再就业服务和社会保障社会化服务。这些内容既保证了社区服务的社会化、产业化发展方向，也使社区服务在改善居民生活、扩大就业机会、建立社会保障社会化服务体系、大力发展服务业等方面发挥出了更加积极的作用。

2002年党的"十六大"报告在论述经济建设和经济体制改革时提出要"发展社区服务，方便群众生活"。在党的全国代表大会报告中论述"社区服务"，这在中国的历史上是第一次，标志着发展社区服务，推进社区建设已成为国家在新时期发展的一项重要任务。

（三）社区服务的对象和内容

随着我国经济和社会的不断发展，社区服务的对象和内容正在日益扩大。服务对象由以前的孤、病、贫、优抚人员发展到以孤、残、病、贫、优抚人员为重点的面向全体社区居民。社区服务的内容由照顾特殊人群需要的单一的项目发展到照顾所有的社区居民各类型、各层次需要的服务项目。

社区服务的基本内容主要划分为三大方面，即为社会弱势群体提供的服务、为社会优抚对象提供的服务以及为社区全体居民提供的便民利民服务等。

1.为社会弱势群体提供的服务

社会弱势群体是指那些依靠自身的力量或能力无法保持个人及其家庭成员最基本的生活水准、需要国家和社会给予支持和帮助的社会群体。社会弱势群体一般由老年人、残疾人、贫困者等组成。我国改革中出现的大量下岗、失业人员也属于弱势群体。少年儿童、特别是其中的"问题儿童"、残疾儿童、失依儿童，也是弱势群体的组成部分。因此，面向社会弱势群体的社区服务应当包括多方面的内容。

（1）以老年人为对象的社区服务。这是社区服务最基本的内容之一。我国已于2000年进入老龄化社会，老年人口已占总人口的10%以上，在城市、特别是大中城市，老龄化速度更快。正因为如此，对老年人的照顾服务便成为一个突出的社会问题。

根据国外经验，发展社区老年服务具有非常明显的意义。英国在第二次世界大战后推行高福利政策时期，对无依无靠的老年人等一般实行住院式照顾。由国家和政府兴办大型的福利院舍，对老年人实行集中供养。这种院舍式照顾虽然给受助者以较好的服务，但由于这些院舍一般与受助者所生活的社区分离，受助者长期置于这样一种非正常的生活环境中，便失去了正常的人际交往和正常的生活环境，因而对受助者的身心健康不利。有鉴于此，后来，英国政府倡导社区照顾，鼓励社区发挥功能对无依无靠的老年人实施社区照顾。目前，社区照顾已成为英国社会工作最主要的方式之一。当然，社区照顾的对象不仅仅涉及失依老人，其范围比较广泛。

鉴于发达国家的实践，同时也是基于我国尚处于社会主义初级阶段的现实，我国对老年人的照顾服务采取的形式比较合适。其具体做法是：①在社区中兴建老年服务设施，对无依无靠、生活又不能自理的老人进行院舍照顾服务。这种院舍一般是开放的，老人可以方便地进出院舍，和社区保持密切联系。②在社区中兴建其他服务设施，以方便有需要的老人随时享用。③行动不便、家庭照顾有困难的老人由社会工作者上门服务，以解决日常生活困难和排解心理郁闷。

（2）以残疾人为对象的社区服务。残疾人是社会上一个存在特殊困难的群体，其人口数量的绝对值比较大。为残疾人提供社区服务也是各国社区服务的基本内容之一。残疾人在社会生活中所遭遇的困难很多，如日常生活困难、劳动就业困难、接受教育困难、婚姻择偶困难、身心康复困难、社会活动困难等。为残疾人提供社区服务就是针对他们所存在的上述各种困难，采取各种应对措施，帮助他们补偿自身缺陷，克服环境障碍，从而能够平等地参与社会生活，并与其他居民一样共享社会发展成果。

（3）以少年儿童为对象的社区服务。这方面的服务又可分为以普通少年儿童为对象的社区服务和以特殊少年儿童为对象的社区服务。

1）以普通少年儿童为对象的社区服务。这方面的服务可包括：发展少儿福利设施，如托儿所、幼儿园、少儿活动中心等，为少儿的健康成长创造更加适宜的条件；为幼儿园及小学低年级学生提供接送和照看服务，为中小学生提供午餐服务等，从而为双职工家庭解除照顾幼儿、接送上学子女的困难；开展针对少年儿童的社区教育，包括知识技能教育及思想品德教育，以巩固学校教育的成果或弥补学校教育的不足。

2）以特殊少年儿童为对象的社区服务。对身心残疾、失依儿童，社区可通过兴办儿童福利院等设施，对他们施以特殊照顾。使他们能够保持基本生活，并且对他们施以适宜的教育，培养他们适应社会生活的能力和学习自立的技能。对"问题儿童"，社区可提供帮教服务。通过成立由社区各相关机构及家长联合组成的帮教小组，对"问题儿童"加以教育和引导，可使他们迷途知返。而对被有关部门解除管教的"失足"少儿，社区应配合做好他们的安置工作，以避免他们重新走上违法犯罪的道路。

（4）以贫困者为对象的社区服务。在社会转型与经济转轨加速推进的情况下，城市中的贫困者除过去的"三无"人员之外，又出现了大量新的贫困者。我国目前大量存在的失业、下岗人员便是这样的新贫困者。这些新贫困者从原单位下岗、失业后，一般集中生活于社区，为社区服务增加了新的任务。对贫困者的社区服务，首先是配合政府有关部门贯彻落实最低生活保障制度，使他们能够维持最基本的生活，这应针对所有贫困者及其家庭成员。对下岗、失业人员，社区还应为他们提供再就业服务，也可通过发展社区服务业，直接帮助他们实现再就业。此外，社区还可以动员多方面的社会力量参与扶贫济困活动，以弥补政府社会救济制度的不足。

2.为社会优抚对象提供的服务

社会优抚的对象包括革命烈士家属、牺牲病故军人家属、革命伤残军人、现役军人家属、复员退伍军人和其他特殊对象。对社会优抚对象实行优待抚恤，开展社区服务，不仅能实际解决他们生活中的困难，更重要的是体现了政府对他们的关怀，这将直接影响到军人的服役情绪，关系到部队的建设、国防的巩固乃至整个国家的安全稳定。

为社会优抚对象提供社区服务主要涉及：帮助他们排解养老、住房、就医及日常生活困难，为行动不便者及时领取国家抚恤金、政府的定期定量补助和临时补助，对现役军人家属的就业、就学、入托等提供切实帮助，开展多种形式的拥军优属活动、军民联谊活动等。

3.为全体社区居民提供的服务

这方面的服务涉及社区居民生活的各个方面，几乎无所不包，无处不在。如社区设立各种代办服务站、点，代居民买米、送煤、换煤气、传呼电话、煎药煮饭、看护病人等；社区医院为卧床不起、行动不便的病人设立家庭病房，送医送药、上门服务；设立昼夜服务商店、饭店、理发店、洗衣店、寄放店、维修点，方便居民购物、吃饭及日常生活；社区还可开展各种咨询、介绍服务，等等。总之，社区可通过开展此类服务活动，切实解决居民生活中遇到的各种问题和困难，为居民生活提供种种便利。

应当指出，此类社区服务一般是有偿服务，不过收费低廉，属低偿服务，充其量保本运行，福利性和公益性依然是此类服务的特点。实行有偿服务的目的是为了保障服务的持续开展和良性循环。目前，针对社区全体居民的服务还不是我国社区服务的重点。但随着社会的进一步发展，这方面服务的地位会不断上升。

（四）社区服务的特征

1.福利性

福利性是社区服务最根本、最本质的特征。自20世纪80年代社区服务提出开始至今，社区服务基本是紧紧围绕着维护社会弱势群体（如老年人、儿童、残疾人、社会贫困户、优抚对象等）的最基本生活需求为出发点和落脚点。从武汉市江汉区迅速发展到全国各地的社区服务，也多是以这一方面的服务作为核心内容，比如各地开展的社区老人院、残疾人保障中心、星光老人之家、社区老人活动中心、弱智低能人士辅导站、军烈属救助中心等。这些服务多为无偿服务，也有些是低偿服务，是为了保证此服务的长期可持续运行而象征性地收一些维护费用。但不管是无偿还是低偿，都充分体现出了社区服务的福利性特点。

2.公益性

社区服务的公益性主要体现在其是一种社会公共福利服务。凡是居民都可以享受到这种公益性服务，比如社区医院、学校、电影院、文化宫、体育馆、体育器材场、运动场等。这些服务多采取有偿服务的形式，但更强调社会效益目标，其创收主要用于继续投入福利服务事业，以实现社区服务的良性循环。

3. 互助性

社区服务强调充分利用社区内外的各种资源，通过社区成员之间的自助互助服务，以及社区组织、福利机构等与居民之间的互助服务，以满足全体居民特别是弱势人群的服务需求，其中比较有特色的是社区互助网络的建立。居民之间的互助服务在社区内开展较多，比如邻里互助组织的建立、社会支持网络的形成、下岗失业人员互助小组、单亲家庭支持小组等。这些互助组织的成立不仅有助于解决居民各自的实际困难，同时也能增进彼此的情感交流，有利于社区凝聚力和归属感的形成。近几年，社区组织、福利机构等与居民之间以及相互之间合作开展的互助性社区服务活动正在逐渐增加，很多驻区单位已经主动参与到为社区居民提供社会服务的活动之中，比如学校图书馆、计算机房、体育场馆等资源向社区居民开放，驻区企业的多功能厅、会议室、游泳场等向社区居民提供无偿或低偿服务等。当然，也有很多居民对社区组织、福利机构所开展的福利服务计划给予了大力的支持、配合与参与。互助性的服务帮助社区居民解决了生活中的诸多难题。

4. 群众性

社区服务从本质上说是一种社会化行为，既要依靠政府和社区组织，又要依靠群众；既需要政府投资，社区组织主办，又需要广大群众的参与和支持。因此，社区服务必须紧密结合广大社区居民的需求，依靠群众又服务于群众，这也决定了社区服务的群众性特点。尤其是社区居民委员会组织开办的便民利民服务，如家电修理、干洗、送煤气、存放自行车、送牛奶、小学生饭桌等方便社区居民生活的服务项目，政府和社区组织所组织的福利性服务和公益性服务都是为满足社区居民的多样化需求而举办的。社区服务的评估标准也主要看"群众满意不满意""群众高兴不高兴"。

5. 地域性

社区服务是一种属地式服务，它以特定的社区为载体，从本社区的实际需要出发，为社区居民提供多层次、多方面、多样化的服务。随着社区服务业的进一步发展，地域性已不仅仅指服务于户口在本社区的居民，还包括户口不在本社区但居住在本社区超过一定年限的人口。从服务的内容上看，地域性还表现在根据不同社区的地理环境、人口状况、经济发展水平、文化教育状况及设备设施、辖区资源的情况，有针对性地结合自身优势提供各具特色的社区服务方面。如今，社区服务向着社会化、产业化的方向发展，使社区服务已逐步突破了原有的社区范围，向周边社区乃至整个社会提供各种优质服务。因此，随着社区服务的逐步成熟，其地域性的特点将受到发展的挑战。

（五）社区服务的功能

社区服务的作用是多方面的。开展社区服务对于完善社会保障制度，对于解决社会问题、实现社会整合，对于促进社会公平和社会公正的实现以及对于促进人的全面发展等，都起着重要的作用，发挥着重要的功能。

1. 开展社区服务有助于促进社会保障制度的健全与完善

在过去的计划经济体制下，人们的就业和保障高度统一，被称为"就业保障制"。在这种体制下，企业不仅是生产单位，同时也是生活单位。职工的衣食住行、生老病死，都由单位来管，造成企业"大而全"、"小而全"的局面，严重妨碍了企业经营效益的提高。改革开放以来，原先由单位承担的社会义务逐渐向社区转移，其中就包括企业承担的很大一部分社会保障方面的义务。实行社会保障制度的社会化改革，社区对企业退休、下岗或失业人员提供社会福利服务是社会保障制度改革的方向。

除此之外，新中国成立以来，我国对孤寡老人、残疾人、贫困家庭等社会弱势人群的救助服务、康复服务、日常照顾，对军烈属的优抚工作等，一般通过社区来实施。这些都是我国社会保障制度的重要组成部分。显然，社区服务的实施和加强对于健全与完善我国的社会保障制度，发挥着其他社会组织不可替代的作用。

2. 开展社区服务有助于解决社会问题，促进社会整合

我国社会正处在快速转型时期。在这样一个时期，各种社会问题、社会矛盾大量出现，使社会秩序的和谐、稳定受到威胁，社会整合的难度加大。例如贫富的两极分化问题在我国目前阶段比较突出，下岗、失业问题比较严重。开展社区服务，鼓励居民参与，特别是提倡与支持社区中的富裕阶层成员与贫困阶层成员之间的互助，有助于缓解这两大阶层之间的隔阂，缓解贫困阶层成员的生活困境，密切相互关系，消除社会敌视。这无疑增强了社区的凝聚力，促进了社会的整合。社区组织帮助下岗、失业人员实现再就业，支持他们积极参与社区服务，也是消除"社会排斥"、促进社会整合的重要措施。

3. 开展社区服务有助于促进社会公平和社会公正的实现

通过社区服务的实施，维护社会弱势群体的基本生活权利，是实现社会公平和社会公正的必然要求。造成一部分社会成员陷入弱势群体的原因是多方面的，既有个人的生理的、心理的原因，又有社会的原因，其中社会的原因更为主要。为老年人、残疾人、下岗失业人员提供适宜的社区服务，帮助他们解决生活中的各种特殊困难，是一个公正的社会应尽的义务。除此之外，国家、社会福利与服务机构、社区组织通过提供和实施社区服务，社区居民之间通过开展互助性服务，可以促进全社会人道主义、社会平等、社会公正等价值观的实现。

4. 开展社区服务有助于促进人的全面发展

社区通过开办社区学校、老年大学、再就业培训中心，通过组织教育、卫生、法律等咨询服务活动，有助于提高各类社区居民的精神文化素质，提高他们的生存技能。社区服务的开展，使大量双职工家庭减轻了家务劳动和赡老扶幼的负担，使他们能有更多的闲暇时间自由支配，去追求自我完善、自我发展、自我实现。社区服务通过互帮互助，可以培育和增进居民之间的亲情、友情和邻里之情、同乡之情，提高居民的思想道德水平。

（六）我国社区服务的运行机制

我国的社区服务事业经过10多年的发展，已在资金的供给与运作、人力资源的整合与动员以及事业管理等方面，初步形成了一套具有转型期特点的、有助于整个社区建设与发展的运行机制。这里，我们需要认识和把握这些运行机制的特点，同时也应去发现和认识现有运行机制的缺陷与问题，在发展中不断地去修正这些机制。只有这样，我国的社区服务事业才能更健康地发展，且在广度、深度和质量上更好地满足社区居民的多样化需求。下面，我们将从三个方面来讨论我国现行的社区服务运行机制。

1.资金供给与运作机制

社区服务的正常开展，有赖于服务资源的供给和利用。一般来说，社区服务的资源构成主要分为物质资源和人力资源两个部分。而物质资源又可分为有形资产、设施和无形的资金等两个部分。在我国社区服务事业发展的进程中，一直存在着服务需求的扩展和服务资金的短缺这一对矛盾。所以，这里着重讨论社区服务的资金供给与运作机制问题。

实际上，社区服务的资金是保证社区服务事业持续运转的物质基础，也是衡量一个地方社区服务事业发展水平的重要标志。因此，如何构建一个有效的服务资金筹集或供给机制，就显得十分重要。从我国目前的情况来看，社区服务资金的供给渠道，主要有以下四个来源：

（1）政府对社区服务的资金投入。社区服务作为社会保障体系的一部分，有相当一部分属于政府的责任范围，因此，政府的投入始终是社区服务的重要资金来源。在发达国家，政府投资一般占50%以上，而我国目前最多占30%左右。政府投资的形式分为直接投资和间接投资两种形式，直接投资来源于财政的专项拨款，间接投资则通过无偿提供场地和设施或减免税收等形式来实现。

（2）各种社会捐助形成的资金投入。社会各界对社区服务的资金援助是多方面的，可以是机关、企业、社会团体或个人的捐助等。随着社区服务的发展和公民参与意识的提高，社会捐助的资金将有不断增长的趋势。据不完全统计，1995至1997年，仅广州市社区服务所获得的社会捐助资金总额就达6000多万元，平均每年达2000万元。

（3）有奖募捐基金投入。有奖募捐基金是近几年来中国社会福利资金的主要形式,各大城市也纷纷从有奖募捐基金中提取一定的资金用于发展社区服务事业。如广州自1997年以后每年有100万元的有奖募捐基金用于社区服务事业。上海仅1998年就通过发行福利彩票筹集社会福利基金7500万元,其中有近3000万元用于区、县一级的社会福利设施的建设。

（4）社区服务自身产出的再投入。在社区服务的各种项目中,除了为无依无靠、无经济来源的特殊对象提供基本生活需要的服务为无偿以外,其余超出基本生活需要的服务都可以是收费的。尽管在理论上,社区服务应该不应该收费是一个有争议的问题,但在实践中,各社区对居民有支付能力的服务项目实行收费已是普遍的现象,并且通过有偿服务和赢利服务来补偿其他福利性服务的成本和为社区服务筹集资金。

在上述几种资金的来源中,前三项资金为外筹资金,是社区服务管理机构向政府或社会争取、募集的资金。后一项资金为内筹资金,是社区服务管理机构依靠自己的力量自行筹集的资金。我国社区服务与西方的"社区照顾"的一大区别就在于:社区服务的兴旺与否在一定程度上取决于自筹资金的多少。这是因为,我国尚处于社会主义初级阶段,经济实力有限,短期内政府不可能对社区服务进行大量的投资。而其他外筹资金的形式,如社会捐助和有奖募捐等,虽然可以弥补政府投资的不足,但毕竟没有固定的来源和固定的数目。

在这种情况下,我国大部分城市的社区服务往往以自筹资金为主,外筹资金为辅（农村社区服务所需的资金,基本上依靠村级经济的发展所提供）。而社区服务资金来源的不稳定又造成了中国社区服务独特的筹资模式:以有偿服务弥补无偿服务。这种模式的优点是使社区服务具有了自我生存和自我发展的能力。其不足是容易使社区组织重经济效益而忽视社区服务的社会效益,容易产生用有偿服务代替社区服务中的无偿福利服务和公益服务的组织行为。

2.人力资源的构成与动员机制

人力资源的构成与动员机制条件,是衡量一个地方社区服务事业发展水平的重要尺度。通过10多年的发展,我国各地已逐渐建立起一支以专职人员为骨干、以兼职人员为主体、以志愿者为基础的社区服务队伍。总体上来看,这支队伍目前尚处于粗放式的、追求数量与外延扩张的发展阶段,而其服务的项目内涵、质量及专业化技能等尚处于较低的水平。下面,我们将作简要的叙述和分析。

社区服务的专职人员是指以社区服务工作为主要职业的人员,即职业社区服务工作者,一般可分为专业工作者和非专业的劳务工作者两类。专职人员大体分布在社区服务中心、社区敬老院、托护所、职介所、法律事务所、青少年活动中心、图书馆（站）等各种社区服务机构之中。1994年民政部上海会议以后,各地社区服务机构及专职人员数量的增长速度极快。至1998年年底，仅上海市就有专职社区服务人员3.6万人。机构与专职人员的迅速增长，实际上为社区服务事业提供了较具规模的人力资源，也为劳动就业开辟了新的渠道。应该说，这种迅速增长的机构与人员数量，是我国社区服务事业发展初期的必要条件。没有这种较具规模的机构和专职人员队伍，社区服务事业的发展是不可想象的。

但是，从目前专职人员的学历构成来看，受过大学教育的人员微乎其微，更不用说接受过社会工作专业训练的专业社会工作者了，他们中的绝大多数皆为劳务型的人员。从专职人员的社会分层来看，主要来自下岗的中年人、待业的年轻人以及退休的老年人。从专职人员提供的服务内容和服务项目来说，基本上都是简单的劳力活动。像残疾人服务、弱智儿童服务、老年人服务、行为偏差者矫治服务、居民心理咨询与辅导、精神康复者辅导、刑释人员辅导与矫治、单亲家庭辅导等专业性、智力型的社区服务，在许多社区至今尚未开展或很少开展。

从社区居民的需求来看，上述专业性、智力型的社区服务都是急需的，而这类服务对于改善和提高居民及其家庭的生活质量、改善社区的人口素质与社会环境、维护社区秩序的稳定，都是十分重要的。由此可见，目前社区服务的专职人员队伍及其服务内容，属于外延扩张型的，内涵发展水平较低。注重内涵发展，培养和引入一大批受过专门训练的职业化、专业化的社区社会工作者，建立社区社会工作者的资格认证制度，应是社区服务队伍建设的必由之路，是提高我国社区服务人员整体社会声望的必由之路，也是提高社区服务水平、高质量与高层次地满足社区需求的必由之路。

社区服务的兼职人员是指兼任社区服务工作的人员。他们大多数来自与社区管理、社区建设和社区工作相关的行政机关、企事业单位、社会团体和居委会。这里的行政机关主要指街道办事处及区政府职能部门派驻社区的单位、乡镇政府，社会团体主要指工会、共青团、妇联、残疾人联合会、老龄工作委员会及其他社团在社区中设立的组织。

从目前的情况来看，兼职人员以居民委员会干部为主，其数量也最多。这些在自己本职工作之余兼做社区服务工作的人员数量众多，大多文化程度高于专职人员，由于较熟悉现行的社会政策，又具有一定的社区工作经验和知识，工作的技能、层次相对较高，服务的专业技能含量较高，所以是社区服务的主体力量。

据上海市民政局统计，1998年全市有兼职社区服务人员8万人。但是，兼职人员的构成及数量也反映出另外一个问题，即社区服务的主体力量在于"兼职人员"或"业余工作人员"。由于这部分人的本职岗位不在社区服务，其利益基础并不在社区，一些人可能领取为数甚少的津贴（如退休职工担任居委会干部），一些人则可能不取报酬，因此，他们往往对其单位或本部门领导负责，兼职的工作难以对他们进行业绩考核，也难以对他们产生有效的约束力。正因为这种队伍机制，这支兼职人员队伍总体上缺乏从事社区服务工作的内在动力及积极性、创造性。同时，这种"兼职人员"作为社区服务之"主体力量"的现状，也反映了社区组织目标与职能的分化任务尚未完成。

志愿者（志愿人员）又称义工，即义务工作者，是一批自愿地向非亲非故的个人或机构提供经常性的、直接的无偿服务的人员。公益性、非营利性、自愿性、经常性和服务对象的专门性等是志愿者及志愿活动的基本特征。社区服务领域的志愿人员，都是基于本人自愿，积极参与社区服务、提供社区服务工作而不谋报酬的志愿者。志愿者与兼职人员的服务都具有公益性、经常性特征。两者的根本区别在于，前者提供的服务完全出于本人自愿且是无偿的，不受任何行政命令的制约，而后者兼任的社区服务则是法定的或行政程序规定的工作之一。

应该说，志愿者活动与社区发展是互动的。志愿者的服务在一定程度上参与了社区人文环境的形成，反过来，社区的人文环境也造就了志愿者。建立一个以人为本、讲爱心、重情谊、相互关心爱护的和谐社区环境是社区发展所追求的目标。为达到此目的，我们必须提高人们对社会公共事务的责任意识和参与积极性，培养人们的社会公益观念，弘扬慈善精神、互助精神和奉献精神等，而这些正是志愿服务的精髓。这些自愿地利用自己的知识、时间、精力为社会或他人服务的志愿者，在志愿服务的过程中超越了功利的选择，体现了一种人文精神气质和价值取向。志愿者是社区服务极其宝贵和重要的人力资源，而志愿者的数量的构成也直接代表了社区服务的内涵与发展水平。

近年来，一些城市的社区服务之所以开展得轰轰烈烈，一个重要的原因就在于众多志愿者加入到工作中来。据统计，到1998年，上海市已有2 853支社区服务志愿者队伍，志愿者人数达84万人；同年广州市的各类志愿者服务组织达147 11个，志愿者人数达26.7万人，其中志愿者协会496个，专业服务队2 227支，各类包户服务组织近1.2万个。

当然，我们也应该看到，社区志愿服务活动在我国还只处于起步阶段。尽管民政部和中国社会工作者协会在1994年4月1日颁布了《关于进一步开展社区服务志愿者活动的通知》，但关于志愿服务的社会意义和功能定位、志愿服务的组织体制和运行机制、志愿服务的社会政策等还很不成熟，急需我们在实践中提炼一套适合中国国情的理论，从而更有效地开发社区服务的人力资源。

3.行政管理体制与机制

社区服务的管理体制与机制包括行政管理与行业管理两个层面，是规划、协调、指导和规范社区服务事业发展的制度保证。其中，社区服务的行政管理，是指在政府行政系统层面，通过政策、法规和行政力量实施对社区服务的管理。10多年来，我国各地已逐步构建了"政府领导、民政主管、社会参与"的社区服务管理体制。

（1）政府领导。与西方国家社区组织的发展和社区服务活动自下而上的运行机制不同，我国的社区服务事业自开展之初，就呈现出政府自上而下领导和推动发展的特点。

政府对社区服务的介入主要涉及：社区服务政策的研究、制定和推行，社区服务规划的制定和实施，社区服务标准的制定和实行，社区服务机构的审批，行政立法和监督等。具体来说：

1）政府通过各项政策推动和扶持社区服务的发展。自从1987年民政部提出"社区服务"的概念以来，社区服务成长的每一步都离不开政府的推动和倡导。特别是1993年国务院14个部委共同颁布的《关于加快社区服务业发展的意见》，规定了各部委的职责，制定了发展社区服务的各项优惠政策。各级地方政府也相应出台了发展社区服务的政策。在《九五计划和2010年远景目标》中，中央政府进一步对社区服务作出了统一的倡导和规划，提出了"积极发展社区服务，充实社会服务设施，方便人民生活"的指导方针。在上海，各个区都制定了发展社区服务的扶持政策，包括工商局简化办证手续、民政局核发居委会社区服务证书、税务局对社区服务实行减免政策等。这些政策都极大地推动了城市社区服务业的发展。

2）政府在组织上具体落实社区服务工作。如上海，从1992年起，社区服务就被纳入"市府实事工程"并延续至今。1992年上海市政府在50%的街道中建立了社区服务中心和在1000个居委会中组建居委会社区志愿者队伍。1993年实事项目是全面建成社区服务网络。1994年政府要求改造街道敬老院，建立家庭敬老室。1995年改造和扩建25个街道敬老院，建成20个街道社区服务示范点。1996年改建25个街道敬老院。1997年在每个居委会中建立老年活动室。1998年在全市建立800个社区电脑亭。1999年建立了社区服务热线。实际上，这种工作方式也存在于其他地区，如广州、大连等城市，促进了社区服务的发展，体现了政府开展社区服务的主导地位。

3）政府是城市社区服务工作的规划指导者。政府通过制定文明社区指标，开展示范评比和文明创建，对社区服务进行监督和激励。1995年，我国出台了《全国社区服务示范城区标准》，对社区服务工作给出了明确的评价标准。综上所述，政府在社区服务中发挥了重要的推动作用。政府的行政动员、政策指导、组织参与是社区服务发展的主导力量。特别是在我国社区组织还缺乏自下而上的运行机制时，政府对社区服务的推动更显得不可或缺。

（2）民政主管。具有中国特色的社区服务不仅将民政工作对象的服务需求置于主体地位，而且在组织建制上由民政主管。这是因为：

1）社区服务具有特殊的民政服务历史渊源和社会福利性质，而民政部门一直承担着管理特殊社会福利的职能，有责任对新产生的社会需求作出反应。

2）民政部门同时主管城市基层政权和居委会工作，拥有推行社区服务的行政支持网络。

3）民政部门具有推行社区服务的政策资源、设施依托、人员准备等工作基础。在现实的运行中，整个社区服务的主管部门是民政部，主要由民政部内的社区服务办公室进行宏观管理。

在我国，由于社区服务性质独特、涉及面广，由民政部主管的社区服务行政管理体制可分为市、区、街道三级管理。如上海，在市一级设立由市民政局、老龄委、卫生局、教育局、托幼办、退管会组成的社区服务协调机构，市民政局内设社区服务办公室，配备专门人员，以指导全市社区服务工作，研究、检查和总结社区服务工作及制定有关政策法规；区一级成立由分管区长挂帅、区民政和有关部门负责人组成的社区服务协调委员会，具体领导、检查、督促全区社区服务工作，研究处理社区服务中的问题，做好有关部门的协调工作；街道一级也成立相应组织，确定和实施服务项目，检查、指导、督促居委会开展社区服务工作。

从行政管理的角度看，这三级机构的设置是基本相同且上下对应的，所不同的是管理权限的差别。它可以分为主管机构和协调机构两大职能，主管机构为各级政府的民政局（科），其职能是部署、组织和实施社区服务工作；协调机构的职能是制定社区服务的发展规划和政策、法规，协调和整合相关部门。

社区服务经过10多年的发展，其内涵与外延正在不断丰富和扩展，已超出社会福利或民政工作的范畴，越来越具有社区发展的特征，民政部门的职能和权限已经难以胜任社区服务事业的管理。在实际运作中，社区服务的主要管理者是街道和乡镇这一层次。这是因为，街道和乡镇是社区服务真正展开的生活空间，也是社区服务的真正组织者和提供者。从立足民政到立足社区的转变，是中国特色的社区服务发展的必然趋势。立足社区就是把社区服务置于社区发展的范畴，使之成为社区发展的功能目标和组织形式。也就是说，通过社区服务的推行，不断改善社区的经济、社会和文化发展水平，培养社区成员的参与意识和互助合作精神，增强社区的凝聚力，最终实现社区的全面发展。

（3）社会参与。社会参与首要的是社区居民的参与。社区居民的参与，既是社区服务发展的动力，也是社区服务追求的目标。同时，居民自觉地参与社区服务意味着他们社区意识和社区责任感的提升。目前的主要问题是，参与社区服务的大多数是离退休人员，社区单位和在职人员的参与率不高，即使有参与也是运动式的。另外，参与机制尚未规范化、制度化。

社会参与还包括社区内外机构团体的参与。社区内外的机构有街道社区各个政府派出机构，民政、公安、税收、城建、工商等部门，共青团、妇联、工会等组织，企事业单位等。社区内外机构全方位参与社区服务可以充分调动一切社会资源，推动社区服务的发展。

此外，就社区服务的具体运行机制来说，对于不同性质的操作单位应实行不同的运行机制。对此，民政部曾给予了概括性的提示，即"对于满足民政对象和特殊困难群体的基本需要、没有营利条件的福利型单位，政府给予补贴；对于以满足社区居民物质文化生活需要为目的的福利经营性单位，应按照社会效益为主的原则进行规范，主管部门根据其承担公益性任务和社会效益、经济效益状况，适当给予补贴与扶持；对于完全有经营能力和营利条件的社区服务单位，实行自负盈亏、自我积累、自我发展的运行机制"。

二、社区就业

劳动和社会保障部、国家发展计划委员会、国家经济贸易委员会、财政部、民政部、建设部、中国人民银行、国家工商总局、国家税务总局《关于推动社区就业工作的若干意见》（劳社部发【2001】7号）文件指出，社区就业要紧密结合产业结构调整和城市社区建设的发展进程，以城市社区为依托，以市场需求为导向，按照产业化的发展方向，通过着力拓宽社区就业门路，大力开发社区就业岗位，引导和帮助下岗职工及失业人员在城市社区服务领域实现再就业，实现社区建设和扩大就业的有机结合。

（一）开发社区就业岗位，鼓励多种形式就业

1. 开发社区就业岗位

主要包括以下几方面：一是结合社区居民多方面、多层次生活服务的需要，大力开发托幼托老、配送快递、修理维护等便民利民服务岗位，特别是面对居民家庭和个人的家政服务岗位；二是结合驻社区企业事业单位、政府机关剥离部分社会服务职能的需要，开发物业管理、卫生保洁、商品递送等社会化服务岗位；三是结合对企业退休人员实行社会化管理的需要，开发健身、娱乐以及老年生活照料等工作岗位；四是结合社区组织建设、公共管理和公益性服务的需要，大力开发社区治安、市场管理、环境管理等社区工作岗位，特别是开发社区保洁、保安、保绿、车辆看管等社区公益性就业岗位，对下岗职工和职业人员中年龄较大、再就业困难且家庭收入低的人员实施就业援助。

2. 鼓励多种形式就业

社区工作者要适应市场、转变观念，根据市场化、产业化和社会化的发展

方向，本着扩大就业、加快发展服务业的要求，扩展社区服务领域，努力提高吸纳就业的能力。一是鼓励和支持下岗职工和失业人员在社区组织起来创办各种便民利民的社区服务企业等社区就业实体；二是积极鼓励下岗职工和失业人员以个体、私营等各种经济形式，兴办投资少、机制灵活、适应性强的社区服务型小企业从事社区服务，实现自谋职业；三是鼓励企业事业单位、街道基层组织等兴办以安置下岗职工和失业人员为主的就业型中小企业、劳动就业服务企业等社区就业实体。

（二）宣传和执行落实再就业优惠政策

从1998年以来，各级政府纷纷制定了促进下岗职工和失业人员再就业的各项优惠政策。一是税收优惠政策。国家税务总局在《关于下岗职工从事社区居民服务业享受有关税收优惠政策问题的通知》（国税发〔1999〕43号）中规定，对下岗职工从事社区居民服务业项目取得的收入，在规定年限内免征营业税、个人所得税、城市维护建筑税和教育费附加。二是工商登记优惠政策。国家工商总局《关于认真贯彻落实党中央、国务院〈关于切实做好国有企业下岗职工基本生活保障和再就业工作的通知〉的通知》（工商个字〔1998〕第120号）提出，下岗职工从事社区居民服务业的，三年内可免收工商行政管理行政性收费，为下岗职工自谋职业和组织起来就业提供优质服务。三是贷款担保等金融服务政策。国务院办公厅转发国家经贸委《〈关于鼓励和促进中小企业发展若干政策意见〉的通知》（国办发〔2000〕59号）和《关于进一步改善对中小企业金融服务的意识》（银发〔1998〕278号）的有关政策规定，切实加强对下岗职工和失业人员自谋职业和组织起来兴办社会服务小企业等社区就业实体的金融服务。采取切实有效的措施，运用企业互保、联保、贷款保险、多渠道筹资建立担保基金等形式，解决好下岗职工贷款担保问题。四是场地安排优惠政策。劳动和社会保障部等八部委《关于推动社区就业工作的若干意见》文件明确要求，各级建设、城市规划主管部门及相关部门和街道办事处，应在符合城市规划的前提下，积极帮助下岗职工和失业人员解决好从事社区服务业的场地安排、项目经营等方面遇到的实际问题。

社区社会工作者一方面要向社区中下岗失业人员宣传、解释政策，协助政府执行和落实政策；另一方面要制作发放"再就业人员优惠卡"，对各部门优惠政策执行情况进行登记，保障社区就业的各项优惠政策落到实处。

（三）开展社区就业服务和就业培训

1.开展就业服务工作

社区社会工作者一方面要充分运用市、区、街三级社区就业服务工作网络，配合街道和社区居委会，发挥基层组织的优势，充分采集社区岗位需求信息；另一方面要利用连接到社区的"城市劳动力市场就业信息网"为下岗失业群体寻找就业岗位，及时将信息传递给下岗职工和失业人员。此外，社区社会工作者要积极探索社区就业服务的有效方法，如通过开展有针对性的职业指导，帮助下岗职工和失业人员切实转变就业观念；建议街道公共服务大厅采取开设专门服务窗口、实行劳动保障事务代理等措施，为下岗失业人员提供代管档案、代缴保险、代办有关证明等项就业服务，引导他们在社区实现再就业。

2.开展就业培训

社区社会工作者应配合街道劳动就业服务机构，开展就业培训工作，提高社区下岗职工和失业人员的就业能力。一是结合社区就业实际需求，努力开发适应社区就业岗位需要的再就业培训项目和培训课程，采取实用有效的培训方式方法，为下岗职工和失业人员在社区就业创造有利条件；二是开展创业培训，培养一批创办社区就业实体的带头人，以培训促进创业，以创业带动就业。

（四）解决社区下岗和失业人员的社会保险接续等实际困难

下岗职工和失业人员从事社区服务业存在着社会保险接续等难点问题，影响了其就业的积极性，为此社区社会工作者一方面要及时向基层政府和劳动保障部门反映情况，呼吁完善相关政策措施，包括制定灵活有效的办法，依法将下岗职工和失业人员自谋职业以及组织企业兴办的社区服务企业等社区就业实体纳入社会保障覆盖范围；另一方面与社会保险经办机构的工作人员合作，掌握接续社会保险关系的程序、办法和个人账户基金的结存情况，帮助在社区就业的下岗职工和失业人员学习查询社会保险档案及个人账户状况。此外社区社会工作者应呼吁有关部门制定适合本地实际情况，促进灵活就业形式的政策和制度，协助灵活就业人员妥善处理劳动争议问题，保障其合法权益。

三、社区卫生

社区卫生服务是以基层卫生机构为主体，全科医师为骨干，以人的健康为中心、家庭为单位、社区为范围、需求为导向，以妇女、儿童、老年人、慢性病人、残疾人为重点服务对象，以解决社区主要卫生问题、满足基本卫生服务需求为目的，融预防、医疗、保健、康复、健康教育、计划生育技术服务等为一体的，有效、经济、方便、综合、连续的基层卫生服务。

（一）社区疾病预防与康复工作

1.疾病的社区预防工作

一方面配合社区卫生工作人员进行传染病和多发病的预防，慢性病控制以及社区公共环境卫生的监督和管理工作；另一方面积极开展社区健康教育，通过有组织、有计划、有系统的社会教育活动，促使人们自觉地采纳有益于健康的行为和生活方式，消除或减轻影响健康的危害因素，预防疾病，促进健康，提高公民的身体素质和生活质量。此外，开展计划生育宣传教育工作，计划生育是我国的一项基本国策，社区社会工作者也要在社区倡导晚婚晚育、优生优育；组织社区居民接受社区卫生工作人员进行的计划生育技术指导。

2.社区康复工作

在患者或残疾者经过临床治疗后，由社区继续提供医疗保健服务，促进患者或残疾者的身心进一步地康复。社区康复的宗旨是充分利用社区资源，使患者或残疾者在社区或家庭通过康复训练使疾病好转或痊愈，生理功能得到增强。社区康复不同于医疗康复，它体现了医疗与预防保健于一体，心身全面兼顾，连续性、协调性的全科医疗服务的基本原则。

（二）社区精神健康工作

我国当前重点防治的精神疾病是精神分裂症、抑郁症、儿童青少年行为障碍和老年期痴呆。社区社会工作者可以协助社区精神卫生服务人员开展的主要服务内容有以下几项。

1.为社区普通人群提供心理咨询，普及精神卫生知识

社区社会工作者一方面倡导医疗机构在对社区居民进行的例行健康体检过程中，有针对性地进行心理活动的评估，尤其是对于重点人群，如妇女在孕产期的情绪状态，老年人的记忆、智力活动等以及早期发现抑郁症、老年期痴呆等；另一方面通过举办科普讲座、开展咨询活动、发放科普宣传读物、制作宣传展板等形式，向社区居民普及精神卫生知识，提高其精神健康水平。

2.开展社区康复治疗，促使其早日回归社会

社区康复治疗的目的是减轻精神残疾的程度，帮助患者早日回归社会。社会工作者一方面可以与社区精神健康服务人员一起对社区精神疾病患者进行随访，对患者进行心理康复指导、家庭护理指导、劳动技能训练、工娱治疗和职业康复治疗等；另一方面倡导基层政府和残疾人联合会逐步建立社区精神康复机构，包括工疗站、农疗站、农疗基地、活动中心、托养中心、中途宿营、职业技能培训中心等，开展"社会化、综合性、开放式"精神疾病康复工作。

3.维护精神残疾者的合法权益，争取社会支持

以精神分裂症为主的重型精神疾病多在青壮年发病，病程迁延，多呈慢性，致残率较高。由于精神疾病自身的特点，较多患者多不承认有病，拒绝治疗，给医疗救治工作和国家求助工作带来很大的困难。社区社会工作者可以利用社区卫生服务机构掌握的情况，配合民政、残联、劳动等部门积极为社区精神残疾患者争取合法权益，争取适当的政府求助和社会支持。

4.广泛开展健康宣传活动，减少社会歧视

由于受社会偏见的影响，目前社会上仍存在歧视精神疾病的现象。相当一部分的精神病症患者及其家属不愿意让别人知道，担心会受到社会歧视。精神疾病患者和身体疾病患者一样，也是疾病的受害者，理应得到人们的理解和帮助。社区社会工作者应广泛开展健康宣传活动，普及精神疾病防治知识，在社区中造就良好的社会风尚，关心、不歧视精神疾病患者，帮助他们回归社会、社区和家庭。

（三）社区环境卫生

从社会工作专业特点出发，结合目前的社区环境卫生整治运行状况，社区社会工作者带领居民从事的社区环境维护工作包括以下几方面。

1.社区环境改造

主要是在当地街道办事处的支持下，修缮、改造和维护社区的基础设施。一是针对居民住宅的公共楼道部门，如定期检修防盗门、楼道灯、电梯等公共设施，动员居民清理楼道堆积杂物等。二是针对楼与楼之间公共空间的环境治理，包括居住区美化绿化工作，清理不规范的牌匾、广告、违章建筑物和构筑物；保证路面平整、无破损、无坑洼、无积水；安装体育健身设备、纳凉亭、休闲桌椅；合理设置停车泊位，引导车辆有序停放；整治利用车库、住宅等从事餐饮、娱乐、加工修理等扰民及影响环境的经营行为等。

2.社区环境卫生

一是保证社区、楼区和平房区的环境卫生能够定期清理，并有日常保洁；公厕设施干净整洁，使用功能完好，有专人负责日常清洁维护。二是规范收集、运输和处置垃圾；教育社区、楼区居民以及卫生保洁人员将生活垃圾倾倒在指定地点。三是加强居住区养殖管理。规范居住区内养殖畜禽，倡导楼区和居民区文明饲养宠物。

3.宣传教育工作

积极宣传、倡导健康文明的生活方式和良好的卫生行为，曝光随地吐痰、乱扔果皮纸屑、垃圾等不文明行为，形成广大群众主动参与，共建共享的舆论氛围。定期开展"清洁家园，共享文明"卫生文明日活动，健康教育进社区等活动，动员居民志愿参与社区环境卫生治理工作，逐步建立社区居民参与院落环境卫生整治的机制。

四、社区教育

在社区教育活动中，社会工作者的角色十分重要，一方面他们可以根据社区需求，运用专业所长直接提供一些教育课程；另一方面要充分发挥组织协调作用，调动其他专业资源和专家为社区居民提供教育活动。而组织良好的社区教育活动，也将有效地促进社区社会工作者与社区居民的联系和沟通。

（一）社区教育的含义

从国际、国内对社区教育内涵的理解看，社区教育主要体现的是社区社会工作和教育工作的整合，其实施与成人教育和社区发展有密切的关联，基本内容包括社区内正规化的教育课程及一般非正规但有系统化学习目标的社区活动，这些活动都是以学习为核心展开的。

从运行体制的角度看，社区教育的实施有两个取向：一是学校本位的社区教育，即根据学校的条件和需要，发展与社区的教育合作，以达到培养学生社区归属感、公民责任意识等教育目标，同时也让社区居民有享用学校设施及参与活动的机会，其实施主体是教育机构和教育工作者。二是社区工作本位的社区教育，即是以建立社区居民的互助关系为基础，鼓励居民参与社区公共事务，提高社区居民的觉悟，进而改善生活质量，建设一个互相尊重和团结的社区，其实施主体是社会福利机构和社会工作者。显然社会工作专业所关注的社区教育，更多地是从社区发展的角度出发，是以社区工作为本位的社区教育。社区社会工作强调的是社区居民通过集体行动改善生活质量，并增强自信心及提升关心社会的意识。在这个过程中，社区工作者扮演着教师、顾问等角色，力求使居民能充分总结经验，在知识、技巧、分析能力和价值观念等方面都有所进步。可见，社区教育是社区工作者的一项重要任务，目的是促进居民获得掌握自己命运的信心和能力，使他们积极投入社区服务，争取权益。

（二）社区教育的内容

1.从社区教育的基本目标看

（1）补偿式教育。即通过社区教育课程及其有系统的活动，补偿社区居民没有接受的正规教育的知识空间。例如，对只有初中文化程度的居民，提供高中程度的课程；对没有接受过大学教育的居民，提供一些大学课程和知识。补偿式教育通常采取非正规的教育方式，从居民的实际经验出发，提供必需的知识和技能。社区社会工作者所开展的补偿式教育，主要是针对其服务的群体——中下阶层的特征，通过提供一些成人课程和教育机会，重点帮助他们掌握社会结构、投诉途径、公民权益等知识，改善他们在这些方面欠缺的知识。

（2）控制式教育。即通过一些宣传教育的活动，重点控制不守公德和秩序的行为。这种社区教育是以阻止性为主，通常不是树立正面的模范去宣传理想公民所应有的态度和表现。目前政府推行的公民行为规范教育，多属控制式教育。例如通过一些宣传标语告知居民不应乱扔垃圾、过马路时要遵守交通规则、不吸毒、不应在公共场所吸烟等。政府在宣传有关内容时，通常也会强调惩罚的规则，例如汽车前排乘客不扣上安全带将被罚款，等等。

（3）发展式教育。这种社区教育着重于人的全面发展，重点挖掘居民在知识、行为、态度和价值观念等方面的个人潜能和积极性，协助居民体察社会，发现政策、制度的不完善，并聚集个人和集体的力量，改善社会，创造平等和谐的社会。发展式教育的核心是达到思想的解放，形成批判性思维，其重点是对居民进行意识提供过程，使社区居民了解社会对每个个体的责任和应提供的权利保障，同时也教育居民知晓个人对社会应尽的义务和应作出的努力与贡献。社区社会工作者经常采取集体参与的方式，让居民在日常生活和对社区问题的分析中，培养出批判性的思维。此外，社区社会工作者也经常协助基层社区居民建立自信和自尊。运用自主训练的方法，培养居民的自信心、人际关系技巧和处理事务的能力，这些有系统的培训有助于帮助居民逐渐建立作为基层百姓的光荣感和自尊心。

2.从社区教育的服务功能看

（1）家庭生活教育。推动家庭生活教育的目的是预防家庭解体及其引发的相关社会问题。通常是运用讲座、展览、小组及宣传活动，灌输给居民家庭沟通和人际交往的态度和方法。这些宣传和教育活动应能够有效地吸引那些面临家庭解体或正在经历各种困难的家庭参加。

（2）公民教育。公民教育的目标是为了让公民能够面对当今日益多样化，甚至不断发生互相冲突的社会，充分做好在未来能够有效参与社会经济、政治生活的准备。这方面社区教育的重点对象是青少年，期望他们能够通过社区平台了解、接纳社会现象和问题，为解决社会问题做好准备。公民教育也是我国社区教育重点内容，主要强调要以社区为依托，以全体社区成员尤其是社区青少年为对象，以提高全民素质和培养"四有"新人为宗旨。

（3）成人教育。成人教育主要以因各种原因失学或未能接受正规教育的人士为对象，为他们提供教育机会。早期的工作以扫盲为主，现时期则以提供实用性知识和技能的短期课程为主。如为下岗工人提供职业技能训练、在市民学校和老年大学开办相应课程等，这类课程也在一定程度上适应了"终身教育"的发展趋势。

（4）健康教育。健康教育主要是以社区为单位，向居民提供健康和预防疾病的知识。在社会工作实务领域，也包括由社会工作者推动的以"反歧视"为主题的教育活动，目的是希望社区居民能够接纳长期病人、精神残疾和其他残疾人等，推动在社区内建立康复设施，提供康复服务。在我国从20世纪90年代起，政府就开始倡导在社区发展医疗卫生保健和康复事业，并通过建立社区医院或医疗站、提供巡回入户医疗服务、设立家庭病床、建立居民家庭卫生保健档案等形式，方便居民就医保健，宣传卫生保健知识。

五、社区治安

（一）社区治安

所谓"社区治安"，是指在政府及其职能部门（如社会治安综合治理委员会、公安机关等）领导下，依靠社区各方力量，强化社区控制手段，为促使社区秩序达到安定、有序状态所进行的各种管理活动。此概念包括以下几层含义：①社区治安的主体是政府及其职能部门和社区有关组织，它们共同承担维护社区治安的责任；②社区治安的依托力量是社区各方面的力量，包括驻区单位和广大社区群众；③社区治安的主要手段是社区治安控制，其具体内容又包括社区治安教育、治安管理、治安防范、对违法犯罪活动的打击处理等；④社区治安的目标是促使社区秩序达到安定、有序的状态；⑤社区治安是主体为维护社区秩序所进行的各种活动的总和，是社区建设中的一项重要内容。

1.社区治安的特征

（1）主体的广泛性。实际工作中，社区治安管理的主体主要包括：政府及其有关职能部门的职能主体和社区组织、社区居民组成的社会性主体。

（2）内容的综合性。社区治安内容涉及面很广，其主要内容有：安全防范、法制教育、人民调解、帮教工作、群防群治、社区公共治安秩序管理、社区矫治、流动及暂住人口管理等。而社区治安管理内容的综合性，也正是对社区治安必须实行综合治理的重要原因。

（3）时间的长期性。社区治安不是一个短暂治理的过程，而是一个长期治理的过程。只要社会上还存在着各种违法犯罪现象，社区治安就有存在的必要性。

（4）过程的动态性。社区治安是一个动态过程，它的对象及其活动的内容、特点、方式、手段、场所都会因时因地而发生变化。社区治安工作要针对其对象的多变性，采取相应的有力措施加以解决。同时，即使旧的矛盾解决了，还可能产生新的矛盾，社区治安就会面临新的任务。

（5）区域性。不同的社区存在人口密度、人口素质、生活方式、地理环境、民风习俗等各方面的差异，因此使社区治安管理工作具有很强的区域性特征。社区类型不同，社区治安管理工作的任务及侧重点就会有所不同，如城市中单一型、闹市型等社区往往多是输入型犯罪，治安管理工作的重点是加强安全防范；而杂居型、传统型社区因人口密集，犯罪时空相对减少，往往出现输出型犯罪，治安管理工作的重点是做好对重点人口的监控。社区的区域特点不同，社区治安问题表现的形态也有所差异。如沿海地区中小城市及一些大城市郊区，治安问题往往表现为走私活动较为突出。在经济贫困、文化落后、信息闭塞、交通不便的地区，治安问题往往表现为封建迷信活动突出，宗族势力抬头，拐卖人口问题严重。在普通城市和经济发达地区的社区，治安问题又往往表现为经济犯罪及赌博、卖淫等违法行为突出。

2.社区治安管理的主体

社区治安管理的主体主要包括：职能主体和社会主体。

由于我国贯彻社会治安综合治理的方针，因此可以说，只要与社区治安有关的政府职能部门，都是社区治安的职能主体，如综合治理委员会（办公室）、政法委员会、公安机关、司法行政机关、检察机关、人民法院、民政部门等。其中社会治安综合治理委员会对社区治安起直接作用，是协助人民政府领导本地社会治安综合治理工作的常设机构，简称综治委。其下设综合治理办公室（简称综治办），作为常设的办事机构，负责处理日常工作。社会治安综合治理委员会（包括县、市、区社会治安综合治理委员会及乡镇、街道办事处社会治安综合治理委员会）是社区治安的职能主体。

社区治安的社会主体主要是社区内专门从事社区治安防范的群众自治性的社区组织，包括：社区治保会、社区人民调解委员会、社区保安服务组织以及社区其他社会治安组织。这些社区组织在从事社区治安活动时不具有国家所赋予的公共权力，因而也不具有与国家公共权力相对应的职责。

社区治保会是社区治安保卫委员会的简称，是设置在社区基层单位的、群众性的隶属于社区居委会的自治性保卫组织，是公安机关联系群众的纽带和桥梁。社区治保会的成员都是本社区的治安积极分子，他们来源于群众，服务于群众，具有广泛的代表性。他们协助社区居委会、社会治安综合治理委员会和社区民警搞好社区治安服务工作。

3.各部门在社区治安工作中的职责

（1）公安派出所的社区治安责任。公安派出所的社区治安责任主要包括：治安管理、预防违法犯罪行为；打击犯罪以及为民排忧解难。

治安管理是社区警务的重要任务，主要对旅馆、无照发廊、网吧和废旧物品收购站等特种行业进行管理，对民用危险物品和违禁品进行管理，对违反治安管理条例的行为和治安案件、群众性治安事件进行管理，对户口和居民身份证进行管理等。所谓预防，指的是在违法犯罪行为、治安灾害事故和群众性治安事件发生之前，主动采取措施，消除违法犯罪、治安灾害事故和群众性治安事件发生的各种因素和条件，从而达到控制和减少违法犯罪、治安灾害事故和群众性治安事件发生的目的。群众路线是公安工作的法宝，公安派出所离不开群众的支持和帮助，为群众排忧解难是公安派出所义不容辞的责任。

为力争把更多警力投入到社区治安防范和群防群治工作中，围绕"发案少，秩序好，社会稳定，群众满意"的目标，重庆市公安局于2002年7月在九龙坡公安局试行社区警务，5个试点社区都设立警务室，深受群众欢迎。警务工作新模式随后在全市推广，截至2003年3月，重庆已有225个城区（镇）派出所设立社区警务室516个，配备专职民警1021名，共接警务2414起，接受群众咨询求助7159起，受理各类证照7336个。同时，社区组建起各类群防队伍632支1.6万余人。警务前移有利于克服"反应式"模式警务的弊端，打、防、控一体化的防范网络使社区安全防范落实到实处，人民群众安全感显著增强，社区对民警产生了认同、依赖和信任感，群众参与维护社会治安的积极性和主动性大大提高。

2002年，位于重庆市大渡口区东部的跃进村街道和跃进村派出所在大堰社区广场举行社区警务室成立的签字和授牌仪式。跃进村街道辖区共有9个社区居委会，每个社区居委会都设立一间社区警务办公室，每个社区广场都设置一块社区警务宣传栏，每个社区居委会门口都挂社区警务信箱和挂牌。派出所要求每位民警至少要对接一个社区居委会，并且每周要在社区警务室办公两天，带领社区工作者以及社区自治组织开展社区治安服务工作。随着社区警务工作在重庆市全面推行，社区"小治安"的安全稳定将有力促进社会"大治安"的稳定，形成良性互动并使社区安全家园逐步变为现实。

（2）街道办事处的社区治安责任。

1）宣传、贯彻有关城市管理的法律法规、规章制度，制定辖区内社区治安管理的计划，并组织实施。搞好辖区内的市容卫生、绿化美化和环境保护，创建舒适、优美、文明的社区生活环境，减少治安案件和刑事案件的发生。

2）加强社区治安综合治理，维护社区的政治稳定和社会安定，发展社区服务，方便居民生活，维护市场秩序，为区域经济发展提供良好的市场环境。

3）推行综合执法，对辖区内各专业管理机构的工作行使监督权。区政府及其专业管理部门要支持、保障街道对社区治安工作充分行使综合管理权。各专业管理部门的派出机构在社区治安中要主动接受街道的统一领导。

4）组建社区治安志愿者队伍，实行群防群治。要广泛动员和组织社区群众参与公益性、福利性、群众性的社区治安活动，发动社区离退休老干部、老职工，开展各种自助、互助、自觉、自治的社区治安志愿服务，不断扩大志愿者队伍。

（3）社区居委会的社区治安责任。

1）宣传宪法、法律法规和国家政策，维护居民的合法权益。

2）向居民会议报告社区治安工作，组织居民落实居民会议关于加强社区治安、维护社区稳定的决定。

3）及时调整社区内发生的民间纠纷，化解社区矛盾，促进社区居民家庭之间、邻里之间的和睦团结。设立人民调解、治安保卫、公共卫生等委员会，指定专人负责有关社区治安工作,也可分设若干居民小组,完成居委会交给的社区治安任务。

4)协助人民政府及其派出机关做好与居民利益有关的社会治安、治安联防、流动人口管理、计划生育、拥军优属、社会救济、青少年教育、公共卫生等各项工作。

5)教育社区居民遵守居民会议的决定和居民公约,并组织执行;做好社区内被人民法院判处管制、缓刑、假释、监外执行、保外就医等服刑人员的监督和教育工作,预防他们重新犯罪。

综上所述,对社区治安概念、特征的理解离不开对社区治安职能主体和社会性主体的理解及其在社区治安中所具有的职责把握。要开展好社区治安服务,不能忽视社区治安中的任何一个主体。

（二）社区调解

1.社区人民调解委员会基本概念

我国《宪法》第一百一十一条明确规定:"居民委员会,村民委员会设人民调解、治安保卫、公共卫生等委员会,管理本居住地区的公共事务和公益事宜,调解民间纠纷,协助维护社会治安,并且向人民政府反映群众的意见、要求并提出建议。"这一规定说明,社区人民调解委员会是隶属于社区居民委员会的基层群众性自治组织,是居民委员会、村民委员会的常设机构之一,而不同于基层政权组织或其他经济组织。它不是由政府或司法机关任命的,而是由社区群众选举产生的。

社区人民调解委员会是人民调解组织,下设调解小组、调解员。我国目前已基本形成了村、居委会设调解委员会,村、居民小组设调解小组,每十户设调解员的三级调解网络。其主要职责是以国家的法律、法规、规章、政策和社会公德为依据,对民间纠纷当事人进行说服教育、规劝疏导等工作,促使纠纷各方当事人互谅互让,平等协商,自愿达成协议,从而防止因矛盾激化而引发各种违法案件。

人民调解委员会的具体任务主要有三项:

一是调解民间纠纷。这是人民调解委员会的首要任务。所谓"民间",是指公民之间,如夫妻、父子、兄弟等家庭成员之间,职工、居民、村民等社会成员之间。

二是通过调解工作宣传国家法律、法规、规章和政策,教育社区公民遵纪守法,尊重社会公德。调解哪一类纠纷就宣传哪方面的法律、法规,做到以案释法、以事议法。通过宣传,既能调解纠纷、化解矛盾,又能增强群众的法律意识,提高群众的道德水平,从根本上预防和减少纠纷的产生。

三是向居民委员会、基层人民政府反映民事纠纷和调解工作的情况及提出建议。人民调解委员会是居民委员会领导下，在基层人民政府指导下进行工作的群众性组织。因此，应及时将辖区内民事纠纷发生、发展情况和调解工作情况及建议向居民委员会和基层人民政府汇报，以便取得居民委员会和基层人民政府对调解工作的重视和支持。在调解工作中，还应及时反映群众对现行法律、政策及纠纷调解等方面的意见和要求，以推动我国社会主义民主与法制建设的进程。调解组织了解纠纷信息、掌握纠纷情况，有的放矢地开展调解工作，也是人民调解工作参与社会治安综合治理的措施之一。

2.社区人民调解委员会的工作程序

（1）纠纷的受理。一是受理纠纷，其方式有：申请受理、主动受理；二是受理纠纷的程序，包括接待当事人、对纠纷当事人的申请进行审查；三是纠纷登记。

（2）调解前的准备。一是准备有关程序方面的工作：将调解日期通知当事人，确定调解主持人，将调解人员情况告之当事人以解决回避问题；二是调查研究、搜集证据：确定调查的重点内容，深入调查，广泛搜集证据；三是对调查、搜集的证据进行审查判断，进而对纠纷进行分析判断；四是拟订调解纠纷实施方案：确定调解所要达到的目的，准备好消除双方争执的各种可能性方案、调解中当事人可能提出的问题的解决方案、调解纠纷所需要的法律政策条款等。

（3）进行调解。一是调解开始前的准备：调解委员会通知纠纷当事人到指定地点按时出席，确定一人或数人调解；二是调解开始：主要通过说服教育，耐心疏导，提高当事人的思想认识，促使他们互相谅解，主动达成协议；三是达成协议，填写调解协议书：调解协议书有表格式和制作式两种；四是调解结束：监督协议的履行。

（4）调解失败的处理办法：一是告知纠纷当事人，可申请基层人民政府处理；二是当事人可申请行政主管机关调解；三是当事人可向有管辖权的人民法院起诉；四是如果是简易经济纠纷，告知纠纷当事人，可向有管辖权的仲裁机关申请调解或仲裁。

3.社区人民调解委员会的调解方式方法

（1）单独调解。指由纠纷当事人所在地或纠纷发生地的调委会单独进行的调解。适用于调委会独任管辖的纠纷。这类纠纷不涉及其他地区、其他单位的关系人。调解组织对纠纷双方当事人都比较熟悉，便于深入调查研究，摸清纠纷发生、发展情况，针对当事人的心理特点，开展调解工作；便于督促调解协议的履行；便于解决当事人合理的实际困难。因此调解成功率较高。

（2）共同调解。指由两个或两个以上的人民调解组织，对于跨地区、跨单位的民事纠纷，协调配合，一起进行的调解。跨地区、跨单位的民事纠纷指的是：纠纷当事人属于不同地区或单位的纠纷和纠纷当事人属于同一地区或单位而纠纷发生在其他地区或单位的纠纷。

（3）联合调解。指人民调解委员会会同其他地区或部门的调解组织、群众团体、政府有关部门，甚至司法机关，相互配合，协同作战，共同综合治理民间纠纷的一种方式，适用于：大型的、复杂的纠纷。

（4）直接调解。指调解人员将纠纷双方当事人召集在一起，主持调解他们之间的纠纷。直接调解可以单独调解，也可共同调解。

（5）间接调解。指调解人员动员借助纠纷当事人以外的第三者（当事人的亲属家人、朋友）的力量进行调解。

（6）公开调解。指人民调解委员会在调解纠纷时，向当地群众公布调解时间、调解场所，邀请当事人亲属或朋友参加，允许群众旁听的调解方式。适用于：涉及广、影响大、当事人一方或双方有严重过错，并对群众有教育示范作用的纠纷。这样可以起到调解一件、教育一片的作用。

（7）非公开调解。指人民调解委员会在只有当事人在场，无其他人参加的情况下进行的调解。适用于：涉及纠纷当事人隐私权的纠纷，如一些婚姻纠纷、恋爱纠纷、家庭内部纠纷和调委会认为不宜公开调解的其他纠纷。

（三）社区矫治

1.社区矫治、社区矫治服务的含义

为了适应新时期我国政治、经济、社会及文化的发展要求，积极探索刑罚执行制度改革，2004年7月10日，最高人民检察院、公安部、司法部联合印发了《关于开展社区矫治试点工作的通知》。

社区矫治（community correction），又称为"社区矫正"，它是一种不使罪犯与社会隔离，并利用社区资源教育改造罪犯的方法，是所有在社区环境中管理教育罪犯方式的总称。我国的"社区矫治"，是与监禁矫治相对的行刑方式，是指将符合社区矫治条件的罪犯置于社区内，由专门的国家机关，在相关社会团体和民间组织以及社会志愿者的协助下，在判决、裁定和决定的确定期限内，矫治其犯罪心理和行为恶习，并促进其顺利回归社会的非监禁刑罚执行活动。

社区矫治服务是指由专业人员或者志愿者工作者运用专业理论和技术，在社区为罪犯或者具有犯罪危险性的违法人员，在审判、服刑、缓刑、刑释或者其他社区处理（treatment）期间，提供思想教育、心理辅导、行为纠正、生活照顾等，使之消除犯罪心理结构、修正行为模式、适应社会生活的一种福利服务。

社区矫治工作是一项政治性、专业性、政策性很强的工作，客观上需要有一个权威机构对其进行专门指导、协调和管理。目前，社区矫治工作还处于试点和探索的阶段，现行法律对此还没有明确的规定。因此，实践中可以分"两步走"。试点阶段可以设立民警、社区矫治工作者组成的社区矫治工作小组，内部明确各自的分工与责任。在条件成熟的时候，则可以设立专门的社会矫治工作管理机构，使这项工作在法制化、制度化、规范化的轨道上稳步发展。

2. 社区矫治服务对象

因世界各国的国情和刑事法律存在种种差异，因此对社区矫治对象范围的界定也不尽一致。我国依据刑事法律法规以及最高人民法院、最高人民检察院、公安部、司法部《关于开展社区矫治试点工作的通知》的规定，社区矫治的对象包括以下五类人员：

①被判处管制的；②被宣告缓刑的；③被暂予监外执行的，具体包括：有严重疾病需要保外就医者，怀孕或者正在哺乳自己婴儿的妇女，生活不能自理者，适用暂予监外执行不致危害社会的；④被裁定为假释的；⑤被剥夺政治权利，并在社会上服刑的。

3. 社区矫治工作者应具备的基本素质

社区矫治具有其内在的特殊性和规律性，从事社区矫治的社区工作者除了需要具备社区工作者的基本素质外，还需要具备以下的基本理念和必要素质。

（1）社区矫治工作者需要树立有关社区矫治的基本理念。社区矫治关注的焦点是教育、矫治、改造罪犯和预防犯罪的再次发生，而不是惩罚。要充分地认识到，社区矫治的最大价值是通过对矫治对象的矫治，促使其社会化，顺利地回归社会，而不是对矫治对象的惩罚；要树立矫治对象为"特殊弱势群体"的理念，犯罪者刑满释放后或在社区服刑期间，会面临再就业以及家庭变故等一系列问题和困难。他们周围的人群可能对其冷眼相看，社会上的人也可能表现出歧视的态度，这会导致他们在就业、学习以及个人发展等方面形成较之普通人的劣势；在矫治过程中，要重视对矫治对象的帮助、感化、教育、改造，使矫治对象树立健康的自我形象，成为一个合格的守法公民。

（2）社区矫治工作者应掌握满足矫治对象需求、解决矫治对象问题的相关方法和技巧。社区矫治对象都是具有犯罪经历的人员，他们可能仍或多或少面临着一些问题，这就要求社区矫治工作者不仅要有社区工作"助人自助"的价值观，而且还要掌握解决矫治对象面临的各种问题的方法和技巧。

（3）社区矫治工作者应熟悉国家有关社区矫治的法律法规及其他相关规范性文件。这是矫治工作开展的基本法律依据。

（4）社区矫治工作者要懂得犯罪学、心理学、社会学及有关学科的基础和专业知识，并能够将多学科的基本理论知识运用于社区矫治工作之中，能够做到，针对不同的犯罪动机、原因，进行"对症下药"。

（5）社区矫治工作者还要有一颗仁慈之心和奉献精神。对矫治对象予以尽可能多的人文关怀，将他们看作社会的弱势群体，尤其是对未成年犯，更应将他们看作失足的孩子，以人性化的矫治方式感化他们、教育他们、改造他们，使他们转变为合格的守法公民。

4.社区矫治的任务

根据最高人民法院、最高人民检察院、公安部、司法部联合下发的《关于开展社区矫治试点工作的通知》中的规定，社区矫治的具体任务中有两项应当主要由社区矫治工作者来承担，这两项任务是："通过多种形式，加强对社区服刑人员的思想教育、法制教育、社会公德教育，矫治其不良心理和行为，使他们悔过自新，弃恶从善，成为守法公民"；"帮助社区服刑人员解决在就业、生活、法律、心理等方面遇到的困难和问题，以利于他们顺利适应社会生活"。根据以上文件规定，社区矫治工作者的任务主要有以下几个方面：

（1）贯彻落实上级有关社区矫治工作的政策和工作部署；按照我国刑法、刑事诉讼法等有关法律、法规和规章的规定，对社区服刑人员进行管理和监督。

（2）以个性化教育为主，通过多种形式，对社区服刑人员进行思想教育、法制教育、社会公德教育，矫治其不良心理和行为，使他们悔过自新、弃恶从善，成为守法公民。

（3）依法组织社区服刑人员参加适合其年龄、身体条件、劳动技能的社会公益劳动。

（4）依照有关规定或政策，帮助社区服刑人员解决在生活、法律、心理等方面遇到的困难和问题。

（5）对社区服刑人员进行日常考核和实施奖惩；完成上级社区矫治组织交办的其他工作。

（6）制定矫治计划、方案，具体实施矫治措施。主要包括对矫治对象的心里矫治和行为矫治等。

（7）提供帮助、服务。协调有关部门和单位为社区服刑人员提供职业培训和就业指导，为符合条件的社区服刑人员提供最低生活保障，为社区矫治对象遇到的其他问题提供指导和帮助。

（8）教育、培训。对矫治对象进行形势政策教育、法制教育、公民道德教育以及其他方面的教育，培训和指导社区矫治其他工作人员，如专业技术人员、志愿者等。

（9）加强与社会志愿者以及其他矫治力量的协调与配合，努力形成工作合力，最大限度地为矫治工作服务。

5.为社区矫治对象提供帮助的具体途径

由于矫治对象在就业、谋生方面存在一系列困难，所以需要矫治工作者为他们提供帮助。在帮助矫治对象就业方面，矫治工作者可以提供的帮助有以下几个方面：

（1）联系矫治对象的原单位，协商、讨论是否有重新接受、安排工作的可能。很多矫治对象，因为违法犯罪被原工作单位开除或解聘，当他们在接受社区矫治时，有些对象很希望原单位还能够给他们机会。有可能有的人犯罪前一直就在某一个岗位工作，对这个岗位的工作十分熟悉、熟练，而缺乏其他的工作能力，对这些人来说，能够重新回到原来的工作岗位是他们最大的愿望。因为只有这样，他们才能发挥自己的专长，重新树立生活的信心。

（2）联系街道、居委会或村委会辖区的集体企业。这些企业因为其集体经济的性质，能够比较容易接受社区矫治工作者出面寻找帮助的请求，帮助安排矫治对象的就业。

（3）帮助联系劳动和社会保障部门，为社区矫治对象提供职业培训机会和职业介绍。

（4）联系职业介绍所、家政服务中心等社会职业中介机构，帮助矫治对象寻找就业机会，向有关公司、企业推荐矫治对象。

（5）联系有关部门，帮助矫治对象自谋职业。比如联系农贸市场管理部门、商品批发市场管理部门等帮助矫治对象租赁摊位，从事个体工商业经营。

（6）根据实际情况，为矫治对象提供社会保险、申请最低生活保障以及救济金等服务和帮助。

6.社区矫治的流程

社区矫治的流程包括：建立专业关系、收集相关资料、分析资料、诊断问题、制定矫治计划、矫治介入、矫治评估以及矫治跟进。

（1）社区矫治专业关系的建立。通过宣告和签订矫治协议，矫治工作者与矫治对象的关系得以建立，但这种通过宣告和签订协议建立的关系是一种强制性关系，矫治对象是否在内心接受和认同这种强制性关系还是一个未知数。而且，矫治工作不等同于以前的思想政治工作，也不完全等同于刑罚执行的工作，而是以一种专业化的方式开展工作，矫治工作者与矫治对象建立关系的过程实质上是一个建立专业关系的过程。其中最根本的是矫治工作者与矫治对象信任关系的建立。这就需要矫治工作者以一种人性化、社会化的价值观念对待矫治对象，同时，运用专业的工作技巧与矫治对象接触，从而与矫治对象建立专业关系。

（2）社区矫治资料收集、分析与问题诊断。矫治社区工作的基本目标是恢复或增加矫治对象的社会功能，促使矫治对象回归社会。为了达到这个基本目标，有必要对个人在环境中发挥角色功能的情况进行了解和分析，资料收集是其中的重要方面。根据"人在情境中"的观点，社区矫治工作者对矫治对象基本情况的了解和资料收集，不仅要根据矫治对象呈现的问题，更要结合矫治对象（个人）、环境、矫治对象与环境之间的交互作用，因此社区矫治资料收集也要从这些方面入手。资料收集需要借助一些专业方法，例如文献法、访谈法、问卷法、观察法等来达到对矫治对象的全面了解和把握。

社区矫治资料分析是在广泛收集矫治对象个人资料、环境资料、矫治对象与环境互动资料的基础上，通过一定的过程，采用比较分析、因果分析、结构—功能分析等科学的方法，使收集的资料系统化、有序化、规范化，并对矫治对象产生由表及里、由现象深入到本质的认识，以准确地把握矫治对象存在的问题或丧失的社会功能，从而有针对性地制定矫治计划。

（3）社区矫治计划。在经过专业关系建立、资料收集和分析、问题诊断后，社区矫治的实务进程进入到计划阶段。计划阶段是在矫治对象基本情况评估基础上工作的延续，包含了社区矫治工作者必须完成的核心任务。

一般来说，矫治计划由三部分内容组成，即计划的目的和目标、计划关注的对象、计划实施的策略等。目的和目标指出了该矫治项目最需要达到的成果；关注对象是指计划实施对象，或者说是计划想要改变的对象，包括个人、群体、家庭、社区、社会等；计划实施的策略主要是指计划实施的步骤、方法和各种安排。

（4）社区矫治介入。社区矫治介入阶段是社区矫治工作者和矫治对象根据矫治计划开展工作和采取行动的时期。它可以界定为社区矫治工作者旨在恢复和加强矫治对象社会功能的有计划、有目的的行动过程。

根据社区矫治工作者在开展工作和采取行动时涉及的矫治对象及其环境的不同层面，我们可以把社区矫治介入分为直接矫治介入和间接矫治介入。直接矫治介入是指针对矫治对象本人的介入，包括：针对矫治对象个人的直接矫治介入、针对矫治对象群体的直接介入、针对矫治对象与其他社会系统互动方式的直接介入。间接矫治介入是指为改善矫治对象所处环境而开展的工作，包括：针对矫治对象所处家庭环境的间接介入、针对矫治对象所处社区环境的间接介入、针对矫治对象所处社会环境的间接介入。

（5）社区矫治评估与跟进。矫治评估是在矫治服务计划实施后，对矫治进行整体反思的过程。通过矫治评估，社区矫治工作者不仅应当对矫治效果、过程进行思考，而且要对矫治工作的未来做出相应的跟进计划。一般来说，跟进是指矫治工作者与矫治对象的专业关系结束后，工作者必须对矫治对象进行一段时间的随访，并对随访期出现的情况做出一定程度的处理和回应。根据专业关系结束方式的不同，跟进可以分为：矫治项目结案后的跟进、转介后的跟进以及矫治关系结束后的跟进三种跟进方式。

从建立专业关系到矫治评估和跟进,社区矫治工作者完成了一个周期。但需要注意的是,矫治社区工作的周期并不是一次性的。矫治对象是犯罪服刑人员,对他们矫治的结束并不一定以问题的解决、需求的满足为标志,在更多的情况下,是以刑期为标志。因此,矫治社区工作可能具有多周期性,也可能具有不完整周期性。此外,矫治社区工作过程中每一个阶段的划分也是相对的,矫治过程中的各个环节往往相互交织、相互渗透、相互依存,不能将这一过程僵化、绝对化。

子情境2 社区工作理论与模式

能力目标

1.能够识别本土社区工作与专业社区工作的异同
2.掌握社区工作的主要内容
3.内化社区工作的价值观和工作原则
4.能够运用社区工作的理论分析社区问题
5.能够运用不同的社区工作模式解决社区问题

知识目标

1.掌握本土社区工作的基本知识
2.掌握专业社区工作的基本知识
3.掌握社区工作的基本价值观
4.掌握社区工作的原则
5.掌握社区工作的理论基本知识
6.掌握地区发展模式、社会策划模式、社会行动模式运作的基本知识

任务一　内化社区工作价值观

情境导入

某小区是一个新建的物业小区，最近，小区楼道里的照明灯经常损坏，造成了很多社区居民的出行不便，居民们聚在一起的时候经常谈论此事。该小区由于刚成立，还没有业委会，于是，他们来到了物业管理公司反映情况，希望物业尽快解决此事。但一周过去了，事情还是没有得到解决，居民们再次聚在一起，来到社区反映此事，希望社区出面解决。

任务描述

根据上述情境，请讨论分析以下问题：

1. 如果你是这个社区的社区工作者，接下来你应该怎么做？
2. 你如何看待这一现象？
3. 社区工作的价值观有哪些？

任务实施

1. 按每10人为一组对全班同学进行分组。
2. 以小组为单位根据情境，展开主题讨论。
3. 各小组选派代表汇报、分享讨论结果。

任务总结

1. 教师结合情境对任务要求进行分析。
2. 教师对各小组讨论结果进行点评与讲授。

任务反思

正确的社区工作价值观是开展社区工作的指导思想，但在运用这些价值观和工作原则的时候，一定要考虑中国内地的社会环境、社区的人际习俗，只有把这些价值观和工作原则与本地的社会环境、风俗、人际关系等实际情况结合，才能够顺利地在社区开展好社区工作。

知识链接

一、社区工作价值观

第一，以集体取向的人的价值和尊严。人的价值和尊严以及个人自我选择和自我实现的权利是社会工作包括社区工作的核心价值。然而，社区工作以"社区"为介入单位和对象，它所关注的始终是社区共同体和人的环境，通过社区组织来实现人的价值和尊严。不同于个案工作所达到的"个人增权"的目标，社区工作的价值目标是实现"集体增权"。当个体感到满足和成功时，只是实现了个人价值和尊严；当居民群体认识到他们相互负有责任，并由此创造了未来发展的"社会资本"时，他们便取得了"集体增权"——提升了每一个人的价值和尊严。

第二，以制度取向的社会正义。社区工作重视社会制度对社会成员提供的平等机会和福利责任。所谓制度取向，就是指把健全的公共政策视为在现代社会中帮助个体自我实现的合理的社会功能，将机会平等和社会福利看作公民的基本权利，如消除社会歧视、实行初中级义务教育和低收费的公共医疗服务等。制度取向基本上视个人的生活处境而并非个人本身所能控制，个人、家庭、社区所面临的问题是社会不平等制度的产物，或是社会变迁中的某些负面因素的后果；同时认为，获得一些基本的生活品（食物、住房、教育、医疗和社会参与等）是每个在相关方面有需要的公民的基本权利，需要国家或社会通过再分配途径加以保证。社区工作者不赞同"依靠自由市场力量来创造'谋求私利'和'谋求集体福利'间的和谐"；"社区工作和社会工作两者都有制度化的福利取向，而前者比后者更为强烈"（甘炳光、梁祖彬等，1994）。

第三，以民主取向的社会参与。民主和参与是社区工作价值体系中一对密切联系的概念。民主是一种社会关系，既存在于政府与人民之间，也存在于社会群体和组织内外部成员之间，反映了一种平等、有序的权力和责任关系。在中国社会重建基层社区民主制度已经取得初步成果的今天，强化民主参与的观念具有重大政治价值和社会价值。民主参与体现了人的尊严和社会正义，也是实现人的尊严和社会正义的途径。社区工作者坚信，人民的民主权利需要通过社会参与来实现，参与制定涉及其切身利益的政策措施是不同社区成员的基本权利。民主参与本身具有丰富的社会功能，能提升个人、团体乃至整个社区的政治意识、合作意识和解决问题的能力。

第四，以互助取向的助人服务。社区工作作为社会工作的一种特定服务，也是一种间接服务。它注重社区成员、团体和组织之间的互动交往，强调居民建立邻里关系、强化互相照顾、建立和谐社区的重要性。社会工作者认为，当人的社会角色（如选民、邻居、组织成员、公共活动参与者等）萎缩时，便对他人和社区公共事务态度冷淡，出现了社会解体、越轨和个体异化现象。而建立社区内的互助网络是社区发展的重要环节，通过文化教育和社会活动，促进居民对他人的正面态度，提高对他人和社区环境的关心，从而使居民获得更大的归属感和安全感。

第五，以社会行动取向的工作策略。对制度化的歧视、剥夺行为采取某种社会行动是社区工作的重要操作性价值或工具性价值之一。社会工作者应当挑战社会的不公正，适当运用组织和行政的动员过程维护社区居民的正当利益。这种价值观认为社会工作者应成为弱势群体的代言人，只有通过积极的行动策略，才能有效地达到目的。在法制化国家，申诉、呼吁等行动方式都有正常的程序。西方社区实务工作者发现，"当所要解决的问题十分严重和迫切时，一些美国式的抗争形式（纠察、联合抵制、静坐）被认为是适当的"；"问题越严重，公众越能接受挑战性战术"。对于是否采取合法的行动策略，社区工作者仍然需要得到一种价值观的支持或精神上的合法化。在解决利益冲突时，有些社会工作者则相信彼此合作的价值，主张通过对话沟通解决矛盾。然而，在工具性价值上的分歧或两难选择，并不意味着社会工作者对社会工作使命本质的认识存在对立和分歧。

社区工作者在介入工作时，必须有一套专业的价值理念。社会工作的价值观和实践原则是社会的产物，将随着时代条件和社会情景的改变而变化。社会工作者应当对自己的专业价值观念不断进行反思和批判，以对判断是非和采取行动提供可靠的价值准则。

二、社区工作原则

社区工作是由社会工作者及其他社会机构参与或组织的，以整个社区及居民群体为服务对象，以社区居民广泛参与为途径，以改善社区社会和经济条件、争取居民集体权益为工作目标，以提高居民整体素质和能力、创造适合居民生活成长的社区环境为宗旨，推动社区事业平衡发展的一种社会工作专业方法。在着手社区工作之前，必须认识和理解社区工作的基本指导原则。社区环境各有不同，社区事务千变万化，社会工作者需要根据基本的原则来选择或制订具体的工作方法。基于各国学者对社区工作基本原则的总结和各国社区发展的经验，可以对社区工作的基本原则作出以下概括。

1. 以社区发展为主要目标

社区工作以整个社区及社区中的居民为服务对象，必须充分考虑社区的利益主体——社区居民自身的权利和需要，积极促进社区发展，提高社区福利水平。

其本质要求是以社区自身需要而不是其他群体或组织的需要来制订首要的工作方案，以是否能推动社区的进步为评价工作绩效的标准。在社区工作实践中，以社区发展为主要目标的原则体现为不同的策略：①以解决社区亟待解决的社会问题为目标。认识社区中存在的社会问题（如失业、贫困、犯罪等）及原因（如组织不利、资源缺乏、经济不平等、公民意识弱等），通过社区工作或社区组织手段缓解或解决这些社会问题，从而推动社区发展。②以人的发展为目标。在社区工作中，人的发展比社区的物质建设更加重要，因为只有居民对社区事务有参与感和责任感，建立起持久的集体力量，才能影响政策制定和社会资源的分配，社区的改变和发展才能得以实现（甘炳光、梁祖彬等，1994）。因此社区工作者应当特别重视居民知识素质和合作意识的培养。③以社区能力建设为目标。社区能力建设指促进各种社区"资源—资产"的增长，体现了社区工作的新视角、新策略。通过教育、整合等手段，丰富组织资源，积累无形和有形资产，增强社区自我发展的内驱力和能力。④以集体增权为目标。不同于个人增权，集体增权主要产生于居民所获得的相互责任感；通过社区集体行动，居民增强了社区联系、归属感和义务感；这些连接要素最终形成"社会资本"，使居民的工作更有效率，从而也推动了社区的发展。

2.根据实际条件制订工作计划

社区工作是有计划的社会变迁或社会行动，必须根据特定的社区背景和条件制订工作策略。不同的社区有不同的需要和发展目标，比如中产阶级居住社区与低收入者居住社区、城市社区与农村社区的居民各自要解决的社会问题以及资源配置结构存在差异。不同社区居民的职业背景、活动能力及生活方式有很大差异，在有热心公共事务的领袖人物和没有热心公共事务领袖人物的社区开展工作的难易程度也不同。因此社区工作者应当充分了解社区的状况，因地制宜选择工作方式。一般来说，社区工作的基本过程包括研究、规划、介入、干预、总结等阶段，各个阶段的工作手法都不能脱离具体的主客观条件。推动任何社区发展项目必须考虑到几乎全部社区要素，这就要求社区发展的任何计划都应是综合的，涉及诸多因素的计划。具体工作程序要分清轻重缓急，制定目标优先次序，根据实际能力和条件来制定目标、选择方式、评价成果。

3.强调居民参与

社区工作作为一种有计划的集体行动的方法，必须重视居民参与。居民参与是社区工作的灵魂，没有居民的广泛参与，也就无所谓社区工作，社区工作就会失去方向和动力。居民参与既是社区工作的重要目标，也是社区工作的基本手段。居民参与是个人社会权利的体现，可以促使个人态度与行为的改变以及社会及政治环境的改变。有了居民的广泛参与，社区工作者才能真正了解社区的现实需求，从而使开展的各个具体项目不仅具有较强的针对性，而且能产生较好的社会效益；只有社区居民广泛、直接地参与和治理，才能逐步培育社区归属感、认同感和现代社区意识，使社区自身的各类资源得到最有效的整合和最充分的利用。社区工作强调内在发展，即不论问题的提出，还是解决问题的途径和手段，都强调社区成员的主导作用，强调社区成员有权利、有能力认识和解决自己面临的问题。居民参与可分为动员式参与和自主式参与两种类型，社区工作者应当特别注意动员式居民参与和自主式居民参与之间的联系和区别，通过培育、引导、组织、服务等多种手段，发展自主式参与。实现居民参与的具体过程包括：根据居民意见自下而上制订工作计划；由居民从事或组织社区发展项目和相关活动；将社区居民的参与率、认同感和满意度作为评估社区工作效果的基本指标。这就要求社区工作者将外源式社区工作介入手段和内发式社区工作组织方法有机结合起来。

4.尊重社区自决

在社区工作过程中，尊重社区自决有两个基本含义：①由社区组织和居民自主选择或确定社区发展方式和行动策略；②由社区自主管理属于自治范围内的事务。社区自决原则的依据是：第一，社区具有特定的主体地位和权利，任何外部组织不能以自己的价值观控制社区居民的行动；第二，只有听取社区组织和居民的意见，才能够了解社区成员的切身需求和具体利益，才能依靠民主动员开发社区内资源；第三，增强社区自主能力是社区工作的基本目标之一，因此要在工作过程中始终尊重社区组织和居民的意愿。社区工作者或社区工作机构解决实际问题的能力依赖于在多大程度上取得了社区居民的信任、是否与社区建立了合作关系。任何社区工作计划都应当得到社区居民的认可和赞同。社区工作者即使在条件十分贫困落后的社区中进行工作，也同样应当尊重社区成员的人格和权利，不能采取一种高高在上的态度，而是以真诚、友善的态度，协助社区成员调整或改善生活方式。社区自决的关键在于是不是真正把权力还给社区居民，当社区居民面对社区事务不仅有执行和监督义务，而是真正拥有表决权、决策权时，社区才算实行了自决，社区居民的参与问题才能从根本上得到解决。《中华人民共和国城市居民委员会组织法》（1989年）和《中华人民共和国村民委员会组织法》（1998年）分别规定城市居民委员会和农村村民委员会是城乡社区的"自我管理、自我教育、自我服务的基层群众性自治组织"，具有实行民主选举、民主决策、民主管理、民主监督的职能。这也为尊重社区自决原则提供了法律依据。

5.开展广泛合作

社区发展需要广泛的团结合作，协力解决非少数人所能解决的问题。这不但包括与社区组织及居民之间的合作与协调，与社区内政府部门的合作，也包括社区同外在环境的协调,特别是同资源占有者的合作。社区工作者需要从共同利益和共同需要出发,有计划地引导社区内的居民与组织共同参与,合理地利用社区的资源和外来的援助,改善社区的经济、社会与文化的状况。从系统论的角度看,社区合作也是指社区内外组织和资源的整合。社区是社会的一部分,是由构成它的各种社会要素按照一定的秩序形成的具有相对独立意义的社会生活单位。随着市场经济体制的建立,传统的单位体制正在发生深刻的结构性的分化,原有的社会整合模式受到强烈的冲击。社会转型要求社区成为社会整合的新载体。

广泛合作的实质在于异中求同,使不同的构成要素在某种一致的基础上结合成一个整体。广泛合作的前提是社区构成要素的共同性和相互依赖性;其存在的基础是价值体系或工作目标上的基本一致性;其条件是对社区生活的共同参与。广泛合作既是对社区组织关系的一种重建,也意味着对社会资源的分享。社区工作者应当积极通过组织工作和社会服务,推动团结合作,抑制破坏合作的制度与规范,将相对分散存在的组织力量和资源汇成合力,加速社区整合和发展的进程。

以上原则规定了社区工作的主要目标、策略、方法和过程。这些原则之所以能成为社区工作中所普遍接受的准则,是因为它们建立在一些基本的假定之上。默里·罗斯总结了这些相关的假定:①社区居民能够发展解决自己问题的能力;②居民能够变化也希望变化;③居民应当参与推动、调节、控制自己社区中所发生的主要变化;④自愿接受和自我发展的社区生活变化,具有强加的变化所不具备的意义和持久性。正如黑格尔所说:"人类在按照本性改变环境时,也就改变了自己的本性";⑤一种"综合方式"能够成功地解决一种"单一方式"所不能解决的问题;⑥民主要求对社区事务的合作参与,居民必须学习相关的技能;⑦正像许多人需要帮助解决他们的个人需要一样,社区也需要组织起来解决自己的需要。

任务二 掌握社区工作的理论

情境导入

某社区里的"4050"人员越来越多,他们都是在优胜劣汰的社会竞争中被淘汰下来的大龄低技术含量的工作人员。他们在单位工作了20多年,在社区生活了40多年,现在处于失业状态,同时还要赡养老人,供子女上大学,生活处于艰难时期,政府的低保救助远远不能解决问题。面对这些情况,社区社工小张决定用所学的知识与理论为他们提供专业服务与帮助。

任务描述

根据上述情境,请讨论分析以下问题:
1. 如果你是小张,你接下来会如何做?
2. 以上案例,可以用社区工作的哪些理论来进行分析?
3. 什么是"4050"人员?

任务实施

1. 按每10人为一组对全班同学进行分组。
2. 以小组为单位根据情境,展开主题讨论。
3. 各小组选派代表汇报、分享讨论结果。

任务总结

1. 教师结合情境对任务要求进行分析。
2. 教师对各小组讨论结果进行点评与讲授。

任务反思

理论指导实际工作,实际工作检验理论。当我们在使用理论指导工作的时候,一定要保持清醒的头脑,要把理论植根于社区实际来看问题和分析问题,这样才能够为实际工作提供清晰的工作方向。从案例来看,可以用社会资本理论来分析和指导社区工作的开展。社会资本理论不是资本论,社会资本理论强调工作者通过发掘服务对象的资本,来增强服务对象解决问题的能力。

知识链接

一、社会系统分析

"社会系统"是最重要的社会科学概念之一。20世纪初美国芝加哥学派社会学家R.帕克、伯吉斯等人将"人类生态"观点引入城市社区研究,提出了认识城市社区的系统方法和理论,至今仍有一定的影响和指导意义。人类或社会生态方法涉及居民与其环境的互动研究，主要是解释不同社会因素与空间形式之间的关系，解释环境对人类生活和社会组织的影响。20世纪五六十年代，"系统理论"在社会学和政治学领域十分流行，尤其是美国社会学家帕森斯的结构功能主义发展成为"社会系统理论"主要流派之一。结构功能主义认为社会是具有一定结构或组织化手段的系统，社会的各组成部分以有序的方式相互关联，并对社会整体发挥着必要的功能。整体是以平衡的状态存在着，任何部分的变化都会趋于新的平衡。

社区作为一种社会系统的观点产生于宏观社会系统理论。这种观点认为，社区是许多具有重要功能的子系统组成的整体。社区作为一个社会系统不同于一种组织，社区的所有子系统并不是由一个中心权力机构统一的组织，而是通过子系统间的相互协调以取得共同的目标。如美国城市社区，作为一种行政区划或政治自治体，由市长和市议会负责管理，但仍有一些重要的子系统并不受统一控制，如大量非政府部门或经济部门的公司机构提供各类物品和服务。

沃伦的《美国的社区》（1972，1978）是一部对美国社区进行系统分析的著作。沃伦指出，社区本质上是在地方层面为人们提供机会、参与生存和成长活动的社会关系组织。从这些活动所包含的内容和目标来看，社区是"发挥具有地方相关性的主要社会功能的社会机构和系统的联合体"。桑德斯在《社区：一种社会体系的介绍》（1966）一书中介绍的社会系统概念包含更具体的内容。社会系统主要包括组织成分和运作方式。组织成分是一个系统的各个单元及其互动模式——居民、社会群体和主要的系统（如家庭、经济、宗教、政府等）。组织成分投入运作，使社区系统保持活力，如接收新成员、社会化、物品和服务配置、社会控制和社会整合。

沃伦提出认识社区系统网络的两个参照体系：横向系统和垂直系统。横向系统是在地方层次平行联系社区机构的系统；垂直系统是在国家和地区层次跨社区机构的联系系统。地方单位通常与其他地方单位保持水平联系，也与跨社区机构保持纵向关系。如一个地方小学通常与地方的家长教师协会、其他中小学、医疗诊所、儿童保护部以及志愿者组织具有联系，同时又与市（县）学校委员会、教育厅、全市学校社会工作部、州教育委员会甚至联邦农业部（负责提供学校早餐计划）打交道。地方家庭也会有横向和垂直联系，如参与地方教会而同时在文化上从属于一个民族群体。

沃伦认为，社区的垂直关系"是其各种社会单位和子系统与跨（超）社区系统的结构性和功能性关系"，而社区的横向（水平）关系是"其各种社会单位和子系统相互之间的结构性和功能性关系"。这些关系的性质有所不同，横向关系发生在具有大致相同等级层次的社区单位之间，即这些社区单位处于地方社区地域内，具有相似的权力层次，决策主要集中于社区范围的事务。这些关系是非正式的、个人间的、面对面的。而垂直关系涉及地方社区单位与更高权力等级的跨社区结构（如地区、州、国家甚至国际机构）之间的交往。这些关系往往是以任务定向的、工具性的、非个人化的和正式的。

沃伦的主要观点是，随着社会现代化，社区系统的横向关系和垂直关系在过去数十年中已经发生了变化。社区已经从注重初级和整体关系及责任的横向社区转向基于更明确的社会契约、劳动分工和次属关系的垂直社区。地方社区是人们居住和满足基本生活需要的地方。然而，社区成员对自己生活的决策权却越来越小，相关决策常常由利益不同的外部机构所制定。如地方银行日趋不可能由地方居民所拥有，它往往是更大的地区性或全国性银行的分支，其决策最终取决于全国性或国际性经济形势。这种社区关系变化的结果是市民责任的弱化、对政府的日益依赖和不信任、社区决策更加支离以及社区归属感的丧失。而补救措施主要是注重社区组织和发展，以提高社区认同和自立意识，促进地方社会和经济发展，加大社区对主要社区机构的控制。

二、社会冲突理论

在一般情况下，社会成员追求社会秩序的稳定与和谐，而不愿意看到社会冲突或对立。然而，失调和冲突也是人类社会生活所不可避免的方面。冲突理论是社会工作者的重要理论工具之一，社会工作者可以从中发现社会改革和社会变迁的依据。

冲突理论形成于20世纪50年代中后期的美国社会学界，是继结构功能主义学派之后有重大影响的社会学流派之一。主要代表人物有：美国的科瑟尔、柯林斯，德国的达伦多夫，英国的赖克斯等。科瑟尔在《社会冲突的功能》（1956）中最早使用了"冲突理论"这一术语。他反对帕森斯认为冲突只具有破坏作用的片面观点，力图把结构功能分析方法和社会冲突分析模式结合起来，修正和补充帕森斯理论。科瑟尔从齐美尔"冲突是一种社会结合形式"的命题出发，广泛探讨社会冲突的功能。他认为，冲突具有正功能和负功能，在一定条件下，冲突具有保证社会连续性、减少对立两极产生的可能性、防止社会系统的僵化、增强社会组织的适应性和促进社会的整合等正功能。

人们普遍将现代冲突理论作为古典社会学家，特别是卡尔·马克思、马克斯·韦伯以及齐美尔等人有关冲突思想的一种延续和发展。冲突理论的基本观点认为：①社会系统本身经常产生冲突，冲突是社会的普遍特征；②冲突产生于对立的利益，而对立的利益集团或群体是社会结构的必然组成部分；③对立的利益产生于统治集团和被统治集团之间就稀缺资源和权力的不平等分配，因此迄今所有社会依赖（建构）于一部分社会成员对另一些社会成员的限制；④不同的利益趋向于形成两个冲突的集团；⑤冲突是辩证的，旧的冲突解决了，还会在特定条件下产生新的冲突；⑥由于冲突的持续存在，社会变迁是普遍的和经常的，换言之，社会冲突是社会变迁的强大推动力。

马克思主义冲突理论认为，冲突产生于社会经济制度，特别是财产所有制以及相关的阶级结构。经济资源和社会权力是社会群体发生冲突的主要对象；社会群体斗争的典型后果是社会分化成统治集团和被统治集团；一个社会的基本体制主要取决于经济上占统治地位集团的影响，而社会内部的冲突和斗争是社会变迁的重要力量。

社会行动作为社区工作的主要介入手法之一，运用冲突的策略或方法来促进变化，体现了冲突理论的基本观点和规范。社会行动假定社会问题的根源是由于不同社会群体的利益冲突，而社会变化是通过利益群体争取权力及资源的重新分配的集体行动来实现的。社会冲突理论和社区冲突分析对社会工作者和社会服务机构人员具有重要的指导意义，他们可以认识到案主的问题不只是个人的困难和问题，而更是制度缺陷或社会结构失调的结果。社会工作者可以自觉地体会到社区群体所面临的境遇，根据社区工作的目标和性质，有意识地选择三种不同的冲突策略：①运用冲突；②预防冲突；③控制冲突（第三方角色）。

三、社会交换理论

社会交换理论作为现代西方社会学、社会心理学理论流派之一，产生于20世纪50年代末期的美国。主要代表人物有美国社会学家霍曼斯、布劳和埃默森。交换理论最初是针对结构功能主义提出的，是对美国心理学家斯金纳的行为主义心理学、功能主义的文化人类学和功利主义的经济学的全面综合。

社会交换论的基本研究范畴和概念包括有价值资源（行动者所需要的资源）、交换（有价值资源的给予和获得）、成本（一个行动者给予另一个行动者的有价值资源，或作为某个行动后果而付出的代价）、报酬（一个行动者从另外的行动者所得到的有价值资源，或作为某个行动后果而获得的奖励）、成果（获得的报酬价值减去付出的成本价值）、盈利（获得的报酬价值超过成本价值）、平等（报酬与成本之间收支平衡）、不平等（报酬与成本之间收支不平衡）等。社会学家霍曼斯是交换理论的创始人，他提出了一组普遍性命题（如成功命题、刺激命题、价值命题、剥夺与满足命题、攻击与赞同命题），认为任何人际关系本质上就是交换关系。只有这种人与人之间精神和物质的交换过程达到互惠平衡时，人际关系才能和谐，而且只有在互惠平衡的条件下，人际关系才能维持。霍曼斯指出，趋利避害是人类行为的基本原则，由于每个人都想在交换中获取最大利益，结果使交换行为本身变成一种对等的得与失。对个人来说，投资的大小与利益的多少基本上是公平分布的。布劳的交换理论是从社会结构的原则出发考察人与人之间的社会交换过程，其理论目标之一是想弥补霍曼斯理论只局限于微观层次方面的不足。霍曼斯用对等性原则解释社会交换，布劳区分了经济交换与社会交换、内在奖赏和外在奖赏的差别，用对等性原则解释部分社会交换，用不对等性解释另外一些社会交换（宋林飞，1997）。布劳还引入了权力、权威、规范和不平等的概念，认为不对等交换产生了社会的权力差异与分层现象。布劳的理论方法解释了交换过程中个体微观层次、群体层次以及制度与社会宏观层次的差异，使交换理论能在更大的范围内解释社会现象。

社会交换理论形成社区工作重要的理论知识基础之一。社区本身作为一种社会交换场所，由不同的利益群体组成，并形成不同的组织结构，以交换各自需要的种种有形的和无形的资源或产品——如社区服务、货币、信息、观念、政治影响、良好愿望、顺从行为等。根据社会交换理论，社区内外部关系是一种有价值资源的交换关系；人们不喜欢处于一种不对等的关系中，而稳定的关系基于对等的交换，交换的不对等可能导致关系的终结；由于社会关系通常建立在关注报酬或获得的最大化和成本或惩罚的最小化的原则基础上，因此社区工作者需要掌握讲价、谈判、鼓动、联系、营销等技巧。交换理论认为，参与交换各方愿意选择那些收益比率大于成本的交易。然而与经济交换相比较，社会交换的成果并不容易精确计算。如某基金会所收到的捐献者捐款是容易计算的，但其反馈产品或替代性产品——社会地位、社区改善、贫困救助却不容易衡量。

社会交换理论中涉及权力和依附性的观点对理解社区工作模式尤为重要。两方所交换的资源或产品的价值可能是对等的，交易过程也可能通过第三方来实现，在这些情况下，交换双方相互保持着独立性。然而，当一方在交换过程中没有从另一方得到同样需要的资源或产品时，他们便产生了"依附性"。如甲方对乙方所控制资源的需要大大超过乙方对甲方资源的需要，或乙方根本不需要甲方提供的产品，这便意味着甲方"依附"乙方。这种不平衡的交换关系决定了交换场所成员之间不同的权力关系和相互影响力。在交换关系中，"权力是控制他方所需要资源的能力的一种功能"。只要乙方控制着甲方所必需的资源，乙方就掌握着控制甲方的权力；乙方的地位是独立的，能够选择交换的条件，行使权力让甲方遵守某些前提条件。如果甲方也控制着乙方所需要的有形或无形资源（金钱、服务、良好意愿等），双方便形成相互依附，尽管相互依附的程度可能有差别。

需要资源的一方（如某社区组织）可以通过各种"权力平衡"策略来争取更有利的交换。这些权力平稳策略包括："竞争"（通过开辟更多的资源来源，减少某集团的权力垄断)、"重新评估"(随着资源价值或意识形态的变化,双方重新调整相互依附关系)、"互惠"(寻求或取得对方所希望得到的资源,将单向依附关系发展为相互依附关系)、"联合"(联合其他利益共同体,减少依附性,以取得更有利的交换地位)、"强压"(施加合法压力——如示威、集会、罢工、媒介"攻势")等。当然在一个民主和公正原则指导的社会中,将产生和发展出积极的交换关系;大多数人按照互惠原则进行交换,并不谋求特殊的利益或优势。因此进行社会改革,建立公正的权力关系和交换原则,是社会工作者和社会各界人士的共同目标。

四、相关理论

(一)社会学习理论

社会学习理论的概念与方法不仅应用于社会工作中各种个人和团体治疗,也有利于理解和影响社区工作中的个人和团体行为,提高或促进社区组织领导人、工作人员和社会行动策略的效率。现代社会学习理论的主要代表人物是班杜拉等人。他们在巴甫洛夫、斯金纳的行为主义学习理论基础上,解释了人们在社会情境中获得各种复杂社会行为的方式。

社会学习理论的基本假定是,人类行为是在与他人和社会环境的互动中习得的。形成和调整人类行为的基本因素之一是认知活动,当代社会学习理论的代表人物班杜拉认为:"行为、认知、其他个人因素以及环境影响都作为相互双向影响的互动性决定因素而发挥作用"。举例来说,一个社区工作者从事一项发展活动的方式会受到来自几个方面的影响,包括他对自己组织能力的认识(认知)、其他参与者的经验和信心等。如果他成功地完成了该项活动,不仅解决了特定的社区问题,也会提高参与者的信心,改变对个人能力或自我效能的看法,从而引起行为、认知和环境"互动因果链"的持续变化。

社会学习理论的两个概念"个人自我效能认知"和"集体效能认知"对解释及调整社区工作者的行为方式十分有用。一个社区工作者是否掌握良好的介入技巧,是否对自己的能力具有信心(即"个人自我效能认知"),将影响到他的工作表现。自我效能认知水平低的社区工作者常常会逃避挑战,而自我效能评价高的社区工作者则会有更强的进取性和更高的成功率。当人们因为自我能力或信心不足而放弃进行一项"目标活动"时,可被认为是"低效能预期";而当人们并不怀疑自我能力、却因为客观困难或阻力而放弃"目标活动"时,则意味着他们的"低成果预期"。具有"高自我效能认知"和"低成果预期"的人容易转向对社会结构和制度的反思,从而成为社区和社会改革的出色领导者。"集体效能认知"指一个团体的成员对本团体完成其目标的能力的评价。一种积极的集体效能认知产生于团体成员的经历以及团体与环境的互动。集体效能认知也会对个人自我效能认识产生影响，一个社会行动团体的成功经历能大大提升个体成员的自我价值和授权感。各种经验积累和知识学习，也会强化人们对个人、群体、社区和社会的政治意识，树立社会改革的目标和信心。

（二）社会建构理论

"社会建构理论"也被称为"社会现实建构"理论或"现实建构理论"。最早由伯格和卢克曼在《现实的社会建构》（1967）中提出。"社会建构理论"或"现实建构理论"所要说明的现象是：客观事实无法脱离人们所附加的主观意义所孤立存在；人们所经历的日常现实不单是面对事实和物体，它也是被社会建构出来的。"社会现实建构"理论包含着以下假设：①人们只能通过知觉来认识世界；②人们的知觉来源于习得的解释；③这种学习是社会性的，通过人际社会互动而学习；④传递文化含义的主要载体有：符号（如语言）、文化神话（有关物体、行动、事件的更大的社会含义）；制度结构和活动、行动规则；⑤以上文化载体共同建构了人们的世界观、自我观和意识形态（组织和文化准则等）；⑥人们自身、社会、体制通过互动而持续变化；⑦社会存在的"真实条件"不是主观的，但它们通过社会互动才具有意义，其被感知的意义和价值是社会产物。现实就其对人们的意义来说是一种特定的情境，其内外联系决定了人们对它的解释。例如，每个社会都有评判"富人"种类和程度的方法，但"富人"的含义——谁是富人，谁是穷人，什么构成了财富和贫困却是主观经验或社会界定的，通过社会化过程而"内化"进入人的意识。再比如，各国中小学历史教科书都将哥伦布发现美洲作为"历史真实"，在这里"历史真实"的含义却违背了明显的事实——在哥伦布到达之前，人类已经生活在美洲大陆。

帮助案主认清构成自己生活的组织制度和社会环境、获得更多的资源和权利，是社会工作的重要任务。社会建构理论给予社会工作实务的启示是，许多社会现象如健康、犯罪、贫困并不是简单根据直观事实所定义的，而是包含在"由语言创造和维系的意义网络"中。这种符号网络系统构成了社会工作者和案主的社会条件。有成效的社会工作实践需要具备理解和进入案主的"假定世界"的沟通技巧，使社会工作者能够不受某些诊断经验或模式的局限，更敏感、准确地评估案主系统存在的问题。现实或建构既不是先天预定的，也不是任何情况下一成不变的。社会工作者应当使自己和案主认识到人作为现实的创造者和现实作为一种过程产物之间的辩证关系。因此案主不只是得到个别化的方案，更重要的是得到对问题症结、介入手法和结果的全面解释。另外，借助建构主义方法，社会工作者可从更宏观角度帮助案主"认识占统治地位的权力机构的压抑影响"，获得在自己社区所存在或出现的"补偿性知识"。

(三) 社会资本理论

社会资本是最近流行的一个学术概念，它在社会学、经济学、政治学和社会工作学等领域被运用，解释人际支持网络对社会和经济发展的重要作用。"社会资本"概念最早出现在莱达·哈尼范的文章《农村学校社区中心》(1916)中。哈尼范认为，能使房屋、私人财产、金钱等有形资产在人们日常生活中体现更大价值的东西是"社会资本"，即善良愿望、友谊、同情心和社会交往。其他一些作家或学者也运用社会资本作为分析概念，如简·雅各布斯论及城市生活和邻里关系(1961)、皮埃尔·布迪厄论及社会理论、詹姆斯·科尔曼论及教育的社会关系(1988)等。近些年来，由于经济学家罗伯特·帕特南《让民主运作》(1993)等著作对社会资本的探讨，使社会资本开始成为学术研究和政策讨论的一个焦点。

法国社会学家皮埃尔·布迪厄认为资本有经济资本、文化资本和社会资本，不同资本是可以转换的。罗伯特·帕特南区分了实物资本、人力资本和社会资本，认为社会资本是指个人间的关系资源——社会网络及其产生的互惠、信任准则。罗伯特·帕特南指出这种社会资本的重要性：①社会资本使公民更容易相互合作，解决共同的问题；②社会资本有利于增强公民间的"反复互动"，减少社会交往和经济交易中的成本；③社会资本扩展人们的视野意识，培育和保持有益于他人和社会的性格特点。世界银行也将社会资本作为一个有用的组织理念，认为社会资本是所有社会保持经济繁荣和可持续发展所不可缺少的因素。

社会资本可能通过多种形式对社区发展和社会保障发挥积极功能。其发挥作用的空间既有正式支持网络，也有非正式支持网络和自然支持网络，其中包括同非营利机构建立的信任和支持关系，家庭、家族、亲戚朋友和社区共同体中包含的支持关系所及领域。社会资本是可以建构的，在实施社会工作过程中可以诱发社会资本。王思斌教授总结了在弱势群体中发展社会资本的方法，提出应将社会工作（社区发展）的思路引入社会保障，即在保障项目（可能也是发展项目）实施过程中，除了关注保障对象物质利益的满足外，还注意培养他们内部的合作关系、信任关系，促进他们之间社会资本的生成（王思斌，2002）。社区发展的理念强调人的全面发展、建立社区成员之间的团结和相互支持。社区工作者应当有意识地培育社区内外的社会资本，促进和提高社区成员社会互动的数量和质量。

(四) 组织理论

组织理论通常被看作是应用性理论而非基础理论。组织理论作为对组织内外结构的分析，内容包括组织的正式和非正式结构、任务配置、决策、管理、人员、创新、组织变迁以及跨组织关系等。社会学、心理学、经济学、管理学和行政学都注重组织理论。社会学对组织理论的研究一般被称为"组织社会学",心理学则称其为"组织理论与行为"。在西方高等学校工商管理专业的学习中,"组织理论"是一门基础课程。

当代组织社会学的理论渊源可以追溯到韦伯对科层制的分析。随着近代社会生产力的发展和社会分工细化,社会组织的规模不断扩大,出现了以职能分工和职位分层等正式规则为原则的管理方式和组织体系。美国社会学家古尔德纳,比较了"惩罚定位"和"代表性"科层组织,说明科层制度由于组织成员参与水平的差异而采取不同的形式。伯恩斯(T.Burs)和斯托克(G.Stler)对组织的"机械"形式和"有机"形式所作的区分,产生了很大学术影响。伯恩斯和斯托克认为,不同的组织结构取决于社会环境中的稳定或不确定程度;机械结构是官僚化、等级性和僵化的,而有机结构是灵活的、分散化的,更适于创新和迅速变化的环境。当代组织理论继承了科学管理和行为科学理论的成果,且有了新的发展,并受到功能主义、系统科学的很大影响。组织被看成是一个开放的系统,组织目标的达到和组织效率的提高取决于各要素之间的关系,尤其是组织与环境的"输入—输出"交换。

大量的社区工作实务涉及与其他团体、组织的关系,因此相关的"跨组织理论"具有重要的指导意义。根据跨组织理论的基本观点,每一个组织都处于一个更大的团体和组织网络中,相互依存、发展。在这个跨组织网络或交换场所中,每个组织都需要开拓自己的特定领域,即运作范围,并在这个领域与其他组织交往,以实现自己的目标。一个社区组织可将自己作为执行特定职责的一个"中心组织",它必须与其他各类"外部组织"或"作业环境"打交道。这些"外部组织"或"作业环境"可被划分为6个种类:①财政资源、人力、物力和工作场所的提供者(如政府服务部门、基金会、教会和其他社区机构);②合法性和权威的提供者(提供权限和支持的政治管理部门、授权团体或个人等);③案主或顾客的提供者(为社区组织介绍或提供被服务对象的其他部门或团体);④补充服务的提供者(与某社区组织相配合的、提供延伸性服务或后续性服务的机构);⑤一个组织的产品或服务的顾客和接受者(如需要服务的案主、需要培训或雇用的社会工作人员);⑥竞争者(需要相同资源、提供相似服务的团体或机构)。由于资源的供需或交换,组织之间的关系也形成一种权利和义务关系。如果一个组织不能与外部环境建立必要的相互依存联系,便不能面对社会竞争,开拓和经营自己的服务领域。现代组织需要更多的知识和能力,才能适应复杂多变的社会环境。

任务三 掌握社区工作的模式

情境导入

社区社工小王发现，社区里有10多位脑瘫的残疾人，这些残疾人因为家庭经济条件不富裕，所以都没有得到完好的医疗康复。他们都是在家里日复一日地度日，没有什么康复服务，没有娱乐生活，除了政府每月发的一点残疾人生活补贴外，没有得到外界的任何帮助。看着脑瘫病人的情况越来越严重，小王决定用社会行动的社区工作模式帮助社区的这些脑瘫残疾人。

任务描述

根据上述情境，请讨论分析以下问题：
1.如果你是小王，你会选择什么样的工作模式来提供帮助？
2.社区工作有哪些模式，它们的异同是什么？
3.按照社会行动的社区工作模式，小王接下来应该如何做？

任务实施

1.按每10人为一组对全班同学进行分组。
2.以小组为单位根据情境，展开主题讨论。
3.各小组选派代表汇报、分享讨论结果。

任务总结

1.教师结合情境对任务要求进行分析。
2.教师对各小组讨论结果进行点评与讲授。

任务反思

针对不同的情况，可以采用不同的工作模式来对服务对象提供服务，社区工作主要有地区发展、社会策划、社会行动三大模式，但在实际工作中，有些时候不是单纯用某一种工作模式就可以解决问题的，需要综合运用各种模式。同时，这里值得一提的是社会行动并不是社会运动，社会行动的本质不是要推翻整个社会制度，也不是要对政治、经济、社会结构进行全面改革，更不是要进行革命。

知识链接

一、地区发展模式

（一）概念

地区发展或者说社区发展从概念上讲，既表示一种地区为基础的经济、社会、文化等实质内容的发展，又表示为一种发展理念，强调要结合当地居民的需求、当地的资源、环境和人口等特点协调、可持续地发展；还表示为一种社会工作的介入手法，一种强调居民的参与、合作，强调集体组织起来控制、利用社区资源、解决社区问题、满足社区福利需求、增强社区凝聚力和归属感的社会工作手法。

1.杰克·罗斯曼的定义

杰克·罗斯曼从社会工作专业中的社区工作介入手法角度来定义地区发展模式。他认为地区发展模式是指假定社区的变迁，可以乐观地通过当地社区居民在有关社区发展的目标决定和行动中的广泛参与来追求。所以地区发展模式作为社会工作的社区介入手法，强调的是民主程序、志愿合作、自我帮助、当地领袖的发展以及教育目的性等。罗斯曼也指出地区发展模式的原形来自于联合国关于社区发展的文献，在联合国的有关社区发展的文献中已经明确提出了作为一种发展方法的社区发展的概念，只不过联合国的社区发展还强调社区实质内容的发展。

2.联合国的定义

联合国关于社区发展的定义是从社区发展的内容和方式两个方面来规定的。联合国认为社区发展是这样一个过程：经由居民的努力，联合政府当局一起，来改善社区的经济、社会和文化条件，把社区整合到国家生活当中，使他们对国家的进步作出最大的贡献。联合国的定义一方面强调社区发展是指社区经济、社会、文化条件的改善；另一方面强调要经由居民的努力和政府当局一起合作的方法。在联合国另一文献中，更加清楚地表达了作为一种发展方法的社区发展的概念：社区发展是有意使用一种依靠当地社区作为一个行动单位设计一个独立的项目，在项目中试图把外部的帮助和当地有组织的自我决定和努力整合起来。

3.参与式地区发展概念

在联合国提倡的社区发展的理念中，主要就是参与、民主和当地的首创性，但是参与式发展概念是一个有很大弹性的宽松的概念。本书在相关章节会分析参与的领域和类型,就地区发展领域来说,参与式发展包括一定范围和一定程度的参与。有学者把参与式发展归纳为四种类型(李小云,2001):

一是人们对国家发展的一些公众项目的自愿的贡献,但他们不参加项目的总体设计或者不应该批评项目本身的内容。

二是对于农村发展来说,人们应参与包括决策过程中、项目实施过程中、发展项目的利益分享中以及对这些发展项目的评价的介入中。

三是参与涉及人们在给定的社会背景下,为了增加对资源及管理部门的控制而进行的有计划、有组织的努力,而这些人在过去是被排除在对资源及管理部门的控制之外的。

四是社区参与是受益人影响发展项目的实施及方向的一种积极主动的过程。这种影响主要是为了改善和加强他们自己的生活条件,如收入、自立能力以及他们在其他方面追求的价值。

由上面的归纳,我们可以发现,参与式发展可以使当地居民深度地参与决策、控制发展的方向和分享发展的利益;也可以是指比较深度地影响资源和管理部门的控制和计划;也可以是比较轻度地参与影响改善自己的生活条件的发展项目的实施过程和实施方向;还可以是配合参与到国家已经决定了的公众项目的执行过程。

(二)目标

地区发展模式的工作目标应该说既包含实质性问题的解决,也包含在解决问题的过程中所采取的解决问题的方法和当事人的解决问题的能力以及社区共同体的团结合作精神等目标。实际上,不管是早年的学者比如墨蕾·G.罗丝(Muray G.Ros)、阿瑟·邓纳姆(Arhur Dunham),还是经典人物杰克·罗斯曼(Jack Rotman)等都强调指出,地区发展主要是以过程目标为导向的,也就是说,社区发展不是公共工程计划,不仅仅靠外界的帮助建设完成,而是一种组织的过程和教育的过程,在当中培养社区居民自助合作的态度以及从事社区各种建设的方法(徐震,1985)。当然以过程目标为主,不是说不要具体的工作任务,而是说要在具体建设当地社区的经济、社会、基础设施中,在具体的项目建设中来注重过程当中的目标。

1. 任务目标

所谓社区发展的任务目标是指在社区中要完成的具体的实质性的工作项目,或者是要解决的具体的社区问题。通常而言,社区发展的任务目标主要有:

(1)社区经济开发,包括自然资源的利用开发、加工业的发展乃至服务等第三产业的发展等。

(2)社区社会发展,比如社区医疗卫生发展、社区教育发展、社区福利服务的发展、社区文体健康服务的发展、社区邮政服务的建设等。

（3）社区公共基础设施建设，比如社区道路建设、社区农田基本水利设施建设、社区供水设施建设、社区垃圾处理、社区供电设施建设、社区房屋道路的规划等。

（4）社区文化发展，比如社区文化知识的教育、社区科学知识的教育普及、社区职业技能的教育培训、社区意识形态道德规范教化、社区娱乐文化活动的开展等。

2.过程目标

过程目标是指在社区具体项目的建设中，通过居民的广泛参与和社区工作者有目的的组织及教育，使社区当事人个人、社区人际关系和社区整体等不同层面达到发展和增强的目标。具体的过程目标，根据英国学者托马斯（D.N.Thomas）的概括，分为：各种社会网络的重新建立；居民互动及交往的增加；邻里关系的改善；居民及团体之间重建紧密的联系；居民认识到参与的重要性，并愿意承担责任；居民对社区更加认同及投入。而在美国学者鲁宾夫妇归纳的社区发展的目标中，提出了5项目标：通过解决共同的问题，来改善居民的生活；减少因为贫困、种族、性别等引起的社会不平等；执行和保护民主的价值，并作为社区组织的一部分和社区发展的结果；促使个人作为一个个体发挥他们的潜能；创造社区意识，使人们从中可以感到作为社区的一员对大社会作出的有效贡献。我们发现除了第一个目标是解决社区共同问题的任务目标，其他四个目标都是过程目标。但是鲁宾夫妇的归纳比较注重社会公平、民主、社区意识等宏观层面的目标，同时也注重个人潜能的发挥。

（三）工作角色与策略

由于地区发展模式强调参与者的自决及成长，社会工作者通常采用非指导性的手法，扮演"使能者"、"教导者"或者"协调者"的角色。他们协助居民表达对社区问题的不满，鼓励并协助居民组织起来，帮助居民建立良好的沟通渠道和人际关系，促成共同目标的实现。社会工作者也可以协助训练居民解决问题的能力，培养居民有效组织起来的方法和技巧，培养居民积极参与和自助互助的精神。此外，在解决问题的过程中，社会工作者还可以扮演"协调者"的角色，协调社区各方面的团体及个人，促进他们之间的沟通和合作，以调动社区资源，解决社区问题。

地区发展模式采用的工作策略主要集中于推动参与和合作，改善沟通与合作的渠道，以便合理利用社区资源，解决现存的社区问题。运用这项策略有一个重要的假设，即社区内不同利益群体的利益不是完全对立的关系，只要找到共同的利益所在，便可以化解分歧，社区问题也可以得到解决或改善。

基于上述假设，掌握地区资源的权力架构便被视为合作伙伴或合作对象，扮演协助者和资源提供者的角色，合作方式注重和谐及互利。另一方面，自助既是工作目标，又是工作手法。地区发展模式强调提高居民解决问题的能力，以达到居民自助的目的。在解决问题的过程中，要重视居民和各种团体的广泛参与，界定社区问题的需要，然后设计行动方案，再采取行动解决问题。自决和参与是两个重要的介入原则，但同时协商及互谅互让也是强调的重点。

二、社会策划模式

（一）概念

社会策划即社会计划作为一种社会发展的理性主义、社会工程学的具体应用，是超出社区工作的范围的。无论是在国家的宏观发展计划、社会问题的社会政策策划、地区重建规划、项目管理计划，还是到家庭计划、个人发展计划等都可以体现理性和计划的理念。而社区工作是就某个微型地理社区或功能社区而开展的组织和服务工作，所以与社区工作相关的社会计划可能会应用在地区重建规划、社区问题的政策策划、社区服务的项目管理、社区居民组织的计划管理等方面。社会策划模式既是指一种社区、社会发展的发展策略，又是指具体的发展项目的策划管理。

1.杰克·罗斯曼的定义

社会策划模式是强调有关实质性问题，比如青少年违法、住房、精神健康等问题的技术程序解决重点，理性、精心策划和有控制的变化是其核心。在很大程度上，这里关心的重点是建立、安排和提供商品和服务给有需要的人们，而不是社区能力的建立或者促进社会根本的改变。

2.地区社会服务规划的定义

其实在杰克·罗斯曼的定义里就强调了在社区范围里对实质性问题采取理性程序化的服务设计和供应，以解决问题，满足需求。而所谓的社会服务的理性策划，根据赫伯特·西蒙（Herbert Simon）的看法是指在多种备选方案中选择一个能最大实现决策者的价值的方案，这个选择是在根据综合分析各种可能方案和它们的结果后作出的。当然完全的理性的分析是不可能的，在现实中，理性总是有限的理性，即对各种可能方案的选择不可能是最大化决策者的价值，而是令决策者满意或感到足够好就可以了。

3.城区规划的定义

城市规划或者城区重建计划是对一个城市、城市中的一个区域，根据社会系统、功能理论，对城区的发展进行的规划设计。城区发展规划可以是整个社区的综合发展规划，也可以仅就城区发展的某个方面进行规划设计。城区发展或重建规划是根据社会学家帕森斯（Talcott Parsons）的社会系统功能理论，经社区理论专家华伦（Waren）应用到社区发展当中的。华伦认为社区也是一个在一定的外部环境下的互动的结构组织，它通过区分和环境的关系表现出边界维持功能，它可以通过适应外界的变迁保持均衡，来把外界变化带来的变化对组织结构的影响减少到最小。在后来的社区发展规划中，都根据系统功能理论，全面规划社区的界限范围、社区的功能组织、社区的硬件环境和社区的规范联系等软件方面的建设（徐震，1985）。

4.中国城市地域功能社区建设的定义

中国的城市社区建设是在重新调整划定《城市居民委员会组织法》规定的微型地域社区的基础上，根据社会转型所带来的新问题，而由政府主导、社会参与，强调居民的生活服务功能建设，加强社会管理体制，保证社会秩序稳定而开展的工作（民政部基层政权建设和社区建设司课题组，2000）。在各个城市的社区建设实践中，大都强调要根据理性原则规划法定地域社区的范围、组织建设、服务功能设施建设、社区建设治理体制和探索机制，以保证社区居民有一个"管理有序、服务完善、环境优美、治安良好、生活便利、人际关系和谐的新型现代化社区"。而且基本上形成的意见是：社区建设是社区管理体制、社区管理组织、社区服务设施和社区生活环境建设的集合，主要包括"拓展社区服务、发展社区卫生、繁荣社区文化、美化社区环境、加强社区治安"等方面的内容（中办发［2000］23号）。在这里一般不强调社区经济发展，在中国主流的看法是，经济发展是市场机制调节的范围，不是社区建设的范围，所以把原来街道、居民委员会办的企业公司等都进行改革，变成自主经营、自负盈亏的市场经营主体，和街道的经济联系是投融资关系和税收缴纳关系，街道经济成为税源经济。当然也有个别地方和学者，坚持社区发展是可以包括经济、政治、科技、教育、文化、体育、卫生、服务、安全、交通、环境等方面综合计划发展，比如上海的城市社区发展在区级和街道两级就有综合的发展规划（吴铎，2000）。

（二）目标

根据杰克·罗斯曼的划分，在社会策划模式下，社区工作的介入目标主要是以完成具体的任务为重要目标。在西方社会，主要是指解决社区中存在的主要问题，比如精神健康照顾、城市规划、居民住房、物理康复和酒精依赖者康复等。也就是说，西方的社区社会策划主要是指针对社区存在的社会问题，评估需求和目标，然后设计提供具体的社会服务项目，来满足居民的需求。但是在中国的城市社区建设规划中，则不但包括社会服务项目的规划，而且包括解决社区问题，还进一步包括如下几个方面的规划建设。

1. 社区建设范围的规划目标

中国城市社区建设是在政府主导推动下进行的，而且有其历史背景。原来中国的城市基层管理是根据《城市居民委员会组织法》，在城市街道办事处下划定居民委员会的管辖区范围，进行自治管理。虽然说是自治管理，但是主要是完成政府的行政管理任务，所以有明确的行政区域范围。在社会转型加速、社会问题增多的20世纪90年代，加强社会管理，控制社会秩序本是中国城市社区建设的基本动力，所以社区建设首先就是要根据"便于居民自治、便于城市管理、便于社区建设"的原则，调整居民委员会的管理范围，一般以1 000户至1 500户居民为宜；如果是成建制、成规模的生活小区可以在增加干部力量的前提下单独设置居民委员会；集体农转非的村庄，可成建制地转为居民委员会（民政部基层政权建设和社区建设司课题组，2000）。

2. 社区组织建设的目标

加强社区管理，保证社会秩序是中国城市社区假设的基本追求之一。而社区管理则需要有贯彻中国共产党的领导的基层党组织和进行居民自治管理的社区自治组织，所以加强社区党组织和居民自治组织建设，构建新的社区组织体系是中国城市社区建设的目标之一（中办发［2000］23号）。当然，也有人提出发育民间非营利组织和社会中介组织，承担社区服务、居民自助功能，也是中国城市社区建设的组织体系建设的内容之一。

3. 社区建设管理体制和运行机制的规划目标

中国的城市社区建设是处在由计划经济时期的以单位为基础的垂直系统社会管理，向市场经济条件下以地域为基础的划块分级管理的体制转变过程的背景下进行的，所以探索改革城市基层管理体制，建立与社会主义市场经济体制相适应的社区管理体制和运行机制也是中国城市社区建设的目标之一（中办发［2000］23号）。近期的社区管理体制目标是"由地方党委和政府领导、民政部门牵头、有关部门配合、社区居委会主办、社会力量支持、群众广泛参与的推进社区建设的整体合力"（中办发［2000］23号）。有学者提出我国社区建设的时序发展模式是"我国城市社会由单位—行政制，经过行政—社区制，再到达社区—行政的过程"。也就是说，在初期，还是政府行政主导，街居基层组织成为社区运行的行政主体，并以此为基础去动员、组织社区居民参与社区建设；社区建设的发展期阶段，街居基层组织与社区成员在服务和管理层面共同建构合作关系，社会因素明显成长；在社区建设的成熟期，将形成较强的社区自治组织体系，作为政府代理人的街道办事处同作为自治组织的居民委员会相对分离，并形成街道（政府）—居委会（自治组织）—社区民间组织（经济、文化及服务组织）—社区成员（居民与驻区单位）既合作又制约的关系体系。

4.社区服务项目的规划目标

中国的城市社区建设中的社区服务项目有广义、狭义之分。广义的社区服务应该是指整个社区建设的具体项目，包括社区卫生、环境、文化、福利服务等。狭义的社区服务主要是指由社区街道办事处的社区服务中心和居委会的社区服务站对社区居民提供的福利服务、便民利民服务、下岗再就业服务和社会保障社会化服务，面向社区单位的后勤保障服务等。就广义的社区建设项目规划而言，中国目前的官方主流看法是重点搞好社区生活服务，包括社区卫生保健、计划生育、康复服务；社区文化、体育、科普、教育、娱乐等服务活动；社区环境净化、绿化、美化服务等；社区安全防范、民事调解、法律咨询、缓刑人员和劳改释放人员的帮教等服务活动这几个方面，不包括社区经济发展（中办发［2000］23号）。

5.社区建设人员队伍的规划目标

中国原来的城市居民委员会是整个单位制社会管理体制的补充，所以居委会工作人员名义上是义务志愿工作人员，但实际上是接受政府补贴的全职工作人员，不过他们待遇低、工作条件差、人员年龄结构老化和教育层次低。在新的社区建设任务下，社区管理和社区服务的任务都比原来单位制下的任务要复杂和繁多，所以提出来要发展一支专业化人士结合志愿工作者的社区建设人员队伍，采取社会公开招聘、民主选举、竞争上岗等办法，选聘社区居委会干部，改善工作条件和生活条件（中办发［2000］23号）。但是，现在的实际做法是街道办事处政府招聘的专职受薪工作者到居委会参加选举成为社区居委会主任。这样的体制违背了社区居委会主任应该是社区居民自己的领袖的原则，而且也造成新的居委会干部的身份冲突，导致居委会自治组织变成了政府办事机构的下属办事机构，有悖居民自治的社区发展方向（郭伟和，2001）。所以必须重新考虑专职社区工作者的身份问题，参照西方国家社区的做法，专职社区工作者要么是基层政府的受薪工作者，要么是民间机构的受薪工作者，然后到社区协助居民进行居民组织和社区服务，而不应该直接充当社区居民的领袖。

（三）工作角色与策略

在这个模式中，工作者的主要任务是搜集及分析资料，执行解决问题的方案。所以，工作者的角色是高度技术性的，主要扮演专家的角色，从事社区调查研究、方案拟定等工作，并与各种有关的科层体系和不同学科领域的专业人员建立联系；同时他们也是事实的汇集者和分析者，是方案的执行者。具体来说，在一个连续的系统中，社会策划模式下工作者可能担当的角色主要有：

（1）项目规划者的角色。这是指社会工作者担当高度技术性的专家角色，调查社区问题、分析社区事实条件、规划社区服务项目。

（2）项目经理的角色。社会工作者负责整个已经决策的项目的管理工作，充当项目经理，负责项目执行过程中的业务操作、物资、人事、财政等工作，保障项目得到有效执行。

（3）监督实施的角色。工作者在项目执行过程中负责监督业务进度，收集各种意见和信息，并将它们反馈给决策者。

（4）专业人员的协调角色。工作者服务于各个专业的技术人员，协调好不同专业之间的合作，共同完成规划项目的任务。

（5）组织者的角色。工作者不仅要扮演专家的角色，还要动员和组织社区居民参与到相关部门的社区策划、社区建设中来，接受相关的服务，并提出自己的需求、意见和建议，以利于服务方案的改进。

社会策划模式下工作者采用的策略措施，根据杰克的总结，主要是发现事实和分析技巧的运用，而在社会关系上的策略措施则是根据具体的情景选择冲突或者共识性的策略措施。也就是说具体的策略措施可以分为两部分：一是理性技术性措施，包括调查社区问题、收集事实资料、比较分析方案的利益得失、选择最优秀的方案，并学会组织管理、落实方案、监督方案的执行、评估方案成效等。二是社会关系措施，即根据具体的工作情景，选择冲突性措施，如游说、倡导、谈判、竞争、抗议、游行、示威、罢工、对抗等，或者选择共识性措施，如协商、沟通、对话、合作等。

三、社会行动

（一）概念

要准确定义社会行动，离不开对社会行动所涉及的一些基本要素的把握。

1. 社会行动的对象

社区工作中的社会行动，工作对象主要是低下层的社会群体。他们得到的社会资源极为有限，拥有极少的权力及社会地位。他们中许多人处于边缘群体，备受社会人士的忽视，得不到适当的社会关注，甚至还受到不公平政策的压制和剥削。具体而言，社会行动的工作对象主要是以下四种人群：①经济上最缺乏市场价值的人士，例如贫困者和失业者；②政治上最缺乏自我组织的人士，例如不太参与投票选举活动，也不太会运用合法途径去表达自己的意见和要求的人士；③社会上最缺乏选择权力的人士，他们在教育、就业机会选择方面通常是无奈的；④文化上最受身份歧视的人士，例如他们经常被"贴标签"，使周围的人对其有相对负面的评价等。

2. 社会行动的本质

社会行动的本质不是要推翻整个社会制度，也不是要对政治、经济、社会结构进行全面改革，更不是要进行革命。它与社会运动的区别在于：一是社会行动没有一套清晰的意识形态作为主导思想，也不是对社会各阶层的广泛动员，它不期望带来深远和持久的社会影响；二是社会行动是在现有制度下进行的有限度的社会改革，其主要目的是为一小部分的弱势群体争取利益，改善社会的不公平制度。三是社会行动所达到的效果累加起来，也有机会引发社会运动，但社会行动的重要目的始终不在于此。

3. 定义

罗斯曼对社会行动的定义是：社会行动假定有一群处于不利的群体，他们需要被组织起来，联合其他人去向整体社会争取资源及取得符合民主及公义的对待。社会行动的目的是达至制度的改变，是使权力、资源及决策权得到再分配，并影响基本政策的改变。

香港学者莫庆联、甘炳光的定义则较为全面。即社会行动是组织社会上受到忽视、压迫或受政策不合理对待的低下层群体，通过集体行动，采用非正规的途径及较多运用冲突对峙的策略，争取第三者支持，以伸张居民权益，向当权者争取群体的本身利益，以期获得应得的资源。使社会权力、地位及资源得到合理的再分配，并在过程中提升参与者的社会意识，改变他们的无能及无助感，达成更公平、更公正的社会（莫庆联、甘炳光，1994）。

（二）目标

社会行动的介入目标：有时强调过程目标，有时强调任务目标。

1. 总的目标

改变不公平的政策，实现一定程度的社会改革。

2. 任务目标

争取权益及资源的重新分配。通过行动争取利益，获得应得的资源，改善环境，伸张居民权益，并加强参与决策的能力。这个目标通常也是边缘群体切身需要和亟待解决的问题，如为贫困家庭申请最低生活保障金、为残疾人士争取社区康复设施等。

3. 过程目标

（1）提高自我意识：在争取的过程中，让参与者意识到社会的不公平，了解自己应有的权益，学会争取的技巧。

（2）提升社会意识：通过行动的过程，提升参与者自我的社会意识，改变其无能和无助感，加强其解决问题的能力。

（3）认识团结的重要性：通过集体行动，使参与的居民感受到团结的重要性及居民组织的作用；行动过后，继续将他们组织起来，关注自身面临的问题。

（三）工作角色与策略

传统的社会工作强调工作者的辅助者或使能者的角色，并且较多地采用非主导的方法协助解决问题。但在社会行动中，社区工作者不再局限于使能者的角色，而是采用较为主导的角色。

1. 倡导者

社会行动中的社会工作者，很多时候扮演倡导者的角色，鼓励居民团结起来，争取本身利益。同时，他们更需要做居民的提升意识工作，使其认识到社会制度的不公平，以加强他们的社会意识。

2. 行动者

社会工作者经常站在居民领袖的身边，帮助群众团体既维护自己的利益又运用传媒力量的影响，向政府加压力，影响正式组织的决策过程。

3. 教育者

社会工作者协助人们认清问题，找出问题的根源以及思考可能的解决办法；训练居民学习行动技巧及政策分析技巧；当居民受到当权者的威胁或操纵时，工作者需要站出来唤醒居民，教育居民学会反操纵。

4. 资源提供者

提供社会行动组织过程中所需资源，主要包括经费、人力、会场、宣传单、刊物等。

因此，相对于其他以服务为主的社会工作而言，社区工作者在社会行动模式中担当较为主导的角色，强调与居民一起面对问题，而不是完全由居民独自承担。但是，这并不代表社区工作者要放弃辅助居民成长的辅助者或使能者的角色要求，社区工作者不应该完全代替居民进行组织工作。事实上，在社会行动中一定要有居民的参与，并由居民共同决定行动的目标、方式和策略。社区工作者不排除采取较为主导的角色，但也不能违背"当事人自决原则"，决定权始终在于居民自己。

学习情境三 社区工作者

子情境1 社区工作者

能力目标

1. 具备包容、理解、尊重等社区工作者素养
2. 明确知道社区工作者应该掌握哪些理论知识
3. 明确知道社区工作者应该掌握哪些基本技能
4. 明确知道社区工作者的角色定位

知识目标

1. 掌握社区工作者的含义
2. 掌握社区工作者的素质要求
3. 掌握社区工作者的知识要求
4. 掌握社区工作者的技能要求

任务一　知道社区工作者构成及角色

情境导入

在一次讨论中，有的同学提出：社区居委会的人都是些老大妈，她们不应该算专业的社区工作者，因为她们所做的事情都是些鸡毛蒜皮的事，她们的工作并没有按照专业的要求来开展，而且她们都没有经过专业的学习；有的同学却提出相反的看法，认为她们是专业的社区工作者，虽然她们没有经过系统的专业理论的学习，但她们能够运用各种有效的方法为社区居民提供服务，她们的实务能力远远比在学校经过所谓专业学习的同学强。

任务描述

根据上述情境，请讨论分析以下问题：
1. 什么是社区工作者？
2. 哪些人可以算社区工作者？
3. 社区工作者都有哪些特征？

任务实施

1. 按每10人为一组对全班同学进行分组。
2. 以小组为单位根据情境，展开主题讨论。
3. 各小组选派代表汇报、分享讨论结果。

任务总结

1. 教师结合情境对任务要求进行分析。
2. 教师对各小组讨论结果进行点评与讲授。

任务反思

社区工作者在我国已经存在半个世纪之久，从我国的国情来看，我国的社区工作者主要是扮演协助政府管理社区居民和向社区居民传达政策、提供政府基层服务的角色。一直以来，我国的社区工作者身份都比较尴尬，没有得到社会的认可。随着西方社会工作在我国的发展，越来越多的人开始讨论西方社区工作与我国已有的社区工作的异同，大家都在关心我国究竟应该选择什么样的社区工作方法。面对西方的社区工作，我们应该反思性地消化，面对我国的社区工作，我们也应该看到可以改进、完善的地方。

知识链接

一、社区工作者的含义

在我国，目前，社区工作者的工作机构主要有两种：

第一种是街道办事处。作为政府派出机构，街道办事处是目前社区建设主要依托的基层政府组织，社区工作者大多在民政科、社区办公室、社区建设办公室、社区服务中心、社区服务站等部门或岗位从事社区建设或社区福利工作。这部分工作人员属于国家公务员或事业单位干部编制，其中有一部分是经过专业社区工作教育训练的高校毕业生。

第二种是社区居委会。社区居委会是社区居民自治组织，其成员是由社区居民选举产生的。由于我国专业社区工作的发展水平较低，从事社区工作的人员涉及面广，社区工作长期以来一直处于非专业化或半专业化的状态。

1996年，上海浦东新区开始试验由专业社区工作者管理社区服务中心提供社会服务。2002年，北京市人事局、民政局、劳动和社会保障局联合印发《北京市社区工作者管理意见》（以下简称《意见》），规定了社区工作者的任职条件、选举和聘用办法，制定工资、培训、考评等相关管理制度。《意见》明确提出"社区工作者必须具备社区工作专业理论和方法，具备一定程度的社区工作基本能力与基本技术以及相关知识"。2003年，上海市成立了我国第一家非政府的专业社区工作机构——上海乐群社工服务社，提供专业的社会服务。2006年，重庆市开始施行社区工作者职业水平认证制度。这些成果在一定程度上标志着我国的社区工作者已经走上了专业化和职业化的道路。

1999年，国家民政部制定的《全国社区建设实验区工作实施方案》明确提出，要建立社区建设工作队伍。文件所列的"社区建设的工作队伍"包括：①职业化的社区居委会干部队伍；②社区志愿者队伍；③社会中介组织；④专职、兼职相结合的理论工作者队伍。2000年，中央两办文件进一步提出："社区建设需要大批专业的社区工作者。要采取向社会公开招聘、民主选举竞争上岗等办法，选聘社区居委会干部，努力建设一支专业化、高素质的社区工作者队伍。"文件确认了建设中的社区居委会干部队伍应属于专业化的社区工作者队伍。所以在条件成熟时，我国应建立社区工作者专业资格认证制度，实现社区工作者的职业化和专业化。专业的社区工作者一般应具有以下基本特征：

①在社区基层组织或机构中从业；②从事的主要是社区公共管理及社会福利服务工作；③掌握一定的社区工作专业知识和方法。这些特征有助于将"社区工作者"与社区内其他从业人员区别开来。

二、社区工作者的角色

社区工作人员的角色定位主要应体现在以下几个方面。

（一）服务者

为了满足社区的需要，解决社区存在的问题，社区工作者可以根据自身工作的职责和资源等条件，为社区居民提供直接的社会服务。在提供直接服务的条件和资源不具备时，社区工作者可以通过中介，提供间接服务。

（二）社区权益维护者

社区工作者应当是社区合法权益的维护者和社区利益的代言人，通过正当途径使社区和社区居民的合法权益得到维护。社区工作者帮助工作对象增强权利意识，以维护和实现其权利，这在社区工作中被称为"赋权"（empowerment）。

（三）组织者

社区工作者要在社区内建立起骨干分子网络，即积极分子网络，组织居民成立各种自治自助组织，并组织居民开展各种有益活动和"四自"活动。

（四）引导、指导者

社区工作者要多与居民沟通，引导居民的思想和行为，并与他们建立亲和关系，启发他们对社区事业进行思考和参与，而不是代替居民决策。

（五）调解者

在社区中存在着不同的个人、家庭、群体和组织，不同的个人和群体之间的利益难免会发生冲突，即使目标一致，彼此的行动也可能出现分歧。我国在社区中实行的"人民调解制度"，就要求社区工作者依据有关法规肩负起人民调解员的职责。

（六）教育、帮教者

社区工作者要负责对社区居民进行知识教育、思想道德教育，对越轨人群进行帮教等。

（七）研究者

一个社区工作者，对于社区内的问题与社区的发展要作深入的研究，开展全面的调查，广泛地收集资料，征求意见，作出正确的分析。尽量提出更为完善的解决方案与规划以有效地解决问题，促进社区的和谐发展。

（八）计划者

社区工作者要能够对社区事业进行理性策划，整合社区资源，为居民谋利益。

三、社区工作者的教育和培养

（一）新时期社区工作者队伍的现状与问题

1. 部分社区工作者的文化水平和综合素质仍然偏低

鉴于社区工作的特殊性，发达国家对社区工作人员的各方面要求都很严格，其中具备大学文化程度和社区工作的专业训练往往是必不可少的条件。与之相比，重庆市（乃至我国）目前从事城市社区工作人员的文化程度和专业素养都未达到理想状况。目前，重庆市共有10 505名社区工作者，其中：高中文化程度占45%，大专及以上文化程度占35%，年龄在45岁以下的占67%。社区工作者队伍中相当一部分人只靠上级安排开展工作，或者仅凭传统经验。这种现状无法适应处于转型时期的社区建设和社区发展的要求，也无法真正承接起社区自治职能。

2. 社区干部的待遇偏低，工作条件差，影响队伍的稳定

由于社区工作者，特别是居委会干部，并没有明确的职业身份，他们既不是专业工作者，也不是国家公务员或事业单位的工作人员。他们虽然肩负着社区公共事务管理和社会服务的繁重职责，但工资的标准低并且不平衡。此种状况的长期存在，不仅会影响到社区工作者队伍的稳定，也会影响社区建设工作的深入和发展。

重庆市九龙坡区建立了社区工作者报酬自然增长机制，社区工作者报酬由基本工资、工龄工资、社区规模补助、绩效工资、社会保险等部分组成，使社区工作者的待遇得到保障并逐步提高。这种报酬自然增长机制值得借鉴。

3. 社区工作者队伍专业化建设严重滞后

现代社区工作承担着复杂的社区公共管理和社会服务职能，是一种高度专业化的社区工作。根据世界社区工作发展的历史趋势和我国社会转型的需要，我国逐步实现社区工作的专业化势在必行，中央文件也已经明确提出了要逐步建立专业社区工作者队伍的要求。

（二）专业社区工作者队伍的教育和培养

社区工作者队伍的现状和存在的问题，应当引起社会各方面的高度重视，为了加快社区工作专业化的进程，当前应该从以下几方面加强理论和实践的探索：

（1）站在中国社会现代化发展的战略高度，充分认识实现社区工作专业化的必要性和重要性。大力推进基层社会管理体制和社区工作体制的改革，从制度和法规上明确政府、社会服务机构、社区自治组织在社区工作中的职能和权限，明确社区工作和社区工作者专业性的职业地位，区分政府公务员、专业社区工作者、社区志愿人员的社会和职业身份。并在人事、工资、劳动保障等方面进行配套的改革，为社区工作实现专业化提供良好的制度环境。

（2）科学合理地发展社区工作和社区工作的专业教育，造就和培养一批具有社区工作价值理念，掌握现代社区工作理论、知识、方法，具备综合社会服务能力的专业人才，同时做好社区工作者的在职培训。对新加入社区工作的人员进行岗前培训，帮助他们实现在学校所学的理论知识与实践工作的衔接，以尽快融入到新的工作环境，适应新的岗位要求；要有计划、有步骤地对在岗社区工作人员进行专业培训，提高他们的理论水平和专业能力；对负有指导社区工作职责的政府官员进行相应的培训，使他们掌握必要的社区工作理论和专业知识，提高他们指导社区工作的水平和能力；对广大参与社区社会服务的志愿人员，同样需要进行社区社会服务专业理论和方法的训练及辅导，以提高社区志愿者的素质和社会服务的水平。

（3）为社区工作者的专业化教育寻求理论支撑。加强对现代社区工作和社区工作专业发展方向的理论研究，从理论上探索实现社区工作者队伍专业化、职业化的必要性、可行性和具体途径。可通过加强基层社区建设机构与专业院校合作的做法，共同为社区建设的发展作出贡献。

任务二　内化社区工作者的素质要求

情境导入

社区工作者小张利用周末，在社区办公室里整理资料。突然，进来了一个浑身酒气的社区居民，还没等小张反应过来，该居民对着小张又是破口大骂，又是拍桌子，小张吓得跑出了社区办公室，社区居民追出办公室，拉扯着小张，要求小张立刻恢复自己的低保金，否则，就一直跟着小张。

任务描述

根据上述情境，请讨论分析以下问题：
1. 小张此刻应该怎么办？
2. 面对居民的辱骂，社区工作者应该怎么办？
3. 社区工作者应该具备哪些素质要求？

任务实施

1. 按每10人为一组对全班同学进行分组。
2. 以小组为单位根据情境，展开主题讨论。
3. 各小组选派代表汇报、分享讨论结果。

任务总结

1. 教师结合情境对任务要求进行分析。
2. 教师对各小组讨论结果进行点评与讲授。

任务反思

社区工作的服务对象大多数都是社区里的弱势、边缘人员，在与他们接触的时候，社区工作者一方面要做好自我保护，同时另一方面要尊重、理解、包容他们。遇到情绪失控者等社区高危居民时，社区工作者不应与其争辩，以避免不必要的矛盾和争端，而是要先稳定对方的情绪，待对方情绪稳定后，再认真倾听和回应对方的需求。

知识链接

一、社区工作者的基本素质要求

（1）政治素质。社区工作是为国家的政治制度服务的，政治素质是社区工作者必须具备的首要素质。包括：①要有坚定的政治信念，坚持正确的政治方向；②要自觉地坚持党的群众路线；③要以"三个代表"重要思想作为社区工作的指南；④要具有良好的工作作风。

（2）思想素质。思想素质通常是指人的思维方式及其能力、思想境界和行为准则。包括：①拥有马克思主义的世界观、人生观和价值观；②具有全心全意为人民服务的奉献精神和社会责任感；③具有一切从实际出发，实事求是的思维方式和思想路线；④具有创新思维和创新求是精神。

（3）职业道德素质。指社区工作者在从事社区工作中所应遵循的行为规范的总和。包括：①爱岗敬业；②诚实守信；③公道正派；④服务群众；⑤奉献社会；⑥能够忍辱负重。

（4）心理健康素质。健康的心理和健全的体魄，是社区工作者做好工作的最基本条件。包括：①稳定乐观的情绪；②坚忍不拔的意志；③健康的身体素质。

（5）文化素质。要求社区工作者具备一定的文化素质和文化修养。

二、社区工作者的基本知识要求

（1）理论知识。包括社区建设的基本理论与知识等（在相关的课程学到）。

（2）专业知识。包括社区工作的各块业务知识、社会工作的专业理论与知识、社会心理学、社区调查等（在相关的课程学到）。

（3）现代科学管理知识。包括社会行政管理、组织行为管理、社区经济管理、科学的思想政治工作、电子计算机应用等（在相关的课程学到）。

（4）法律的知识。包括《宪法》、《婚姻法》、《兵役法》、《继承法》、《诉讼法》、《城市居民委员会组织法》、《社会救济法》、《未成年人保护法》、《老年人权益保障法》、《妇女权益保障法》、《选举法》等（在相关的课程学到）。

（5）公关知识。包括公共关系学、社区礼仪等（在相关的课程学到）。

三、社区工作者的基本能力要求

一个优秀的社区工作者应该具备的素质及能力是多方面的、综合性的，既包括一般的基本能力，如观察能力、理解能力、表达能力、判断能力、概括能力、记忆能力等。也包括完成特殊专业工作所必需的专业能力，如调查能力、决策能力、组织能力、协调能力，计划能力、控制能力等。从社区工作的实践需要出发，有几项能力尤为重要。

1.做好服务工作的能力

①洞察力；②组织协调能力；③人际交往能力；④应变创新能力；⑤处理矛盾和冲突的能力；⑥专业技术能力；⑦社会调查能力；⑧文字表达能力；⑨口头表达能力；⑩运用现代信息技术的能力。

2.对主体的自我完善能力

①自学能力；②自省能力；③自控能力。

3.职业能力

社区工作者应具备以下职业能力：

（1）熟悉与社区工作业务相关的法律、法规、政策和行业管理规定，掌握基本的社区工作专业知识、方法与技巧。

（2）能够与各类服务对象建立专业服务关系，对服务对象的问题做出预估，制定服务计划和服务协议，独立接案、结案并提供跟进服务；能够根据服务计划，运用专业方法和技术协助服务对象解决问题。

（3）能够熟练运用社区工作业务相关的法律、法规、政策和行业管理规定，能够综合运用各种社区工作方法，为服务对象提供专业服务，处理各类复杂问题，并对所提供的专业服务质量与效果进行评估。

（4）能够制定科学合理的工作方案和发展规划，整合、运用相关社会服务资源，拓展服务领域，保证服务质量。

子情境2　社区志愿者

能力目标

1. 能够在社区开展志愿者招募活动
2. 能够选拔出优秀的社区志愿者
3. 能够对社区志愿者进行培训

知识目标

1. 掌握社区志愿者招募的基本知识
2. 掌握社区志愿者选拔的程序
3. 掌握社区志愿者培训流程
4. 掌握社区志愿者培训方法与技巧

任务一　掌握社区志愿者的招募内容与方法

情境导入

　　重庆市沙坪坝区西永西科公寓社工站是一个专门为富士康等IT企业员工提供服务的社工服务站,该社工站位于员工们的生活小区里,因为工作的需要,工作站决定招募二十名工友志愿者协助社工站一起开展服务。于是社工站的社工小王精心设计了招募海报,贴在每栋楼的下面。一个星期过去了,只有五位工友到社工站办公室里来咨询和报名,这让小王感觉到了很大的挫败感,打击了小王的积极性。

任务描述

根据上述情境,请讨论分析以下问题:
1. 请对小王的招募方法进行评估?
2. 如何在一个陌生的社区进行志愿者招募?
3. 志愿者招募的准备工作有哪些?

任务实施

1. 按每10人为一组对全班同学进行分组。
2. 以小组为单位根据情境,展开主题讨论。
3. 各小组选派代表汇报、分享讨论结果。

任务总结

1. 教师结合情境对任务要求进行分析。
2. 教师对各小组讨论结果进行点评与讲授。

任务反思

　　志愿者的招募必须做好准备工作,在准备工作中,最重要的就是要提前进行一些抽样调查或访谈。大概了解一下社区居民们都喜欢做哪些方面的志愿者以及他们对志愿者有什么看法,意见和建议等,对能否招募到需要的志愿者数量进行一个评估,然后再设计招募的海报、宣传单等资料，最后，应选择人流量比较大的地方进行宣传和现场招募活动，可以用一些音乐或者活动来吸引社区居民的注意，然后再进行讲解和招募。

知识链接

一、招募目标的确定

常言道，不打无准备之仗。对于志愿者的招募甄选工作来讲，这句话同样正确。如果不知道组织到底需要多少人以及组织内部和外部能够提供多少人选，那么就无法确定组织要招募志愿者的数量；如果不了解服务对象的职责范围和人员要求，那么也难以找到能够满足需要的人选。做好招募工作，将为组织顺利开展志愿者甄选聘用奠定坚实的基础。

确定招募目标之前要研究和弄清"为什么要使用志愿者"。这个问题非常重要，因为它决定下列问题：服务对象需要哪些帮助，需要为志愿者设计和创造什么样的工作机会，如何确定志愿者的责任。而对这些问题的回答恰恰是志愿组织确定志愿者招募类型的依据。

要回答上述问题，首先需要进行评估，明确服务对象和志愿者希望从志愿项目中得到什么。

1.评估服务对象的需要

策划志愿服务，除配合组织的宗旨和使命来做计划，更重要的是应先确认"为何"及"为谁"来提供服务。志愿组织的管理者必须对服务对象的需求有根本的了解：他们需要什么，不喜欢什么。另外，还必须明确参与志愿者的需求，这对于避免麻烦是非常重要的。对于需求的评估会使志愿组织的管理者明白服务对象和志愿者希望从项目中得到什么和他们的利益所在。

一个好的评估会提高志愿组织员工、志愿者、可能的服务对象之间以及社区成员之间的相互了解。通过评估，志愿组织可以对志愿者和服务对象有更多的了解，有时可以对整个社区的需求有一个全面的了解，从而根据服务区域内服务对象的问题或需求所在，依问题性质的不同，策划符合需要的志愿服务类别及实践方法，以真正切合服务对象的需要。

2.划定志愿者岗位

志愿者岗位的设定必须与目标及项目计划相协调，必须使志愿组织和志愿者以及服务对象都受益，从而使招募目标与服务要求相配合，以达到最佳效果。否则，志愿项目会把参与者引入他们不情愿的方向。划定不同的工作范畴，构思志愿者的工作范围，订立招募所需的条件及人数，这一步在招募的准备阶段非常重要，合理的分工将使不同类型、不同方向的志愿者分流，进而找到自己真正适合的岗位。

在划定具体工作范畴，确定招募方向的过程中，有下列因素必须考虑：志愿活动中需要协调各种要素和风格；活动必须为参与者提供巨大的机会；活动必须具有弹性，以满足不同个人和群体的需求；活动必须为参与者提供各种经验。

志愿组织对于工作类型的选择和确定非常重要，因为类型不同，目标、活动方式选择、资源配置、志愿者与项目关系的定位就不一样。表3-1是对不同性质的服务及志愿者在其中角色的一个简单列举和基本分析。

表3-1　志愿服务的相关范畴

服务性质	志愿者角色
助理	很多机构均欢迎和需要志愿者为他们担任部分日常文书工作，如打字、书信整理、图书管理、翻译等
扶贫支教	服务对象通常是一些青少年，志愿者深入偏远山区，在中学担任任课教师
义务劳动	任何涉及运用体力的志愿者服务都属于这类活动，其服务对象包括社会福利机构，需要援助的小区、社区和协助家居清洁及维修等工作
心理咨询	志愿者与成长中的儿童或青少年接触，替他们建立良好的榜样，使其身心获得适当的辅导和发展
社会调查	通常是实地为机构搜集所需的资料，范围多为社会环境方面，但也有为机构编排已有的数据或档案的工作
会务接待	不少机构在筹办活动时需要人手协助联络，以使计划能按期举行，而在正式举行期间，更需要人手接待以便活动程序能顺利进行
策划大型活动	该类活动通常均为综合晚会、游艺会或志愿服务计划，规模较大
专业服务	在筹办活动和提供服务的过程中，志愿者提供专业知识可有助于提高服务的质量，如参与医疗义务工作协会，给伤残人士制作合适的康复用具；以顾问身份给服务机构或对象提供需要的专业知识，如涉及计算机程序、影音制作方面等

（资料来源：香港义务工作发展局）

而目前，中国志愿服务的主要领域有三个：环境保护、社会服务和大型活动。我们可以通过三个具体的个案看到志愿者在这几个领域是如何发挥自身作用的。

（个案一）环境保护——中国青年志愿者

1995年6月5日"世界环境日"，全国21万铁路青年志愿者统一行动，在京广、京沪、京哈、陇海四大干线上的500多个车站，拉开了大规模清理"白色垃圾"活动的序幕。在4万多千米的铁道线上，已形成了3 000余个责任承包污染严重区段，每年都有上百万人次的铁路青年志愿者参加保护活动，铁路沿线的"白色垃圾"得到了一定程度的遏制，产生了明显的社会效益。

（个案二）社会服务——浦东新区社区服务行业协会

浦东新区社区服务行业协会成立于1993年8月，是一个接受浦东新区社会发展局民政处委托、直接承担浦东新区社区服务行业业务管理的社团。由于志愿服务是社区服务的一个重要组成部分，在推动和发展浦东新区社区服务的同时，新区社区服务行业协会成为浦东最早的志愿服务倡导和管理机构。社区服务行业协会的工作成果主要表现在以下几个方面：

（1）在短短几年内，指导和帮助街道办事处和居委会建立了浦东新区第一批社区服务项目和社区服务机构。这些机构、服务项目和服务网点，遍布新区、街道、镇和居委会三个层面，成为20世纪90年代能够长期吸纳居民志愿服务资源的最重要的载体。这些服务实体包括：306个居委会老年活动室和社区服务分中心，474个社区服务网点，12个街道敬老院，10个街道社区服务中心，一条24小时全天候服务的市民生活求助热线"58601999"和与"999"联网的街道社区服务热线网络。

（2）在短短几年时间内，在协会的指导和推动下，在遍布浦东城区地域的三百多个居民委员会中建立了有几万群众广泛而持续志愿参与的社区服务队伍。这支队伍是20世纪90年代浦东新区志愿者队伍最主要、最核心、最有价值的组成部分，他们在浦东新区文明小区的建设中发挥了多方面的不可替代的作用。

（3）在行业协会的支持下，以"999"市民求助热线服务项目为基础，成立了超出小区邻里互助层面的、有几十名志愿者为骨干的共100多位应急志愿者组成的队伍，他们的贡献使得"999"热线得以运转，保证了对居民提供随叫随到服务，为居民解决日常的急事、难事增加了一个好帮手。

（4）对街道社区服务中心和其他所有社区服务实体和社区服务项目进行业务指导，督促开展以项目为依托，以志愿者服务为主或者为辅的社区服务常设项目，形成了1 000多人参与的社区服务网点志愿者队伍。

（5）督促和指导居委会和街道办事处开展定期、定点的大型社区志愿服务活动，并且进行了相应的业务指导和业务检查培训。

（个案三）大型活动——北京志愿者协会

北京志愿者协会在组织志愿者为大型活动提供服务方面具有光荣传统，先后为第十一届亚运会、第七全运会、第三届远南残疾人运动会、第四届世界妇女大会、新中国成立50周年庆典、迎接港澳回归、迎接新世纪、北京申奥、第二十一届世界大学生运动会、雅典奥运会乒乓球预选赛亚洲赛区、2004年亚洲杯足球赛、第三届APEC青年科学节、2004年中国网球公开赛、2004年迎接奥运火炬进京、2008年残奥会会徽发布仪式暨2004年北京奥林匹克文化节闭幕式以及为北京市第一次全国经济普查、北京市青少年科博会、第三届国际少儿艺术大展、六一国际儿童节等提供了热情、周到、高效的志愿服务，受到了海内外的广泛赞誉。尤其是在第二十一届大运会志愿服务活动中，4万名彩虹志愿者为世界各国运动员提供了具有国际水准的七种专业化志愿服务，得到有关领导和社会各界及广大运动员的一致好评，成为大运会上"一道亮丽的风景线"。

（资料来源：丁元竹，江汛清.志愿活动研究：类型、评价与管理.天津：天津人民出版社，2001.）

二、确定潜在群体

确定招募目标之后，接下来的工作便是要确定潜在群体。这一步尤为必要，通过市场细分、角色划分以及保证参与等环节，将能实现招募工作的有的放矢。

1. 市场细分，找到愿意参与的志愿者群体

吸收和使用具有才华的志愿者是成功的志愿组织得以脱颖而出的优势之一。人口特质的转变、价值观的重塑、时间的投入等，都表明志愿组织必须以吸引杰出志愿者为首要任务。

志愿组织和一般社会团体一样，由于参与的志愿者具有一定的特质，因而形成一个特有的市场。典型的志愿者市场细分可以根据下列标志划分：

——人口基本资料（年龄、性别）
——地理细分（地理位置，可能反映出相关社会因素）
——族群特质（种族、文化）

利用这些信息可以确保供需之间的平衡。举例而言，如果要为弃婴寻找收养家庭，根据相关人口特质资料，就可较为准确地锁定年纪稍长、可能具有更多爱心与养育经验的祖父母级的对象。根据地缘因素，可以从市区外招募新成立服务单位的志愿者或者组织，也可依照族群特质，达到照顾弱势儿童并使其及早适应学前教育需求的目的。

志愿服务是由志愿者及机构人士积极推动的。是否能够有效地吸引志愿者及其他有关人士的参与，还与任用志愿者及志愿者的参与动机有直接的关系。如能深入探究他们参与志愿服务工作的动机及原因，那么就能针对招募对象的个别情况和需要，选择更有效的沟通及宣传方法。

以下总括出一些原因仅作参考，见表3-2。

表3-2　志愿者的动机分析

参与志愿工作的动机	不愿参与志愿工作的动机
1.帮助有需要的人，响应社会需要	1.没有空余时间参与
2.参与改善社会问题	2.自我中心，对其他人和事不感兴趣
3.尽公民责任，回馈社会	3.对没有酬劳的工作不感兴趣
4.希望发挥一己之长	4.认为做志愿者的意义不大
5.感觉自己的存在价值	5.不知道怎样参与志愿工作
6.学习新技能	6.对志愿服务缺乏认识
7.善用余暇	7.认为志愿服务是某些热心人的活动
8.扩展社交圈子	8.认为志愿服务是消闲玩意
9.取得他人的认可及群体位置	9.没有信心去应付工作及服务技能
10.丰富经验，自我成长	10.志愿服务的种类不适合自己选择
11.培养组织能力及领导才能	11.认为志愿者是廉价劳工，没地位
12.寻求新刺激及拓宽生活体验	12.工作太投入会影响学业、家庭生活
13.丰富自己的个人履历记录	13.没有得到家人或朋友的支持
14.为未来升学或工作做准备	14.害怕接触一些悲伤或困苦的人和事
15.赢取机构的嘉许和奖励	15.害怕别人误会自己爱出风头

（资料来源：香港义务工作发展局）

2.角色划分，考虑志愿者愿意参与的形式

除此之外，招募志愿者时，应聘人员对自己要在组织中扮演的角色的认知也是评估的重点。凯瑟琳·海德里希提出了志愿者自己认定的四种角色。由于志愿组织从业人员的参与程度各有不同，他们各自的需求与兴趣以及各自的个性特质也就不同。招募的志愿者所需发挥的功能需要与组织设定的期望达到平衡，组织的运作才可能更加顺利。

（1）领导者。根据现有的研究结论，在企业人们意外地发现，许多被调查的应聘者都想从事领导者的工作。然而，根据多年的经验观察，具有从事领导工作兴趣和能力的志愿者少之又少，其差异之大实在出乎人们的意料。

虽然如此，还是有两点具有一定的共性：一般而言，与几年前相比，志愿者的时间少了许多，因此他们对心无所属的工作没有兴趣。相对地，真正富有创造性的、有实质成效的工作内容才是他们的兴趣所在。已有许多较年轻的人担任了志愿者领袖的职位，他们可能已经转到企业或其他领域发展，而志愿者的经历是他们有益的经验。海德里希认为志愿者有兴趣从事的领导岗位包括业务主管、理事、委员会主席、项目负责人以及募款人员。

（2）直接服务。提供直接服务与担任志愿者领袖不同，它的优势在于直接接触目标群体，并从帮助对方并使其受益中获得成就感。比如某一个企业人士志愿为盲人阅读书报，某一位律师每周抽出一个晚上为残疾儿童服务，都属于这一类直接服务的志愿者。

（3）一般支持。有些人愿意提供的既非志愿者领导，也不是直接服务的辅助性工作。他们可能在某些项目中协助电话沟通、文书处理、跑腿、打扫卫生、维护楼层与环境清洁等。

（4）赞助会员。赞助会员愿意从外围提供方便性的服务，随机行事，但是并不愿意从事持续的经常服务。

3.保证参与，推动志愿者乐于参与的技巧

正如前文所述，志愿者的动机是志愿者参与志愿服务的直接原因，也是志愿服务活动组织者在吸引志愿者时所应考虑的重要方面。那么，如何增加志愿者参与志愿服务的原动力呢？以下通过列举的方式为社区管理师们提供一些方向。

志愿者的工作性质，应符合志愿者本身的兴趣、需要及期望而作出适当的安排；服务安排除给予志愿者发挥自我潜能外，强调服务的价值和意义也同等重要。

应尊重志愿者自己的意愿，在没有压力或负疚感的情况下，让他们贡献自己有限的时间和精力；应协助志愿者从经验中作出反省、检讨及制定进一步的目标，以便加强他们对服务的成功感及对未来工作的投入欲，进而鼓励他们继续参与。

从服务经验中，如能有多些机会发挥、学习新技能、面对新挑战，自会提高志愿者的满足感及增强其参与动机；应提供志愿者们一些适当的训练及成长机会，好让他们有动机继续参与，发挥所长。

志愿服务也是一项工作，应让志愿者知道其工作岗位的重要性，须严谨地担负应有的工作责任心及使命感；一些来自各方面的支持系统，如受助者、志愿者同伴、组织者、机构和其他社区组织等对志愿者的认同与赞许，相信也是维系志愿者参与的有效原动力。

当实际考虑情况及落实执行时，需要视志愿者的需要及在机构所能提供的有限资源下，作出弹性的处理及改善。人与人之间的关系、工作上的默契、部门之间的协调，往往很容易因缺乏沟通而产生摩擦与冲突，造成推展服务的障碍。但可以肯定的是，志愿者与组织者如能够清晰地了解彼此的期望、角色与责任，积极地开展志愿服务工作，相信这会是一项既有意义、又不困难的工作。

三、招募前的准备工作

在正式招募之前，应该要做好基本物资、人员装备以及流程安排等方面的准备工作。

1.基本物资及人员装备

基本装备和完善的考虑能保证招募及时、顺利进行，一个完整的基本物资及人员装备包括以下内容：

（1）人员需求清单。包括招募的工作方向、志愿者人数、应聘资格要求等内容，可根据志愿项目计划书进行确定。

（2）招募信息发布的时间和渠道。即确定在什么时间、通过什么方式发布招募信息，以获取最大的效果。一般来说，志愿组织会选用内部公告、招募公告等方式来发布信息。内部公告是一种内部信息发布渠道，主要面向组织内部的员工。这种方式针对性强、信息反馈速度快、花费较少，但只适合于少量应急志愿者的选聘。以招募公告为主导的外部信息发布渠道覆盖面广，能吸引大量的志愿者，但成本较高、所需时间也较长，而且不同的宣传方式也各有优势和不足。

（3）招募工作组人选。包括小组人员姓名、职务、各自的职责。招募工作组的人员结构要合理，一般包括该志愿项目负责人、各部门主管或本部门专业技术人员，必要时可要求高级管理人员参加。

（4）应聘者的考核方案。包括考核的场所、大体时间、考核题目等，为筛选、评价优秀志愿者做好准备。

（5）工作时间表。设计招募及面试的日程，并制定志愿者的工作时间表，分析志愿者将会参与的途径、形式、程序、性质与期限；截止日期一定要明确，使组织不至于在招募结束后很长一段时间内还收到许多应聘材料。要求组织、各部门在此之前做好迎接新志愿者具体工作安排准备。时间表应该尽可能详细，以便于他人配合。

（6）招募费用预算。包括资料费、宣传费、场地费用等。部门须存放少量现金，以支付志愿者进行服务时的开支及应付不时之需。

（7）招募公告样稿。招募公告要完整、合法，又表述清楚。

（8）一般的行政工作。安排舒适清洁的环境，器材需设备齐全。商讨并安排志愿者的工作地点，按实际的需要订购服装、帽子、胸卡，如有需要则要安排交通接送服务等。

2.工作流程及分工表

招募工作的策划者还必须使用顺序方式，列出各阶段所需执行的工作，订立招募工作进程分工表，并须不断监察工作的进度，并在有需要时作出调节和转变。至于活动当日的安排，对于具体的内容程序和协调大量志愿者的活动，也需要一个妥善的工作流程和分工表（表3-3，表3-4），来明确地列出当日要执行的各项工作，并估计每项工作所需人手和执行工作的时间。在安排人手分工时，须按工作性质的要求，并配合志愿者的专才和能力，适当地安排工作。再者，每部分的工作细项须授权组长负责协调和统筹安排，组长可由工作人员或富有经验的志愿者担任。

表3-3 工作进程分工参考表

工作项目	计划筹备时段				负责人
	第一周	第二周	第三周	第四周	
确定招募目标及计划	—				李
基本物资准备	—				陈
活动宣传	—	—	—	—	陈
参加者报名工作		—	—	—	陈
志愿者报名表筛选		—	—		张
面视			—	—	李
分配志愿者工作				—	张
志愿者培训				—	李
正式活动				—	李
志愿者评优表彰				—	张

表3-4 当日工作流程分工参考表

时间	工作事项	工作内容	工作人员	负责组长	物资预备
12:00	场地布置	挂横幅，贴海报，挂气球，接待处，指示牌，试音响……	A, B, C	B	横幅，海报，气球，桌椅……
	表演彩排	ABC合唱团，话剧小组，司仪彩排……	D, E, F	D	道具……
14:00	清场	清理场地及各项工作就绪	A, B, C	B	
14:15	接待工作	主嘉宾题名及戴胸花	A	B	题名册，嘉宾胸花，入座指标……
		其他嘉宾戴嘉宾牌	B		
		带领其他参加者入座	C, G		
14:30	活动正式开始	司仪宣布及介绍活动	H	D	司仪稿……

（资料来源：香港义务工作发展局）

四、招募方案实施与推广

唯有在硬件与软件等各方面进行细致准备之后，方可正式启动招募。在招募方案的实施与推广阶段，行之有效的宣传、选取恰当的招募方法以及及时的评估是最重要的环节。

1. 招募信息的发布

招募正式启动以后，就要开始宣传，以使有意参与活动的潜在志愿者们能够对活动进行基本了解并参与报名。在媒体上刊登招募公告是被志愿组织广泛使用的获取志愿者的重要渠道，好的公告是一种很有效的招募手段，要撰写出一个内容丰富、信息有效的招募公告需要注意以下几个问题：

确定招募公告内容

招募公告的内容主要包括以下几部分：

（1）简单介绍志愿组织情况。在招募公告中应该以简洁的语言突出组织最具有特色和吸引力的内容，在公告中最好能突出组织的标识，并提供组织的网址，以便让看到公告的人浏览组织的网页以获取更进一步的信息。

（2）详细介绍工作情况。招募公告中对工作的介绍通常包括工作性质、所属部门、主要工作职责、任职资格要求等。起草招募公告时参考一下志愿项目计划书会比较有帮助，但要注意的是招募公告中的工作情况介绍应该从对方的角度出发，以对方能够理解和感兴趣为标准，切不可照搬项目计划书。

（3）明确应聘者需准备的材料。在招募公告中应该注明应聘者应准备哪些材料，例如简历、各种证书复印件、身份证复印件、照片等以及提供户口所在地等其他个人信息。具体需要哪些信息视不同志愿项目而定。

（4）注明应聘方式和联系方式。应聘方式大多采用将简历和应聘材料通过信件、电子邮件、传真发送到志愿组织的方式，因此需要提供组织的通信地址、传真号码或者电子邮件地址，如果需要的话还可以提供电话号码供应聘者查询。另外，还应该提供应聘的时间范围或截止日期。

撰写要求

撰写招募公告时还需把握以下几点：

（1）保证真实合法。这是编写招募公告的首要原则，志愿组织必须保证招募公告内容客观、真实，否则要为虚假公告承担法律责任，公告中所涉及的对志愿者的劳动合同、待遇、安全保障、福利政策等必须兑现。

（2）要求简洁明了。公告的编写要明确、简单及明晰，重点突出岗位职责、任职资格和联系方式。

（3）应与宣传目标配合，与宣传对象选取配合，使其具价值意义，具有吸引力及推动力。

（4）对现有资源的考虑，不要超出志愿组织的能力范围。

扩展宣传及招募活动

在前期工作一切准备就绪后，应视活动大小选择宣传规模与具体招募方式，在有必要时进一步扩展宣传及招募活动。如设计具活动特色的标语及徽号、制作海报及宣传单张等做广泛宣传；撰写宣传稿及制作宣传品，透过各种渠道，如墙报设计、通讯栏、快讯、志愿者通告等做宣传；邀请有关专家作讲座，以吸引志愿者参加；或由组织中员工协助推荐及鼓励合适对象参加等（表3-5）。

表3-5 推广服务的宣传方法

宣传工具	优点	缺点
报刊/电视/电台	能于短时间内广泛地将信息传递给各层面人士；能简明扼要地突出重点；可以运用不同的表达及设计效果，如色彩、声音、故事等手法将信息传递；具吸引力及说服力	因宣传局限于某一时段而限制了传递的内容；不能控制特定的宣传对象能接收到信息；如要达至最佳效果，制作费用会比较昂贵；若是得到赞助或免费提供宣传，时间和空间可能受到对方限制
海报/宣传单张	可给人留存或作长期的宣传作用；能记载详细内容；能直接向宣传对象宣传，如可通过邮寄、电邮或张贴于宣传对象经常出没的地点等；能以特别的设计效果吸引宣传对象，如彩色印刷、巨型大海报等	吸引性只能维持于短时间；须人手派发、张贴或邮寄；必须配合潮流及创新意念作吸引；受地域限制；如需达至最佳效果，制作费用将十分昂贵，如彩色印刷、制作巨型海报等
讲座	直接讲授；同一时间能向特定的宣传对象传递信息；能见到实时反映及听取意见；邀请专业讲者讲授，有助于参加者掌握服务技巧	限定宣传人数；人数越多，演讲形式越偏单向性；须租用合适的场地，要有合适的座位数目、配套设施等；有关费用亦会提高负担，如特约讲员费用
举办志愿者招募周	集中资源及时间进行宣传；有充足时间宣传并予以考虑报名时间；实时办理登记志愿者及面试手续	预备时间长；需要投入大量时间宣传达至较佳效果；可能阻碍报名的热忱
运用互联网及电子邮件	传送快速；传送过程成本低；可以一次传送给大量宣传对象；详列服务性质、内容及交流志愿服务心得	如电邮地址输入错误或有关电子邮箱服务停止，不能传递信息；受制于收件人是否会读取邮件；需要经常更新网页内容
展览板/墙报板	可摆放不同地点；可重复使用；可详列具体内容；色彩、文字可多变化	受到区域限制，未必有足够的空间摆放；须支付租借场地及运输费用；设计形式须创新；走过的路人未必是宣传对象；不能灵活变更数据内容
人传人介绍	具说服力，尤其是在朋友之间影响力较大；成本低	不能保证传播内容是否全面，甚至过程中容易有误传；不能控制或确实信息是否传达至特定宣传对象
通讯栏/专讯	能传至特定的对象；能掌握宣传时间以便早做预备；可传阅及随时翻阅；成本低	信息受篇幅限制；要预先供稿；不能灵活变更活动内容
开放日/服务参观	同一时间可向公众宣传；让人亲身了解结构工作内容及环境；可用多元化的活动形式作介绍	只限一至两天时间宣传；预备工作及资源投入很多，并需要周详的安排；参加者未必是宣传对象

（资料来源：香港义务工作发展局）

2.招募方式

志愿者招募是一个寻找能够满足组织和服务对象需求的志愿者的过程，这些人员被志愿组织设定的岗位所吸引，愿意参与志愿组织设定的工作。招募的关键是把志愿者的需求与志愿组织的需求有机结合起来，通过志愿者的参与实现志愿组织和志愿项目的目标，同时在这个过程中实现志愿者的个人目标，并发挥其最大潜能。因此，志愿者招募要遵循以下两条基本原则：首先，在一定机构范围内，根据可能性广泛思考志愿者的可能使用情况，然后根据信息和招募志愿者的方法缩小寻找空间；其次，提供吸引人的岗位，用富有弹性的工作和实践构架完成招募任务。

在招募过程中，志愿组织一般会遇到两种不同类型的问题：一种是新的志愿人员管理者普遍担心招募不到足够的志愿者；另外一种是非常难以捉摸也非常普遍的问题，就是难以招募到合适的志愿者，经常的情况是，应聘者往往不符合项目需要或组织的目标。所以看一个招募活动是否成功要看是否招募到合适的志愿者。志愿者招募可以形容为一个"漏斗"，通过一定程序在社区或若干应聘者中选择最适合组织目标和项目目标的志愿人员，通过这个"漏斗"进行筛选通常有两种不同的方式：

第一种是招募岗位简单、技术性不强的志愿者，这种志愿岗位可以由大部分人做，没有特殊的技术要求，或者经过简单训练就可以胜任工作，具体招募方式如下：

（1）散发机构宣传品、张贴招募启事。
（2）利用大众传媒——电视、广播、报纸和公告。组织社区成员开会宣传。
（3）口头宣传。

第二种是目标招募。这种志愿者需要一定的技能，不是任何人都能胜任的。因此在开展此类招募时，志愿组织管理者必须首先考虑周详如下问题：

（1）这种岗位需要什么样的志愿者？
（2）有什么特殊的技能需求？
（3）什么样的人愿意承担这样的志愿工作？
（4）在什么地方可以招募到这样的志愿者？
（5）志愿组织如何与这样的志愿者沟通？
（6）这样的志愿者需要什么样的激励机制？

志愿组织管理者须对上述问题集思广益和咨询各方意见后，选择合适的宣传方式，发掘有潜质的志愿者。

青年志愿者扶贫接力计划是以公开招募、定期轮换的方式组织青年志愿者到贫困地区从事一年至两年教育、科技、医疗等方面的志愿服务。服务期满后，由下批志愿者接替其工作，形成接力机制。它既是深化青年志愿者行动的有益探索，又是一种全新的扶贫方式。根据团中央的统一部署，重庆市于1999年8月启动实施了重庆市青年志愿者扶贫接力计划城口项目，首批12名青年志愿者不辱使命，努力工作，真正服务了城口人民渴望知识、科技致富的需要，收到了良好的社会反响。

2000年，按照中央扶贫开发工作会议及"中国青年志愿者扶贫接力计划电视电话会议"精神，根据团中央、教育部、卫生部、农业部有关文件要求，团市委、市教委、市卫生局、市农业局联合实施了重庆市第二轮青年志愿者扶贫接力计划。

第二轮青年志愿者扶贫接力计划招募工作自2000年7月中旬向社会实施公开招募以来，受到社会各界的广泛关注和广大青年的热烈响应。广大青年普遍认为，参与青年志愿者扶贫接力计划是青年将自己的所学所能奉献于社会、为贫困地区脱贫致富做一点实在贡献的有效途径，是锻炼自我、体验艰苦、经受磨炼、实现人生价值的有益尝试。几乎所有报名咨询的同志都有一个共同的心愿，就是希望给他们一次机会，服务山区的扶贫开发事业。

早在2000年5月中旬《重庆日报》、《重庆晚报》、《重庆晨报》、《重庆商报》、《重庆经济报》等新闻媒体对第一批青年志愿者在城口的工作情况进行报道以来，重庆团市委青年志愿者协会就陆续接到了来自各地的报名咨询电话，尤其是7月中旬首批青年志愿者载誉归来的消息和第二批青年志愿者招募启事登载以后，四家主办单位的志愿者招募办公室报名咨询电话更是接连不断。报名工作持续了一个月，仅团市委招募办公室就接到咨询电话800多个，正式登记报名应募者有160多人，他们中有的来自重庆各区县，有的来自湖南、湖北、四川、甘肃、广东、北京、河北等其他省市。有的是中小学教师、机关干部，有的是医生、农艺师、公司职员，年龄最小的19岁，最大的74岁，其中大专以上学历占98%，硕士研究生2名，在职青年应募者占57%，部分还是第二次应募者。

第二轮志愿者的招募在重视社会招募、全面扩大社会影响的基础上加大了组织招募力度。在招募之初，重庆团市委和市教委、市卫生局、市农业局四家单位共同成立了以分管领导挂帅的重庆市青年志愿者扶贫接力计划领导小组，就志愿者的招募条件、福利待遇、政策保障等分别出台了相关文件，鼓励广大青年积极参与志愿扶贫工作，从政策上保障了青年志愿者的积极性。在确保选出高质量、高水平的青年志愿者的同时也为青年志愿者到城口工作解除了后顾之忧。

在招募过程中，招募办公室热情接待每一位咨询者、报名者，耐心细致地向他们介绍有关志愿服务的相关政策和规定，认真听取他们对志愿服务的认识。经过考查、筛选，重庆最终选拔了23名青年志愿者，组成了第二批重庆青年志愿者扶贫接力计划城口项目服务队。重庆市青年志愿者协会还对他们进行了必要的培训。与1999年相比，第二批青年志愿者人数更多，志愿者的学历更高，工作经验更丰富。23名志愿者中大专13名、本科8名、硕士2名；具有中级以上职称的14名；有多年工作经验的11名。第二批青年志愿者服务领域更广，在首批支教的基础上又拓展了支医、支农、支企等服务领域。

在这批志愿者中，14名支教青年志愿者来自市区中小学，有的执教多年，有的刚从师范院校毕业，他们将主要从事山区中学的语文、数学、外语教学，可极大地缓解城口县中学主课教师短缺的困难；5名支医青年志愿者均是具有丰富临床经验的主治医师，在城口，他们除了给山区人民治病防疫，还将通过培训等方式提高山区义务工作人员的医疗水平；3名支农青年志愿者，分别来自市作物研究所、市畜牧研究所和市茶叶科学研究所，他们将对城口的高寒作物栽培、山羊、肉牛养殖、茶叶精制与包装等方面进行科学指导；1名支企青年志愿者是来自重庆大学机械学院的硕士研究生，他将在城口的重点工程羊耳坝水电站从事技术志愿服务。

第二轮青年志愿者扶贫接力计划城口项目继续得到重庆跨越集团股份有限公司的支持，重庆市知名民营企业重庆协信实业集团有限公司也对青年志愿者行动伸出了援助之手，使第二轮青年志愿者扶贫接力计划的前期工作得到必要的资金保证。

（资料来源：丁元竹，江汛清. 志愿活动研究：类型、评价与管理. 天津：天津人民出版社，2001.）

3. 及时对招募效果进行评估

招募是整个志愿者甄选录用工作的重要组成部分，组织者有必要对招募工作的效果进行评估。对招募效果进行评估，有利于志愿组织节省成本，有利于检验招募计划的有效情况，有利于促进选聘工作的质量改进。

对招募效果进行评估

组织者应该从应聘者、招募成本和招募部门工作等多方面进行评估。招募效果评估主要涉及以下方面：

（1）应聘者数量。由于一个招募计划目的是引来大量可供选择的申请人。因此，申请人数量应作为评价招募工作的基础。应考核申请人的数量是否足以填满全部工作空缺。

（2）应聘者质量。除了应聘者数量以外，另一个应关注的事项是应聘者中符合工作规范要求者是否足以填满岗位空缺，应聘者的质量比数量更加重要。

（3）工作水平。负责招募的人员是否花时间与其他部门一起讨论他们对应聘人员的要求。合格的招募人员会花相当多的时间来了解服务对象的情况，同时，用人部门应该明确提出本部门所需要志愿服务的关键技能和条件。

（4）反应速度。真正高效的招募部门应该了解其他志愿组织并随时拥有各种志愿者的资料。这就需要组织内部各部门在平时就注意搜集各种信息。

（5）能否及时安排面试。当今志愿服务领域的竞争异常激烈，许多志愿者常常在很短的时间内就要决定选择哪项具体的志愿活动。如果总是推迟面试，会使应聘者觉得自己并不是组织关注的人选，也会使招募人员觉得自己的工作没有受到重视。

建立志愿者招募的长期系统

组织者不能将眼光仅仅局限于某一次的短期招募上，而应该开拓志愿服务领域，订立较长远的服务计划及组织经常性的服务，加强志愿者的参与和维系他们的延续性，制订清晰的工作方向，建立招募志愿者的系统和完善档案，从而使以后的招募工作变得更为便利。

招募小技巧

清晰服务目标及志愿者工作期望。

分析服务所需的专长、技能、经验。

清楚定立志愿者工作职责说明。

整合所需志愿者具备的条件和数量。

采取富吸引力、简单直接及有说服力的宣传方法及推广技巧。

预备清晰简略介绍服务目标的数据及志愿者参与服务的价值分析。

预备一套周详的跟进工作计划。

任务二 掌握社区志愿者的选拔流程与方法

情境导入

经过总结经验后，小王改进了招募方法，现场招募到了二十余名工友志愿者，这些志愿者都对志愿服务表示出了极高的热情，都愿意成为社工站的志愿者，都愿意在有空的时候到社工站来服务。于是，小王把这些工友志愿者进行了分组，并且设立组长、副组长等志愿者职位。第三天，小王就带领志愿者们到了附近的养老院进行慰问和表演服务。志愿服务完后，小王准备下周再带领大家在生活小区进行环保宣传和清洁打扫活动，结果只有三名志愿者报名参加，其他志愿者大多数都不想再参加类似的活动了，他们表示自己还有其他事情要去做。

任务描述

根据上述情境,请讨论分析以下问题:
1. 请讨论并分析志愿者大幅度减少的原因?
2. 在招募志愿者时是否需要选拔?
3. 如何进行志愿者的选拔?

任务实施

1. 按每10人为一组对全班同学进行分组。
2. 以小组为单位根据情境,展开主题讨论。
3. 各小组选派代表汇报、分享讨论结果。

任务总结

1. 教师结合情境对任务要求进行分析。
2. 教师对各小组讨论结果进行点评与讲授。

任务反思

通常在招募志愿者时,会有很多人报名参加,但真正需要志愿者牺牲自己的空余时间去做公益服务时,很多人不会参加,导致志愿者数量大幅度下降。如果我们在招募的时候,进行严格、认真的选拔,就可以在一开始的时候就排除那些并无心做志愿者的人,可以大大节约成本和提高志愿者使用率。经过面试、提问等选拔的程序,也让志愿者更加重视这份工作,能从心理上让职员们知道,并不是每个人都有机会能够成为志愿者的,这会让志愿者们更加珍惜这份志愿工作,提高志愿者对志愿行动的认同。

知识链接

当公布招募公告以后,也许会有很多人积极报名想要参加志愿活动,但并非所有的应聘者都有机会获得参与服务的机会。对于志愿组织而言,应该要对那些应聘者做适当筛选,选拔出最合适的志愿者。

一、挑选合适的志愿者

志愿组织只有挑选出合适的志愿者，才能满足具体服务对象的不同需求，从而使具有不同特长的志愿者发挥出自身优势，而对志愿者进行筛选的主要方式就是面试。

1.做好面试的准备工作

面试是管理者与应聘者进行有目的的、面对面的、双方互动式的信息交流过程。面试的过程是面试官和应聘者的双向判断评价的过程，为了保证面试的顺利进行，并让应聘者心目中形成对组织的良好印象，管理者必须做好以下工作：

选择面试官

这是决定面试成败的关键之一，面试官必须具备以下条件：

（1）应具有广博的学识。既要有较深厚的专业知识，又要熟悉各类相关学科和交叉学科知识。面试官必须是一个专业上的通才，起码在面试的小组中，面试官的知识结构不应有缺口。

（2）必须具备良好的个人品格和修养，必须有公正、公平、客观的品质。

（3）能倾听与自己不同的意见，并给予客观的评价。

（4）丰富的社会经验。由于在面试评价过程中，定性评价往往多于定量评价，要求面试官具有丰富的社会工作经验，能借助于工作经验的直觉来正确评判应聘者。

（5）熟练的掌握面试技巧。面对各类应聘者，能熟练运用各种面试技巧，控制面试的进程。在面试过程中，主面试官应能察觉出面试对象心理上的变化，如恐惧、焦虑等，妥善疏解面试对象的紧张，制造轻松的气氛，同时应具备某种过程驾驭能力，使面试主题和进度控制在组织的要求范围之内。

（6）公正的态度。能公正、客观地评价应聘者，不受应聘者的外表、性格或背景等各项主观感受的影响。

（7）了解组织的状况。面试官必须接受相关知识的培训，了解组织状况及职位要求，这样才能帮助组织选出真正需要的人才。

对应聘者进行初步筛选

初步筛选就是要以招募计划中的工作分析和服务要求为标准，阅读所有收集到的应聘者的申请材料，选择符合志愿服务要求的应聘者。管理者在操作中要做好以下工作：

（1）全面利用应聘者资料中所包含的信息。这些资料包括应聘者准备的申请信或履历表，和志愿组织预先印制好的由应聘者所填写的登记表。一般来说，应聘者提供的申请信和履历表比仅仅让应聘者填写一份预先准备好的表格，能提供更多的信息，而且通过阅读应聘者的背景材料，招募小组成员一般就能够对应聘者作出初步的判断。

（2）核查应聘者材料信息。组织者如果发现应聘者材料中有含糊不清或自相矛盾的地方，应仔细辨别并去伪存真，而对于在材料中反映出来的应聘者的其他才能，如文艺特长、文笔流畅等，应该予以重视。

（3）分析应聘者材料中的隐含信息。应聘者的年龄、性别、教育程度、职业资格证书、接受培训情况、特殊技能、健康状况、兴趣爱好等以及应聘者自我陈述中所包含的信息。

（4）通知合适的志愿者。与通过初步筛选的志愿者建立联系，并根据双方要求确定面试的时间、地点；给在初步筛选中被淘汰的应聘者写信表达歉意以及感谢，这样可以体现组织对应聘者的尊重。

初步筛选只是把符合组织要求的应聘者挑选出来，而不是去寻找最符合组织要求的、最优秀的志愿者。筛选的标准通常有：完成工作需要的才能、教育文凭、工作经历等。总之，对应聘者进行初步筛选可以把那些明显不符合要求的应聘者提前排除，提高志愿者选拔工作的效率。

确定面试方式

一般来说，面试方式的安排，应视组织规模的大小、组织的结构以及应聘岗位的性质等因素而定。如进行一般规模志愿活动或普通志愿者招募时采用个人面试；高级专业志愿者招募则多采用组合式面试方法。

设计面试评价量表和面试问话提纲

面试评价量表由若干评价要素构成，它是面试过程中面试者现场评价和记录应聘者各项要素优劣程度的工具，它应能反映出工作岗位对人员素质的要求。在设计此表时，要注意评价要素必须可以通过面试技巧进行评价。

面试问话提纲要根据所选择的评价要素以及具备从不同侧面了解应聘者的背景信息的功能要求来设计。

面试场地和时间选取

面试双方应提前约好时间，双方都应为面试留有充足时间以确保面试有效进行。

面试的场地在通常情况下是在组织的会客室或会议室。有时对于高级管理人才或高级专业人才，不妨邀请其在一个相对独立的环境里进行沟通。例如个人面试可选取较小空间，而小组面试则要有较大空间。面试场所要求安静、舒适，有良好采光及封闭环境，不可在有人办公的办公室进行面试。面试时应尽量不受他人的打扰，不接电话，以免面试对象分心。面试场所的布置既要考虑减少对面试对象的心理压力，使之摆脱过多的心理负担，又要注意适度的环境压力，这也是考验应聘者的一个必要方面。

总之，做好面试前的各项准备工作是面试过程顺利的重要保证。

2.进行面试

面试过程是在连续的提问对话中进行的，为保证面试过程按计划顺利进行和获取足够的、准确的应聘者信息，一般分为五个阶段进行：

预备阶段

在面试开始时多以社交话题为主，主要是帮助应聘者消除紧张戒备心理，建立和谐、宽松、友善的面试气氛，当应聘者情绪平稳后，就可继续进行。

引入阶段

这个阶段围绕应聘者的履历情况提出问题，逐步引出面试正题。在这个阶段，目的是要给应聘者一个真正发言的机会，同时面试官开始对应聘者进入实质性评价。

在此阶段，一方面要了解面试对象的情况，判断其是否符合组织需要，作为录用与否的依据；另一方面要让面试对象对组织及服务对象有所了解，作为其是否应聘的参考。

正题阶段

它是面试的实质性阶段，是面试过程中最重要的一环。主考官通过广泛的话题从不同侧面了解应聘者的心理特点、工作动机、能力、素质等，评价内容基本上是"面试评价表"中所列各项要素。在这个阶段，需要注意的是面试提问技巧。面试者应提一些能得到尽可能多信息的问题，以如何、为什么、比较说明等方式提问，能够获得更多详尽的信息。面试过程中要尽量了解以下四个方面的内容：

（1）背景资料确认。

（2）评估应聘者的受教育程度及工作经历，通过考察工作经验还可以考察出面试对象的责任感、工作态度、思维能力以及应急能力。面试官应了解应聘者掌握专业知识的深度和广度，判断其专业知识和特长是否符合所要招募的工作的要求。面试对象的工作经验是面试过程中所要考察的重点内容，可以通过了解应聘者的志愿服务经历来查询其过去工作的有关情况，以判断其所具有的实践经验及其达到的程度。

（3）考察应聘者的个性行为特征。主要观察应聘者的面部表情和身体动作。

（4）对应聘者与职位的符合程度作出初步判断。

确认阶段

这是面试的尾声阶段，此时面试的主要问题已经谈过了，面试官可以提一些更尖锐、更敏感的问题，以便能更深入地了解应聘者，但要注意尊重应聘者的人格和隐私权。

在面试进入最后阶段，双方可以进行志愿活动本身问题的讨论，这时面试官可以给面试对象一份该活动的详细说明，并回答面试对象的疑问。

结束阶段

在这个阶段，应给应聘者留下自由提问的时间。而且还有一项不可忽视的工作就是对应聘者进行评价，它是主考官根据应聘者的面试表现，运用独立的评价标准，在评价表中对应聘者的能力、素质、工作动机及工作经验等进行评判的过程。每位主考官的评价结果都是独立完成的，最后综合众人的意见，作出是否录用的建议。

在整个面试过程中，两人的目光距离保持在1~1.5米为好，面试官的目光大体要在应聘者的嘴、头顶脸颊这个范围活动，给对方一种你对他感兴趣、在很认真地听他回答的感觉，同时要伴以和蔼的表情与柔和的目光与微笑。

二、志愿者应有的工作态度

对于志愿组织而言，合适的志愿者也许并不是那些能力强的志愿者，正如带领中国男子足球队首次进入世界杯的教练米卢所言："态度决定一切。"志愿组织在选拔志愿者时，一定要认真考虑到志愿者的工作态度。下面列举的是一个志愿者应有的工作态度。

对志愿服务的态度与责任。认识服务机构宗旨及了解服务目的与自己期望的契合点；具有责任心，尽力完成工作及坚守工作岗位；有恒心去履行服务承诺；主动学习及发挥所长来参与服务；积极提供建设性意见来改善服务。

对服务对象的态度及责任。互助及平等的精神；友善及热诚的态度；感同身受地去了解服务对象的需要；了解与服务对象的关系及尊重他们的隐私和自主；志愿者应体谅及尊重服务对象的价值观念，不勉强服务对象接收自己的想法和意愿；服务时经常保持笑容，表现友善及诚意，主动与服务对象沟通及建立信任的关系；志愿者应与服务对象保持适当的服务关系，不可表现太冷漠或过分亲密；志愿者应适当地控制自己的情绪，保持客观冷静，耐心聆听；遇有情绪问题的服务对象时，应细心聆听他的需要，从旁加以安慰和支持，切忌急于提供建议及解决方法，并应与负责职员定时汇报情况及共同商讨跟进方法；遇到服务对象有特别需要或投诉，可鼓励服务对象与有关部门或职员直接表达。

对组织机构的态度及责任。尊重组织机构的管理模式，遵守组织结构工作指引及规则，不擅作主张；虚心接纳批评及主动反映有建设性的意见；积极参与工作交流、研讨及训练等活动，并客观地做检讨及反省；志愿者须采取开放的态度，愿意与同事分享工作中的困难和感受，虚心接受批评和积极提供建设性的意见，改善自己的不足及服务的素质；志愿者须坚守工作岗位，并与其他合作组员保持紧密联系及合作的态度，并应互相鼓励和支持。

三、岗位人员匹配

当志愿组织通过严格的面试选拔出合适的志愿者以后，下一步可以考虑进行岗位和人员的匹配工作。在这里需要强调的是：按照通行的做法，这项工作一定要放在对志愿者培训之前进行。因为那样便于在培训时做到有的放矢，使培训更具针对性。

匹配工作岗位时，应该要考虑以下因素：按志愿者不同的兴趣和专长，安排适当的工作岗位；要考虑志愿者的技能、知识、态度、经验和兴趣是否与工作的要求相配合；尽速安排服务，在志愿者工作热诚正高之时，倘一时没有空缺，可以请志愿者参加各项短期训练；若缺乏短期训练，可请新志愿者参加机构内其他活动，保持联系，在可能范围内让志愿者就其兴趣和能力选择合适的服务；应向志愿者详细说明工作的性质和需求、志愿者的职责与权利、所需设备问题、报告程序等；安排志愿者从事某项长期服务前，最好能与志愿者商议好一个试用期，以便密切观察志愿者的工作表现及态度；志愿者最初担任的工作必须相当简单，以确保任务的完成，使志愿者能从工作中得到成就感，引以为豪。

任务三 掌握社区志愿者的培训内容与方法

情境导入

小张是大二的社工学生，为了丰富自己的实践经历和提升专业知识，他来到社区做社区志愿者。没有课的时候，他都会来到社区协助社区工作者开展社工服务，两个月以来，他经历了社区老年情绪辅导服务、低保家庭子女学习辅导服务和社区活动策划与开展。在服务的过程中，对于第一次与老人接触、与低保家庭子女接触等大部分志愿服务的内容都是通过自我学习、摸索经验来开展的。小张感觉到这样的志愿服务一直达不到自己定下的目标，感觉自己的服务没有什么实质性的效果，产生了较强的挫败感，甚至出现了放弃做志愿者的想法。

任务描述

根据上述情境，请讨论分析以下问题：
1.如果你是小张，接下来你会怎么做？

2.有什么办法能够让小张坚持下来？

3.如何对志愿者进行培训？

任务实施

1.按每10人为一组对全班同学进行分组。

2.以小组为单位根据情境，展开主题讨论。

3.各小组选派代表汇报、分享讨论结果。

任务总结

1.教师结合情境对任务要求进行分析。

2.教师对各小组讨论结果进行点评与讲授。

任务反思

志愿者可以不计报酬地提供义务服务，但并不意味着志愿者不要回报，从我们的调查来看，社工的志愿者在帮助他人和自我专业成长两方面是很有期待的。从案例来看，正是因为小张在自我专业成长方面看不到希望，故而削弱了志愿服务的热情。我国的社区志愿者一直都不重视培训和能力的提升，这是不利于志愿者队伍的建设与培养的。志愿者是一支很大的社会力量，我们在开展社区工作的时候，一定要注重培养出一些骨干志愿者，这样才能够把社区工作深入地开展下去。

知识链接

志愿者在正式上岗之前，应该要对志愿服务相关知识、岗位情况等有所了解，这些知识能够帮助志愿者更好地完成服务任务。因此，对志愿者的培训乃是志愿者团队建设的重要环节。

一、培训需求调研

太匆忙地实施培训，往往会忽视志愿者真实而具体的培训需求，忽略组织的每个培训措施是否恰当等问题，从而导致培训工作与组织的现实问题以及目标彼此脱钩。这不仅会造成巨大的培训成本损失，而且还会产生培训无用的错误认识。

因此，在进行培训前，组织者应科学地分析志愿者的培训需求，并能够设计完备的志愿者课程。

1.建立志愿者培训档案

注重志愿者素质、志愿者工作变动情况和培训历史等内容的记载。可参照志愿者人事档案、工作绩效记录等方面的资料来建立。应密切关注志愿者个人情况的变化，随时向档案增添新的内容，以保证档案的实用性。

2.了解受训志愿者的现状

了解志愿者的工作方向，不同方向的志愿者有不同的培训需求。

志愿者以前是否受过培训，要尽可能地避免内容相同的培训。

志愿者喜欢的培训形式有哪些。培训形式上的选择应该尽可能得丰富，这样才能提高培训效果。

3.从不同角度分析培训需求

只有从不同的角度进行分析，才能知道志愿者想要什么和组织能够提供什么。组织培训需求分析必须从三个方面进行：首先必须从志愿者个人进行分析，要分析他个人的优缺点。第二，要从服务对象着手，包括分析不同对象的需求和现状。第三，要从组织角度着手，不仅集中在志愿者与各部门有效运作所需要的知识上，同时要着眼于组织发展的长期需要。

二、设计培训计划

"凡事预则立，不预则废"。培训计划，作为组织培训的组成部分，它决定了整个培训过程的成功与否。因此，制订一份规范、详细且实用的培训计划，可以确保培训工作的顺利开展和培训质量的提高。在制订计划之前，首先要对志愿者培训有整体的思考。

1.志愿者培训的基本考虑

训练目的

（1）让志愿者清晰了解机构与服务的目标与期望。

（2）保障志愿者服务的素质。

（3）让志愿者能掌握足够的知识及技能，有信心地提供服务。

（4）让志愿者感受被尊重及工作被受重视，增强对机构的归属感及对服务的投入感。

（5）增强志愿者与员工之间的合作联系和相互信任。

实施准则

（1）须安排迎新会或工作安排会给新招募的志愿者，介绍志愿服务、讲解志愿工作概念、志愿工作态度和守则等。

（2）对服务工作无论在理论或实战上的需要，应举行持续及经常的训练，训练内容包括有关社会时事信息介绍、社会服务发展动向、服务技术训练、解决问题方法、程序设计、领袖训练、团队工作、行政事务管理，等等。

（3）应订立一套完善的训练纲领，除能提供有系统及经常性的训练活动外。

（4）亦须按实际需要而作修订。

2.制订培训计划

培训计划的制订是一个系统工作，在制订培训计划时要综合考虑各方面的因素，尽可能地突出培训计划的可操作性。因此，在编制志愿者培训计划时，要注重对如下内容的把握：

编订程序

任何计划的编制都需要遵循一定的程序，组织培训更需完善规划，其计划制订程序如下：

首先，要根据组织面临的形势、发展需求和培训需求认识到培训的必要性，确立与培训发展总体方向相一致的目标。其次，结合外部环境和内部条件确定能达到培训目标的最好的培训方案。接着，比较成本和收益，在培训方案的基础上制订具体的行动方针、编制具体的实施计划。最后，要进行培训效益分析。

计划内容

培训计划应该对培训起指导作用，因此，对培训计划内容的界定十分关键，一份完整的培训计划应包括如下内容：

（1）培训原因。培训原因主要体现和回答为什么要进行培训的问题。

（2）培训目标。培训目标主要解决要达到什么样的培训效果。

（3）培训对象。培训对象解决对谁进行培训的问题。

（4）培训规模。较为专业的技术培训，规模都不宜过大；请名人作演讲的培训，可扩大规模；采用讲授、讨论、个案研究、角色扮演等各种方式进行的培训，培训规模应控制在一个适度的范围内。

（5）培训时间。专题报告一般安排半天到一天的时间即可。培训内容较为复杂的，一般要进行集中培训，时间也比较长。以提高岗位技能为特点的继续培训常常要分阶段来进行。

（6）培训地点。主要解决在哪里进行培训的问题。针对个人的岗位技能培训，一般都安排在具体的工作岗位；其余的培训既可以安排在具体的岗位，也可以安排在特定的场所、教室进行。

（7）培训教师。主要解决由谁进行培训的问题。个人自我发展训练，只要有工作经验的组织管理者或者志愿者作为指导教师即可；其余培训一般要请专兼职教师或经验丰富的管理者、督导、相关专家来作为教师。

（8）培训方式。培训方式包括集中或分散进行培训；边实践边学习；在职或是离职。

（9）培训费用。将培训分为几大块来计算，例如教师聘用、教学用具费用等，再将这些费用加在一起，虽精度不高，但简单易于操作。

以上是一般培训计划应包含的基本内容。在具体的执行过程中，组织者要根据具体的培训任务，对培训计划的内容进行相应的调整。不论多么完善的培训计划被制订出来，计划制订都并没有完全结束。培训计划在实施过程中都会遭遇到一些难以预料的问题。产生这些问题的原因可能是计划并不适合组织的实际情况，也有可能是组织的外部环境和内部条件在计划实施过程中已经发生了变化。这时候我们要对计划作出相应的修改。只有这样，培训计划才能逐步完善，契合组织的实际需要。

培训小诀窍

训练内容须按服务需要而整合。

订立目标时必须确切（实际）、可量度（评估成效及进度）、可行（资源配合）及符合机构宗旨（服务素质）。

训练形式须考虑志愿者的能力、兴趣及成效发挥程度而设计。

清晰订立训练的目标、期望、方向及深浅层次的要求。

机构须选择合适的训练对象、场地、时间、设备及教材以及具经验及专才的训练员。

应让志愿者明了训练的目的、内容安排及机构对他们的期望。

可考虑用正式（如课程、研讨会议）或非正式（如交流、分享聚会）的训练形式。

可编订志愿者服务手册及其他参考数据作辅助。

训练须与实际工作情况相配合，应加强实践学习及安排跟进训练。

订立训练成效的指标及检验方法。

三、开展培训

正式的培训是在志愿者正确定位的基础上进行的，培训将使志愿者为承担特殊的责任做准备。

在志愿者培训中，有两个领域一般是要涉及的：

第一是志愿者工作的描述——为什么要做志愿者和为什么要完成设定的工作，什么事情不能做以及在特定环境下必须做的事情等。

第二是角色和责任——与什么人一起工作，责任定位，他人的角色定位等。

对于志愿者的培训，无论使用什么方法，如正式培训、指导、咨询等，最重要的事要明确：志愿者的知识是在实践中学到、从经验中获得的。而且没有千篇一律的培训方式，培训内容和培训方式因地、因人、因机构不同而不同，但培训过程本身是必需的。

志愿者培训有多种方式，如讲课、小组讨论、技巧示范、实地参观、个案研究等，选择合适的训练方法对于志愿者的培训是否有成效至关重要。如何找到最适合本次活动的训练方法，需要考虑下列因素：训练的基本目标与性质、受训者的人数及场地、训练资料的妥备、财政及资源因素、时间因素、训练器材以及训练员对运用该项训练方法的能力及信心等。根据上述不同的方面具体问题具体分析，才能找到比较合适的模式。

1.通识培训

进行通识培训的主要目的是使志愿者对有关服务机构、志愿服务的基本情况有个大致了解，并掌握一些基本的常识性知识。通识培训的内容往往较为浅显，易于教授和学习，主要从以下几个方面进行：有关服务机构，包括机构历史背景、人事组织架构及问责方式、有关政策、机构经费及资源、沟通及反映渠道等；有关志愿服务，包括志愿服务的概念、志愿者参与服务的意义和价值、志愿者的角色和责任、志愿服务的目的及内容、志愿者职权范围等；有关具体工作，包括本次活动的具体计划、工作设备及有关人事安排等，并使志愿者对工作守则有基本掌握。

2.专业技能培训

专业技能培训是建立在通识培训基础上的，对当次活动所需的特殊技能所做的培训，是对志愿者的进一步要求，如会议服务技巧、健康护理知识、如何面对临终病人或死亡等。另外，还需要志愿者根据不同活动的需要了解不同服务对象的需要差异（精神病患者、伤残人士、行动不便的老人、小孩及长期病患者等）。

与服务对象建立关系的要诀

接受个人不同特性

每个人有不同的背景、生活习惯、性格、长短处、喜恶、自我表达的方式等，需要对服务对象的个人独特性及生活状况多作了解，避免主观标签作用；应首先接受每个人的自我生活模式，然后正确引导服务对象认同作改变的选择，切忌太快妄加判断并强迫他们改变。

清晰关系建立目的

志愿者须清楚明白自己与服务对象建立关系的目的；应让服务对象明白志愿

者服务的目的，了解及认同彼此的关系；志愿者应与服务对象保持适当的关系，采取客观的态度，不宜过分投入或冷淡；志愿者须与服务对象建立一份互相信任及平等的关系。

非批判性服务态度

由于彼此关系平等，志愿者须避免采用施与的服务态度；对服务对象的困难及处境，应设身处地地为对方着想，去慰藉对方；志愿者不宜太快妄下判语，或未经细心考虑即提出种种解决问题的方法；志愿者应尽量对问题采取客观的态度作分析及建议，并表示对服务对象问题的理解和认同。

尊重自我决定权

服务对象有权选择接受服务与否；是否愿意接受改变，须由服务对象自行决定；志愿者须鼓励服务对象开放自己和积极处理问题，并从旁加以引导及协助。

保密

服务对象的所有数据只可用作该项服务的用途，不可用在其他活动用途上；志愿者对服务对象的个人隐私，不可公开和随意泄露；志愿者亦不宜将自己的个人数据（如住址、电话）随便让服务对象知道，一切联络可依服务机构的通信方法；该项服务完结后，志愿者与服务对象的关系亦终止，服务以外的联络属两者双方的私人协议，如有任何意外或麻烦，志愿组织恕不负责。

资料来源：香港义工培训手册。

3.素质拓展培训

素质拓展培训有利于志愿者服务和沟通能力的进一步提高，可按个别需要于服务的初期提供或在工作过程中进行培训，训练专题包括有：基本问题解决的技巧、沟通及聆听的技巧、建立关系的技巧、社会资源的运用、自我了解及自信心提升等，目的是使志愿者面对各种突发状况时都能够有效地开展工作。

4.管理方法培训

管理方法培训包括管理者培训和志愿者领袖的培训两个方面。

一是对管理者的培训。志愿服务管理的问题丛生，主要因为大部分的管理者未能支持及认同志愿者参与的重要性，并缺乏技巧和知识有效地任用志愿者。因此，志愿组织的管理者担当着很重要的角色，需要在组织内举办工作导向活动，学习与志愿者合作和有效沟通的技巧。具体方法有：

（1）向各级管理者灌输志愿者的观念。

（2）志愿者、服务个案研究或专题讨论。

（3）为志愿者和管理者举行定期的会议、咨询会、服务总结会议。

（4）向外界邀请专题培训讲师，题目包括工作分配、监督及团体合作等。

（5）举办联谊活动，鼓励管理者和志愿者分享服务的得失。

二是对志愿者领袖的培训。这是对志愿者素质的进一步提高，一般活动中不须作此要求。可以在部分有能力且有兴趣的志愿者中进行，通过训练学习到分析问题、解决问题的方法、团队合作及互动技巧、志愿活动程序设计等。

训练员装备

对所传授的知识及信息有足够的掌握。

熟练内容及有信心在传授过程中运用自如。

特别对有关的知识及信息的表达特性有深入了解，并确知能适合受训者的接受能力。

说话与修辞的运用与掌握须具准确性与逻辑性。

训练员个人气质的培养，如外表修饰与形态表达等。

内容表达须具感染力及容易令受众产生共鸣。

尽量投入现场的环境，对受众的反应感知灵敏并能及时作适当响应。

四、对志愿者培训进行评估

一位著名外企总裁曾说过："我们没有时间仔细计算我们的培训费用到底是多少，我们也没有时间计算由培训带来的产出有多大，但我们知道，我们一直在本行业中快速前进，市场份额在迅速节节上升。"但是，并不是所有的组织都能在培训后取得很显著的成效。业内人士认为，造成这一现象的一个重要原因就是许多组织只关注培训前期和培训过程，却忽略了对培训的评估，从而导致该花的钱花了，不该花的钱也花了，最终效果并不好。组织志愿者培训也是如此，组织者应在培训结束后，对整个培训进行质与量的评估，从而为将来更好地开展工作做充分准备。

1.评估的必要性

培训评估是指运用科学的理论、方法和程序，从培训项目中收集数据，并将其与整个组织的需求和目标联系起来，以确定培训项目的优势、价值和质量的过程。

评估能为决策者提供信息，提供比较、判断的依据，从评估得到的积累结果可以判断在特定环境和不同条件下何种方案最有效。培训评估有不同的层次，在进行评估时，要根据不同的评估需求，确定不同的评估层次（表3-6）。

表3-6 评估层次

层次	名称	内容
第一层次	反映	培训对象对培训计划的感觉如何
第二层次	学习所得	培训对象从培训活动中获得了哪些知识（原理、事实及技术）
第三层次	行为表现	培训对象在工作表现上与以往相比有了哪些积极的变化
第四层次	效果	从降低成本、提高工作质量等方面看，培训为组织带来了什么影响

2.创建评估体系

一是制订合理的评估标准。评估标准是进行培训评估的依据，要真实了解培训的效果，就必须制订合理的评估标准。培训评估的过程是要看培训目标实现了多少，员工培训的不同时期、不同班次所确定的具体培训目标是不同的，评估应根据不同的培训目标来进行。离开培训目标的评估检测，只能是盲目的、不客观的、不全面的。以培训目标为客观标准，是保证培训评估科学化的必要条件，也是培训评估工作的指导思想。此外，要根据不同性质的志愿活动和工作方向以及各种不同岗位的特点进行评估，而不能"一刀切"。

二是建立评估体系。志愿者的评估体系包括受训人员合格率、受训人员社会贡献、社会对志愿者需求的满足程度等方面的指标。

受训人员合格率——受训学员合格率越高，培训的经济效益和社会效益就越大，反之，培训的经济效益和社会效益就越小。受训人员合格率的计算方法为合格人数除以培训总人数，用以下公式表示：

$$受训人员合格率 = 合格人数 / 培训总人数 \times 100\%$$

但是仅仅考察受训人员在培训期间的各方面表现，还不能完全说明培训工作的成效，还必须考察其返回服务岗位的表现，才能最终证明培训工作的成效。

受训人员的社会贡献——受训人员的社会贡献主要从社会使用合格率、社会职务聘用等方面来评估。

社会对志愿者需求的满足程度——指在一定时期内通过预测确定的组织对各种工作人员的需求量与培训对各种工作人员的提供之差。差额越小，说明满足程度越高；反之，则说明满足程度越低。

受训者参与情况——包括受训者在培训期间是否专注、是否主动发问、是否投入讨论或者积极响应。

受训者满意程度——应该了解受训者对训练内容、训练形式、训练实用性、训练员表现以及各项安排的满意度。

学习情境四　社区工作方法与技巧

子情境1　社区工作过程

能力目标

1. 能够进行社区需求评估
2. 能够与社区居民建立良好的专业关系
3. 能够制定社区工作计划

知识目标

1. 社区工作过程基本知识
2. 介入和建立与专业相关的基本知识
3. 掌握社区分析的过程与基本知识
4. 掌握拟定社区工作计划的基本知识

任务 掌握社区工作过程与方法

情境导入

小丽是某社区工作站的社工，主要工作内容是通过与居民接触、设计社工项目并实施。半个月以来，小丽通过拉横幅、贴海报等方式向社区居民介绍社区工作站的工作内容。但是，到社区工作站里咨询和报名参加社区活动的社区居民很少，于是，她采取主动的策略，来到社区广场与社区居民聊天，她发现很多社区居民对她宣传的活动都不是很感兴趣，很多社区居民都不知道小丽是干什么的。

任务描述

根据上述情境，请讨论分析以下问题：
1. 小丽接下来应该如何做？
2. 如何与社区居民建立关系？
3. 如何对社区居民的需求进行分析？

任务实施

1. 按每10人为一组对全班同学进行分组。
2. 以小组为单位根据情境，展开主题讨论。
3. 各小组选派代表汇报、分享讨论结果。

任务总结

1. 教师结合情境对任务要求进行分析。
2. 教师对各小组讨论结果进行点评与讲授。

任务反思

在社区里开展工作的第一步就是要与社区居民建立良好的社区人际关系。举办大型社区活动、家访等，都是与社区居民建立关系的好方法，社区工作要求工作者要走进社区居民，而不是坐在办公室里等居民来访。只有不断地接触社区居民，通过与社区居民聊天，融入社区居民的生活，才能够摸清楚社区居民的需求。在掌握了社区居民需求的基础上设计出来的社工活动才能够吸引社区居民的参与。

知识链接

中国社区工作是社区内在的经常性的工作，其工作过程与西方介入式的社区工作过程存在区别，它并不呈现为介入—工作—终止的单向过程，而是呈现为一个连续的时段性工作的循环过程和单向工作任务的交替过程。到了月底或年底，社区工作者都会对该时段的工作进行总结并向街道报告，然后再开始下一个时段的工作。可见，各个时段的工作是连续不断的，在性质上一般具有重复性。除了常规工作以外，社区还要根据政府下达的任务和社区自身的需要，开展各种非常规的活动和工作。考察中国社区工作的过程与西方社区工作的过程可知，一个相对完整的社区工作过程，大体可分为几个阶段：介入和建立专业关系的阶段；社区分析和工作情景界定的阶段；拟定工作计划的阶段；工作计划的实施或社区行动阶段；工作成效评估和总结阶段。

一、介入和建立专业关系阶段的方法与技巧

这一阶段的工作重心是"让社区居民知道我是谁"以及"寻求未来工作的支持者"，所以，这一阶段最重要的工作方法就是：同社区居民接触，进入基层，使居民对社区工作机构（居委会、街道办事处）和社区工作者充分了解和信任。从总结我国社区工作的经验来看，与社区居民接触的方法主要有两类：群体性接触和个体性接触。

（一）群体性接触方法

群体性接触可以通过以下方法进行。

1.举办全区性的活动

活动的形式有很多种，例如：综合晚会、电影晚会、文艺演出、慰问演出等。工作人员可以在这些节目中穿插亮相，适时作自我介绍，树立工作人员的形象。

2.开展普及性的活动

社区工作者可开展一些大众化的活动，吸引社区居民的参加，例如：卫生保健知识讲座、家庭游戏比赛、老少新春同游等群众易于参与的各种活动，对于社区内不同的群体，如青少年、老人、单亲家庭及失业和享受社会福利救济的人士等，工作人员应根据不同的对象举行相关的普及性活动与他们建立关系。

3.设立社区咨询点

为深化与居民的关系,社区工作人员可在社区或固定场所设立社区服务项目工作咨询站,预备展板、宣传资料、服务申请表格等,在居民出入频繁的地点为居民办理登记手续和当场解答居民的咨询。这种方法能够为居民提供实质性的帮助,并且能够使愿意进一步关注问题的居民留下通信方式,方便日后工作人员进行家访或组织他们参与社区活动。

4.介入社区事件

社区工作人员在初步介入社区时,往往会遇到一些亟待解决的事件。如果事件本身不牵涉大规模的资源调配,也无需做政策上的改动,而工作人员在短时间内经过努力便可取得的成绩,那么工作人员就可以介入事件并加以解决,例如:居民矛盾调解、改善社区环境、改善区内交通状况、制止社区暴力事件、违法事件、调解因房屋拆迁引起的纠纷等。若社区问题不太迫切,且解决起来又相当复杂,则工作人员可以留待建立关系以后,才决定是否介入。

5.利用社区媒介展开宣传活动

通过宣传栏、黑板报、报刊亭等媒介向居民宣传社区居民关心的热点问题、事件的处理政策及办法,普及有关的知识和政策规定等,为居民提供具体的服务,不失为取信于民、服务于民的好方法。

(二)个体性接触方法

个体性接触的方法有家访、电话、信函、个案辅导等,本书以与社区居民的接触过程为例展开说明。

1.准备

①考虑清楚接触的目标和出发点。是为了收集资料、增进了解、建立关系、提供帮助,还是树立形象?访问对象需要什么样的工作者,是亲切、乐于助人、资源丰富还是易于相处?目标明确才便于日后评估效果。

②选择建立联系的对象。根据访问的目标选择合适的受访对象,如以前接触过的居民,受事件影响的有关人士或属于特定利益群体的成员,并且要将先后次序排好。既不要有遗漏,也无须与一些不必要交谈的人浪费时间。

③选择访问的时间。目的不同,对象不同,选择的时间也应有所区别,如访问家庭主妇与职业女性的时间就应有很大分别,针对部分有宗教信仰的人也要避开礼拜的时间进行访问等,要留心重要的节日、假期,流行的电视剧时间、做饭时间、午休时间等都要尽量避开。

④准备话题,引导访问的开始。如提前了解访问对象的需要,可直接谈论对方的兴趣或展现工作者的吸引力,促使其对工作者产生兴趣。

⑤穿着得体。要留意被访者的文化背景,包括对人和事所持的价值观以及自

己希望在对方心目中留下什么印象。初次访问不能与访问对象有太大的距离,但也不能穿着太随意,如T恤衫、拖鞋、学生装等都不适宜,如果有专门的工作服装最好,应给人以整洁、大方、成熟可信的印象。

⑥预想可能会遇到的问题和克服困难的方法,以免临场阵脚大乱。事先做一些预演或与旁人讨论一下可能的情境,以使自己保持冷静、自信、不受对方影响,以免破坏自己的情绪。

⑦对前往访问的场所环境有所了解,要做好准备。进行访问的环境可根据被访者对谈话内容的态度来确定,可以在居民家中、街心公园、餐厅、路边等处进行。

2.接触

对于第一次接触的居民,首先要设法建立信任关系和引起谈话兴趣,所以要分层次地展开。

(1)介绍自己。要准备一两段开场白,根据不同的情况和对象,采取不同的自我介绍方式:

①可说明自己是由访问对象熟识的一个朋友介绍而来的。

②可用自己和访问对象都熟悉或有好感的活动作为谈话线索介绍自己,如上周的消夏晚会,前天的社区会演是自己策划的等。

③对自己抱不信任态度的人可适时出示工作证件等相关证件,打消其顾虑。

④赠送一些物品或宣传单让其收存,加强对工作者的信任和好感。

⑤态度热情、诚恳,面带笑容,并清晰地介绍访问的目的,表达对被访者的关心和一定的关注。

(2)展开话题。在获得对方接纳或不拒绝的情况下,工作者要抓住时机,继续交谈使内容逐步转向正题。注意避开一些敏感的话题,从普通、容易回答的问题提问,话题要从简单到复杂,由具体到一般再到抽象;由感性到理性;由浅入深,也可运用周围正在发生的事情来展开话题。

(3)维持谈话。为了减少访问对象的疑虑并使其精神放松,应尽早根据谈话的目标,继续谈话。此时谈话的方式也从封闭式转为开放式,尽可能地摸索居民的真实感受。工作者要用心聆听,积极、主动地了解和理解、提问或测试访问对象,体谅、周到地关心访问对象本人及其家庭情况,令其感受到温暖。

3.结束对话和访问

初次接触不要太长,除非访问对象有特殊的个人问题需要及时和深入了解,临别时留下进一步联系的方式,鼓励他们主动联络工作者。

4.接触以后

①记录主要资料。离开被访者后记下有关资料:有用的信息及数字、被访者的背景、谈话留下的印象、受访者的反应、热心程度、受访者是否容易被调动、

受访者的人际网络情况等。

②总结。目标达到的情况、自己对访问对象的感受、评估访问对象以前和现在有什么不同、自己有什么做得不妥之处和遗漏的地方、是否有补救的余地等。

二十三点能帮助你与群众交谈的方法

（1）说一些你相信他们会感兴趣的事物。

（2）在屋内找些可以谈及的东西引起话题。

（3）用他们的水平和他们沟通。

（4）了解你自己。

（5）知道何时聆听及何时说话。

（6）在同一时间内只说一件事。

（7）让他们说。

（8）感知他们的感受。

（9）让他们知道，他们对你和这个社区都是重要的。

（10）让他们的念头涌现。

（11）发问。

（12）肯定和表扬他们。

（13）不要和他们争辩。

（14）不要强迫他们用你的方式去思考。

（15）聆听多于说话。

（16）多提问，像你和他商讨一件事一样（平等），而非搜集资料式或盘问式提问。

（17）不要答应一些你不能遵守的承诺。

（18）如你不知答案，交回给他们（讨论）或迟些告诉他们（结果），或者让他迟些再接触你。

（19）运用电话做跟进工作。

（20）知道自己的限制。

（21）忠于自己。

（22）知道怎样将责任交托出去。

（23）安排下次探望时间。

总之，与居民接触是做好社区工作的第一步，工作者要以高度的热情投入到自己的工作中，真正地用心去了解他们的需要和心声，熟悉他们的喜怒哀乐和心理特征，将爱与关怀传递给被访者，这比技巧和方法更重要。

二、社区分析阶段的过程与方法

建立专业关系以后,为了有的放矢地推动社区工作,必须对社区情况做全面深入的了解,也就是要对社区工作者面临的工作情境进行深入的社区分析。所谓社区分析,是指调查收集开展社区工作所需的资料,并对这些资料做出专业性评价分析的过程。进行社区分析最通常的途径就是开展社区调查。通过调查,社区工作者一方面可以全面了解社区情况,掌握社区存在的问题、了解居民关心的难点、热点,理清社区中存在的社区资源,同时又让居民加深了对社区工作者的了解;另一方面为制订社区工作计划打下基础。

(一)社区分析

要全面深入地分析、认识社区,首先要完成三项基本任务:探索社区背景、寻找工作方向、探索社区动力和建立社区关系。

1.社区的基本情况

对社区背景的了解包括以下三方面的内容:

(1)社区的基本情况。社区居民的人口及其成分:人口的规模和流动状况、年龄的比例和分布、家庭的规模和类型、民族状况等。

住房状况:住房的结构、类型,设施的配套情况、人均居住面积等。

就业情况:就业的人数和职业类别,失业的人数,双薪家庭、单薪家庭、双下岗家庭的数量等。

社区的地理环境、交通:面积、位置、行政区划、交通设施及道路状况等。

社区的基础设施与资源状况:电力、供水、排水、卫生、照明等设施,邮电、通信及娱乐场所及其是否满足社区居民需要等。

社会服务:医疗保健、教育、社会福利服务等。

社区的历史、经济、政治、文化传统:社区的历史、曾经有过的重要事件及其影响、社会舆论和风俗习惯等。

价值观念:社区中居民的态度、遵守的规范、参与社区的意愿和行为等。

(2)社区居民及团体的关系与权力结构。

社区机构和组织:政治经济和其他特定团体的规模与作用发挥程度。

社区权力分配和领导:居民个人或团体的政治参与、对政府决策的影响等。

(3)社区问题和社区需要。

社区问题:存在于社区中,对社区居民生活有不良影响的事件或问题。

社区需要:应该说,对社区基本情况的了解,既是社区工作计划的前提,又会对日后开展社区工作有很大帮助。而对社区团体和居民的关系及权力分布的了解,则会对社区工作者发动居民、组织社区活动提供指导;对社区问题和社区需要的了解,则是社区工作的出发点和落脚点。在实践中,以社区居民所关心的事作为切入点,引起居民的兴趣和投入,是社区工作介入的关键。

2.收集社区资料的方法

收集社区资料的方法有很多,通常可采用以下几种方法:

(1)文献分析方法。一般来说可以通过查阅四个方面的资料,丰富对社区的认识,即人口普查数据、地方志及其政府相关资料、社区机构原始记录资料、媒体报道和评论、其他个人或团体资料。

人口普查数据:可获得人口的年龄、性别、家庭结构、就业等基本信息。

地方志及其政府相关资料:从地方志、地图、资料手册、政府资料中获得对社区的了解。

社区机构原始记录资料:包括社区前任领导的工作记录、讲话、工作计划和总结等。

媒体报道和评论、其他个人或团体资料:报纸报道、个案访谈、团体座谈等形式,都是进行社区分析经常使用的收集资料的方法。

(2)参与式观察法。进入社区直接参与和观察,是一种积极的收集资料的方式。可以到街心公园、游乐场、商店等人们经常聚集的日常活动场所,通过与人们自然交流,近距离观察其行为方式,了解真实的社区生活状态,而且可以为建立社区工作关系奠定基础。需要注意的是,这种观察并不是完全被动的,不能停留在一个纯粹的观察者位置,应积极地与被观察者交流。

(3)访问法。"访问法"一般是指以口头方式,有针对性地收集社区中部分有代表性的人物的资料,适用于较大型且较难进行家庭普查的社区。运用访问法,通过面对面的谈话,能比较深入地了解社区的需要,而且较容易与受访者建立关系,但是访问法需要花费很多时间,并还要将访谈所得的数据和信息进行整理和诠释。若访问的对象过少,或代表性不足,则所得的数据参考的价值就非常有限。

访问可以从自己熟悉的人开始,之后再请受访者建议几位值得访问的人,有可能是地方上的领导人物,这些人或许对社区有较全面性的了解,但是他们也可能对社区中较细微或较底层的问题感到较陌生。因此列访问名单时必须注意受访者的年龄、性别、社会经济地位及职业的分布,并应尽量涵盖各个层次的不同群体。

运用推荐法进行访问时,要向受访者提起是谁推荐他受访的。访谈时如果能让受访者了解你认为他是代表某个群体的,也较能引导受访者思考该群体对社区有哪些想法及意见。

一般访谈会问到的问题有:我们社区目前需要改善的部分有哪些?如何能让

我们社区成为更好的社区？社区居民需要哪些设施或服务来使生活更舒适方便？目前社区是否有急迫需要解决的问题？

（4）社区普查法。社区普查是通过问卷或访问对社区中的每一户进行调查，了解他们对社区的想法。而且，经验告诉我们，如果将社区普查设计成社区居民能共同参与的活动，那将是促进社区参与、凝聚社区共识的好机会。

"社区普查法"适用于较小型的社区，如楼门（院）的形式，非常适合通过普查了解居民的社区需要。这种普查能有系统且全面地了解居民对社区的要求和期望，能了解居民对社区问题的切身感受。并且通过调查，工作者开始与社区居民建立了关系，为日后工作奠定了基础。当然，这种方法要求调查者要有社会调查的专业知识或是借助有关的专业人员，由此得到的资料才会比较可信。

方法及步骤：

1）确定调查的主题及目标。希望从调查中获得什么信息。

2）界定调查的问题与范围。如本次调查只着重于居民对社区环境的需求，或是了解居民对于组建家政服务队的意愿及想法等。

如：针对居民对于社区环境需求的调查，可以从以下方面的问题去考虑：

目前社区内的问题有哪些？（交通、治安、卫生、噪声扰民、娱乐设施……）

目前社区内需优先改善的问题有哪些？（交通、治安、卫生、噪声扰民、娱乐设施……）

过去社区内曾办过的社区活动？（依数据或居民记忆设计选项）

对过去开展（参与）活动的看法？

过去是否有引起全社区关注及参与的活动？

您认为目前社区还需要哪些服务或建设使社区变得更好？（托儿所、幼儿园、图书馆、小型公园、治安维护服务、垃圾处理……）

如果未来社区内举办活动，您愿意参与吗？

您觉得自己可以贡献给社区的是什么？（美工、编辑、计算机或其他专业、人力支持、财物提供、担任义工、担任干部负责行政工作……）

3）设计问卷。如果社区中没有社会调查的专业人才，则需寻求外部资源协助社区拟订问卷。

4）问卷发送及回收。这项工作最好动用社区居民进行，一方面可增加居民参与的机会，另外透过相识的邻里关系运作调查，也对问卷的回收及有效性有所帮助。

5）数据整理及分析。这项工作也需要由社会调查的专业人才进行，才能掌握所获得的信息。

6）公布"社区普查结果"。工作者可通过社区居民大会、社区媒体（公布栏、报纸等）公布结果。如果是通过社区居民大会公布普查结果，则更可以创造一个引发居民共同思考社区现状及问题的机会，也让社区居民有机会在一起思考、决定社区未来的发展方向。

收集社区资料的方法有很多，关键是要持续不断地进行，才能适应社会发展变化给人们的生活带来的影响，因此要取得社区工作的高品质服务效果也要不断从社区分析中寻找突破口，只有不断创新才能满足人们不断提升的需要，而且不间断的调查还可以帮助我们预见问题和需要，做好预防措施，争取工作的积极主动。

（二）问题及需求分析

社区的问题和需求是社区工作的重要导向，对社区问题和需要的了解，可以为社区工作者如何更好地开展工作指明方向。因为人的需要多种多样，基本来说可以划分为基本需要（如衣、食、住、行）和心理需要（如归属感、安全感、自我实现等）。当社区中大部分人的某些需求得不到满足时就会形成社区问题，所以了解社区问题和需要就成为社区工作的第一要务。

1.需要的概念、层次和类型

社区工作开始于对"需要"的把握。每一个人都希望生活在一个亲切、卫生、舒适、安全、快乐的环境里，对于社区中的需要可以进行两种划分。

（1）马斯洛的需求层次论。

1）生理需要。与有机体生存有直接关系，人和动物所共有的，包括饮食、性、排泄和睡眠等。生理需要是最基本的需要，如果不能得到基本的满足，它就会完全支配这个人的活动。

2）安全需要。安全需要包括住宅、工作场所、秩序、安全感、可预言性。处于这一层次，人们首先是要减少生活中的不确定性，如儿童失去父母就会出现焦虑不安、失去信赖、寻求安定的行为。成人失去了工作也会产生焦虑、烦躁、不稳定感等。

3）归属与爱的需要。在前两类需要基本满足的前提下，人们就会寻求在人与人之间建立健康亲密的关系，即彼此关心、尊敬和信任，需要爱与被爱。现代社会中，单位制解体、人口流动频繁、家庭破裂增加、利益冲突加剧，使得人与人之间陌生、疏远。于是建立一个人人向往、有亲密感、彼此关怀、易于接触的社区，便成为了现实的要求。

4）尊重的需要。尊重一方面是要求别人对自己重视，进而产生威信、认可、地位等情感；另一方面要求自尊，与此相应的是适应、胜任、信心等情感。两种情感来源于人们在从事有益于社会的活动之中，而社区便可以为人们提供满足这种需要的条件。

5）自我实现的需要。位于需要的最高层次。自我实现被定义为潜在能力和天资在一个人的发展过程中的不断实现，是个人自身内在本性的更充分把握和认可，或者说自我实现的需要就是一个人自我进步的愿望，就是把他的潜能变为现实的需要，也是把自己变为理想的人的需要。

（2）伯列绍的需求类型论。

1）感觉到的需要。指大多数居民感觉到某些需要和期望不能得到满足并且把它说出来的需要。这些需要可能是基于现实的考虑，有时也可能是主观的感觉而已。因此，工作人员在进行社区工作时，一方面要充分尊重居民的这种需要，同时又要注意区分一些期望过高，不切实际的需要。

2）表达了的需要。当一项服务的需求人数增加使得供不应求时，那么社区就会对这种服务存在需求。这种由居民的实际需要表达出来的需求，称为"表达了的需要"。

3）标准上的需要。当某项服务的专家认为该项服务必须符合他们定下的质和量的标准时，才合乎规格。不符合规格时就会有"标准上的需要"。

4）比较性的需要。当某个社区使用某种服务，而与此类型相似的社区却没有此项服务时，后者便有了因比较而产生的对于此项服务的需要，称为"比较性的需要"。

2. 社区问题分析

有了对社区基本情况的了解和对需要的认识后，我们必须将资料进行梳理，对社区的问题进行描述和界定，明确问题的范围、起源和动力，进而找到解决问题的关键，即介入社区的角度。

（1）描述问题。在对社区情况进行了解时，我们会发现居民对一些问题尤为关注，描述问题就是叙述"居民是怎样感受这种问题的"。明白居民的思想感情和对问题的认识与描述，理解居民对问题的体验。

（2）界定问题。要弄清：居民所认同的"问题"是如何界定的，为什么如此界定，已经是一种"问题"还是仅仅为一种"状态"，是由来已久的历史问题，还是一种概念上的问题，抑或是有明确指标的问题。要从居民的立场上去考虑，而不能从自己的观点出发将社区事务的状态视为是有问题的。

（3）明确问题的范围。即弄清受问题影响的人数有多少，居民受影响的方式如何，状况持续的时间及居民认定为"问题"存在的时间有多久，问题集中的地点和人群，涉及的价值观冲突有哪些，改善这个问题对个人和社区有什么得失、影响。

（4）问题的起源和动力。找出导致问题产生、渗透和加剧的原因，进而思考解决这些问题的可能的动力因素。如是否有可以解决问题的人，行动的方法如何,在什么条件下可以行动,人们愿意为行动做哪些贡献。总之,社区因为面对迫切的需要而组织居民共同解决问题,并使人心得以凝聚,居民因此而更愿意走出家门为自己的社区尽一份心力,这已经被许多先进的社区经验所证实。但是,往往大部分的居民都觉得社区中的许多需求很难实现,也不知道如何开始,所以当面对社区中较不迫切需要的问题时,居民往往容易采取"把自己顾好"的态度及行为。但是如果社区居民发现有很多居民都同样感受到问题、有同样的需要,也有意愿解决问题、实现共同的需求时,那么"社区意识"就已经逐渐形成了。社区工作作为一个组织的过程,目的就是让居民从参与的过程中,互相认识、进而引发共同的情感,愿意互通有无、互相协助,共同为提升社区生活的品质而努力。

3.社区动力及资源分析

社区动力主要是指可以对社区发展起到积极推进作用的力量,如居民的类型、居民中的领袖、专业人员、政府公务员的数量和对社区工作的态度。社区中是否有其他社会团体、组织,能否与社区工作结成联盟,开展合作等。

目前我们的社区中也会有一些社区单位,如部队、医院、学校和托幼园所、养老机构等,有些是可以共享的人力资源,有些是可以共享的物质资源。而居民中的政府官员、企业人士、教育工作者又都可以成为积极参与的行动者和居民领袖,可以帮助宣传、呼吁或直接引进资源协助小区开展工作。

所以,我们首先要从以下两个方面对社区动力进行分析:

(1)社区体系分析。社区体系分析是指对存在于社区内众多的个人、团体或组织做个别的分析,以了解其特性,然后分门别类,并按其共同点归纳成不同的体系。例如按其功能、性质等区分出不同类型、不同取向、不同层次的体系。在分析体系时,可以将注意力放在那些会影响体系和外界关系的因素上面,具体包括:

1)目标。包括成文的或不成文的目标。

2)信念。组织背后的取向和指导思想,如政治上的取向、对社会福利的观点。

3)构成。社区主要包括哪些人或组织,他们的背景、动机、阶层、投入程度、能力如何。

4)资源及来源。直接或间接的权力、影响力、金钱、人力、资讯、网络关系、调动能力等。

5)期望。在某些问题或事件上社区期望得到什么结果、获得什么益处。

6)其他。组织在社区工作及活动中的活跃程度、发展阶段、组织风格、领袖的威望等。

（2）社区互动分析。互动分析是指运用社会交换理论分析社区体系之间的互动，即对社区内各种群体的关系、彼此之间的交往联系的程度及状况进行分析，进而摸清工作者可以利用和发展的关系和动力，以便更有针对性地整合社区的资源，推进社区工作。

社区互动分析首先基于三个基本假设（冯伟华，1997）：

1）每个社区体系都有其独特的需要及期望，组织的行为取向决定于这些需要和动机。

2）社区体系的趋向是希望达成其目的和取得所需的物资、权利、满足感等。

3）如果缺乏互动的基础，组织就不会有交换互动。交换通常会涉及获取一些利益和需要付出代价，社区体系倾向尽可能多地获取利益，同时减少付出代价。

需要澄清以下这些基本概念：

1）社区利益。人们通常都是趋利的，要获得回报，便需付出代价。代价可以分为实质性代价，如金钱、人力、物力；还可以分为非实质性代价，如声望、形象的受损，压力、屈服、顺从。了解人们对利益的选择，才可以更有效地调动社区资源。

2）社区价值。物以稀为贵。较少获得或是难得到的东西价值自然就大，反之亦然。另外，对于不同的人，价值也不同。不同的价值追求，会影响人们在社区参与中投入的热情，了解不同群体的价值取舍，会帮助我们有针对性地调动大家参与的积极性。

3）社区局限性交换与概念性交换。"局限性交换"有明确的对手，基本上交换是在互惠的基础上进行的，换句话说，即交换的对手清楚回报来自谁，亦知道代价付给了谁。"概念性交换"则缺乏明确的对手，交换的过程也未必按照互惠的原则进行，如某团体谴责对消费者权益的损害行为，自身不会有即时性的回报，但可以树立好的组织形象，获得公众的赞扬和舆论的支持。对这方面的清晰把握，可以使我们找准工作重点，提高办事效率。

体系之间的交换通常遵循以下原则：

1）按照组织体系的目标、期望和需要及环境因素的影响来寻求回报与代价。

2）如果组织体系因某种行为或决定获得回报，则该体系会倾向继续这些行为或决定。

3）如体系缺乏某些资源或回报时，则该体系会倾向付出较多的代价去换取这些资源或回报。

社区中通常存在着五类体系的互动关系：

1）交换关系。体系之间按各自的需要和动机互相分享资源和影响力，满足自己的需要，其关系状态通常是友好、合作的伙伴关系。

2）权力依赖关系。体系之间如果因信念、立场或价值的分歧无法形成互惠的交换关系，但在某些事情上又需要对方的资源，于是可能以权力促使对方提供资源，这种关系可能不是友好的，甚至是对立的、敌对的。

3）授权式关系。基于法律、法规的限制，或是财政上的赞助与受助的关系，使体系之间出现不对等的关系，可能是依附的、附属的或是从属的关系。

4）联合组织。体系并非总是独立运作，有时会因需要增加影响力和资源等，与其他组织体系结为联盟，在互惠交换的基础上保持合作关系。彼此都有可能分享到更多的资源，但同时不可避免地也需要付出自己所拥有的部分资源和放弃一定的自主性。

5）竞争关系。由于在信念和价值立场上的分歧，但在社区中又为了获取相近的资源而出现竞争和对立的关系，如党派之争、组织利益的竞争等。

在此基础上，通过收集各方面的资料，进行系统分析，描绘出社区内各体系之间的复杂关系和互动情况。

（3）社区动力的分析步骤。

1）找出社区内活跃的人、团体、组织、机构，分析他们的目标、组织结构、信念和期望、资源及权力来源等特性，以获得对其行动取向和动机的把握。

2）将各个组织按取向和功能的不同进行分类，然后分析彼此之间的关系状况，看看是否有分歧或冲突，进而获得对社区内不同体系的互动关系的全面了解。

3）由于在静态的社区环境中不易观察到彼此的关系，因而可以从一些社区事件入手，通过观察分析发现各组织团体的不同的立场、行动取向和行为的动机。

社会工作者借助社区丰富的信息渠道和信息载体、组织机构的文件、深入的访问等途径，按照上述分析步骤，就可以获得社区较为全面而准确的动力网络图，为进一步制定工作方案打下坚实的基础。

三、拟定社区工作计划阶段的过程与方法

对社区的需要和问题做出科学的界定和评估以后，就可以进入拟定社区工作计划的阶段。社区发展计划可以根据工作对象范围的大小，分为整体规划与具体方案两种。

1.拟定社区工作计划的原则

为了保证社区工作计划得以顺利进行，应遵守几个重要的原则：

（1）根据全体居民的愿望与需要，广泛邀请各方代表共同参与计划制订。

（2）充分考虑计划的适合性、可行性及可接受性。

（3）计划目标明确、整体规划。

（4）注意将各种与计划有关的文件、会议记录及评估报告等妥善存档保管，为将来检讨改进之用。

2.社区工作计划的内容

社区工作计划的内容一般包括以下几个方面：

（1）工作目标。制定目标时，可分为长期目标和短期目标，分阶段完成，最后达到工作的总目标。

（2）介入策略。制定介入策略即决定解决问题的办法。社区工作者计划介入策略也要根据居民的实际情况，当双方有分歧时，要协商解决，给居民选择的机会，不能操之过急。

（3）协同工作的单位。社区工作者要善于运用不同系统的资源，与他们协同工作，这些系统包括地方政府、驻区的经济和社会组织、相关社区、新闻媒体、社会福利机构等。

（4）确立社区工作者与居民的角色和任务。社区工作者和社区组织、社区居民在计划中各自要担任何种角色，承担什么任务，都要在计划中明确，以利于工作的顺利进行。

（5）实施计划的具体行动方案以及资源和资金的使用方案。

（6）工作程序及工作时间表。

计划的拟定一般有拟定计划草案和确定正式计划两个阶段。在完成搜集资料和工作情景评估的基础上，经过充分的酝酿和讨论，就可以提出一个初步的计划草案。草案一般有两种以上，以便于比较和选择。草案拟定以后，可分发给有关人员，并在适当场合公布。在进一步听取各种不同意见、进行专业论证以后，对计划草案进行修订，然后制订出正式的工作计划，并经过一定的程序予以批准执行。

四、实施工作计划阶段的过程与方法

实施社区工作计划就是按照社区工作计划采取社区行动的过程。

（一）实施工作计划的过程

这个过程大体包括以下几个方面的内容。

1.组织动员

社区工作者要按照工作计划制定的目标和具体的实施步骤，运用各种方法发动有关人员与组织参与和配合计划的执行。从社区工作的实际经验来看，社区工作者进行动员时，若要取得成功，须坚持遵守四大原则：利、诚、忠、信。

2. 配置资源

要执行好社区工作计划，必须对执行计划所需要的人、财、物等资源进行有效合理的配置。

3. 具体行动

执行计划的具体行动可以是有组织、有步骤的活动，也可以是家庭、个人等的活动。社区工作者在实施计划的具体行动中，主要扮演组织者、指挥者、倡导者的角色。

4. 调整总结

计划在执行了一个阶段以后也应进行评估和总结，总结应该由参与执行计划的各个方面共同参加。等全部计划执行完成后，更需要有全面的总结和评估。

（二）实施工作计划的手段

实施工作计划可以有多种具体的行动形式和手段，一般包括会议、协调、财政、宣传、有组织的社区活动等。

五、总结评估阶段的过程与方法

（一）总结评估的目的

总结评估的目的主要有三个方面：一是帮助社区工作者反思整个工作过程，总结工作得失，吸取经验教训，促进工作质量的提高；二是为了帮助社区自身回顾改变的过程，促进居民系统的成长；三是为了向公众及服务机构做出交代。

（二）总结评估的原则

（1）在制订计划时就应考虑未来评估的对象与方法，目标的陈述须具体明确，最好是可操作、可量化的，以利于总结和评估。

（2）对社区的变迁进行总结评估时，须兼顾社区正式及非正式领导者、地方官员、参与者以及各阶层民众的反应。

（3）衡量社区变迁须包括经济的、社会的、心理的、文化的、组织的、权力的等各层面的因素。

（4）对于社区工作的评估模式或方法的选择，应向有关专家寻求咨询。

（5）总结评估必须由参与工作计划的各方面人士共同参加，作出结论。

（三）总结评估的类型

社区工作的总结评估可以分为结果总结和过程总结两大类。结果总结是在工作计划完成以后，对计划执行的最终结果做出总结，并对总的工作成效与不足作出评价。过程总结是对工作过程的每一个步骤、每一个阶段分别进行总结评估，分析工作计划执行过程中的得与失，以肯定经验总结教训。

（四）总结评估的内容

总结评估应当包括以下主要内容：工作计划的目标是否制订得恰当；是否有效地达到了目标；工作方法与技巧是否运用得当；工作者所承担的角色是否恰当有效；社区居民和社会各方对社区工作的成效是否满意。

（五）总结评估的方法

总结评估的主要方法有：

（1）制订和使用科学合理的评估指标体系。

（2）利用档案记录进行评估。

（3）通过调查研究，论证工作的效果与成败。

（4）在社区人士和各有关方面充分发表意见的基础上，根据他们的满意程度对工作成效做出评价。

子情境2　社区工作技巧

能力目标

1. 能够主持召开社区居民会议
2. 能够组织发动社区参与
3. 能够进行社区规划
4. 能够进行社区项目评估

知识目标

1. 掌握召开社区居民会议的基本程序和知识
2. 掌握组织发动居民参与社区活动的基本程序和知识
3. 掌握社区规划的基本程序和知识
4. 掌握社区项目评估的基本程序和知识

任务一　掌握社区工作的组织技巧

> **情境导入**
>
> 社区工作者小李发现，社区里经常发生家庭暴力事件，但很多家庭都本着"家丑不可外扬"的心态，大事化小、小事化了。为了保护和帮助社区里那些弱势的家庭成员，特别是女性，小李决定开展社区活动，以活动来吸引社区居民参加，并同时对家庭暴力以及预防措施进行教育和宣传。

任务描述

根据上述情境，请讨论分析以下问题：
1. 小李应该如何发动社区居民来参与？
2. 如何对社区居民进行宣传教育活动？
3. 如何召开社区居民会议？

任务实施

1. 按每10人为一组对全班同学进行分组。
2. 以小组为单位根据情境，展开主题讨论。
3. 各小组选派代表汇报、分享讨论结果。

任务总结

1. 教师结合情境对任务要求进行分析。
2. 教师对各小组讨论结果进行点评与讲授。

任务反思

群众对社区工作的参与动机往往是各不相同的，有些是为了获取某种实际利益；有些完全是为了奉献社会；有些是为了提高能力、增长技能。只有了解了参与者的动机，才能"对症下药"，取得事半功倍的动员效果。以往人们不愿参与社区的集体事务，很大程度上是因为感到许多参与都是形式上的，没有什么效果。所以让群众看到由于大家的积极参与带来了社区问题的转变或者是转变的希望，便能有效地鼓舞人们积极投身社区事务之中。用"角色示范"的方法让过来人现身说法，效果会比较直接。

知识链接

　　社区工作的组织技巧包括：居民活动的组织（群众发动、召开居民会议）、社区宣传教育与传媒利用、社区领袖的培训、社区志愿者队伍的培训和社区资源整合的方法。在此我们主要学习前两种：居民活动的组织和社区宣传教育与传媒利用的方法与技巧。

一、群众发动

（一）目的

　　随着经济的发展，广大的城市居民由原来的"单位人"向"社会人"转变，居民大量回归社区。广大社区居民是社区发展的实体，发动广大群众参与社区建设是社区工作的重要内容。因为社区建设归根结底要依靠社区居民本身，群众是力量的源泉，群众中有众多的人才，应有效地将这些人才发掘出来，为社区服务项目。

（二）原则

1.为参与者带来个人的改变

　　群众参与不仅对社区事务有帮助，同时对参与者本人也是一个锻炼的机会，可以丰富他们的生活，令其增强自信，提高面对压力时的应变能力，获得个人的进一步完善和发展。

2.选择动员对象

　　工作者不能指望所有居民都肯参与到社区工作之中，因为任何组织内部都会存在个别冷漠、消极甚至抗拒的成员，那不是动员的对象。社区工作者应该选择那些态度积极、工作热情，或者那些有兴趣但尚采取观望态度的成员。

3.让参加者感到自己的成就和贡献

　　根据参加者的兴趣和意愿分配给参加者一定的任务，待其完成后给予肯定，让他感到自己的价值。

4.减少参加者付出的代价

　　以往居民不愿参与是因为参与的代价太大，如时间太长、缺乏效率。工作者应适时支援及合理安排，使参与者体会到无须付出太多的时间、金钱或精力，保持其参与的热情。

5.注意工作者自身素质对居民参与的影响

　　工作者的工作成效和自身良好的能力素养，可以给人一种号召力和吸引力，所以工作者留给居民的印象，对动员效果有决定性的影响。

（三）步骤

（1）准备。动员的对象是谁，在哪里及如何接触到这些对象，动员群众做什么事，用什么策略打动群众的心，如果对方抗拒该如何反应及应变。

（2）开始接触。自我介绍，令对方信任；了解对方想法，初步建立关系：仔细聆听，使对方感到受重视；与之初步探讨社区问题，探听虚实。

（3）鼓动群众情绪。使群众发觉、意识到社区问题的存在；使他们意识到必须合力解决问题；与群众探讨集体行动的得失；使他们对自己的参与能力有信心。

（4）要求群众参与。时机成熟时请对方参与；对方答应后，留下联络方式，告知行动步骤和需要做的准备等；如没得到及时的回答，可给其留一定的考虑时间，等待其选择结果。

（5）提醒群众参与。群众答应的时间和具体活动的时间若相隔太远，就要在活动前一天或数天前以家访或电话联络的方式提醒；对没确定参加的居民，在活动举行前再去提醒，往往收到效果较好。

（6）群众参与。表示欢迎、欣赏和支持，不要冷落他们；使参加者互相认识，使其尽快感到是团体的一分子。

（四）方法

发动群众要讲究方式、方法，收到的效果才能事半功倍。具体说来可分为直接接触和间接发动（非直接接触）两种途径。

1.直接接触

（1）上门法。这是常用及有效的方法。通过这种方式可以更好地动员群众，特别是对于起初不愿意参与的群众，上门能给人以亲切感，可以通过进一步的情感交流去打动对方。不过，这种方式操作起来需要相当的人力支持。

（2）宣传法。可以印制信件或宣传单，寄给群众。这种方式可以向群众讲解动员群众参与事件的详细情节，但若遇不识字的群众，这种方法则大打折扣。

（3）电话联络法。这种方式较上门可省大量的人力，但需要短时间内做大量的工作，且谈话的内容不宜太具体、太深入，只能就一些基本问题做一些交流，如开会时间、地点等。

（4）召开群众大会法。召开群众大会，就动员事情进行讨论，在情绪高涨的气氛及集体压力下，很多群众都会表示愿意参与。

（5）滚雪球法。通过现有的参与人员去动员其身边的人员参与，或通过现有参与团体去动员团体内更多的人参与，这不失为一种快捷的方法。

2.间接发动

有时工作者虽不与居民面对面进行交流，但可以利用一些间接的方法达到类似的目的。最为常用的方法便是借助大众传播媒介报道、展板和广告宣传、电视新闻稿、宣传单张、信箱广告、招贴和海报条幅等。这种方法是比较省力的方法，但其效果往往不是很明显，特别是对于本身参与意识不强的人来说更是如此。

对于以上这几种方法，在实际工作中需要考虑多方面的因素，各种方法可互相配合使用。

（五）劝服技巧

在动员居民的过程中，常会遇到许多实际情况，如何恰当地对其进行处理，下面举几个实例加以说明：

1.居民："我文化水平低，没法参与。"

工作者的反应：

"你认识的李嫂、张嫂都来了，你当然要来!"（策略：熟人参与）

"大家一起学习，慢慢就可以了。"（策略：互相帮助）

"××起初和你一样担心，但后来参加活动后真的改变了许多。"（策略：成功示范）

2.居民："只有我们几个人也难成什么大事。"

工作者的反应：

"最近大家加班很累，有时难免缺席。"（策略：体谅他人）

"你们下班这么累还来参与，实在让人感动!"（策略：赞赏对象）

3.居民："上次都已经试过了不成功，为什么还要试验?"

工作者的反应：

"上次你一人去所以不成功，今天我们大家一起去，效果一定不错。"（策略：告别失意）

"一次不行不等于次次不行。"（策略：纠正以偏概全）

4.居民："我没时间，看何时有空再说吧!"

工作者的反应：

"下星期我会在同一时间等候你的消息!"（策略：诉诸权威）

"参与其实不太费时间，况且有事时还可临时退出。"（策略：减少代价）

总之，在发动过程中，要注意掌握方式方法和善于总结经验，以积极的态度和工作的技巧团结、吸引更多的有识之士，投身社区建设和发展之中，使社区工作因广大居民的参与而更加丰富和充满活力。

二、召开居民会议

（一）居民会议的作用

居民会议是民主参与的途径之一。参加者民主平等地表达与分享个人的意见和主张，彼此加深认识，相互影响，提高民主参与的意识，共同推进社区建设。

（二）会议步骤

通常会议分会前准备、会议进行、会后促进和行动四个步骤。

（1）会前准备。会议的目的是什么；会议内容及程序安排、资料准备；参会人员的确定及通知；场地设备的安排（座位、用具等）；提前到场检查各项安排落实情况及人员联络；会前接待。

（2）会议进行。会场气氛民主、平等、轻松；按议程进行，注意把握时间；有集中讨论、反馈时间，不能拖延时间太长；决议要经反复讨论，谨慎通过；注意观察和掌握会场气氛和与会者的反应；主持人做集中归纳和总结，突出主题及收获。

（3）会后促进。进一步明确会议决定；着手会议决定的工作；通知未出席者有关会议的重要内容和决定；整理好会议记录，将任务落实到人。

（4）行动。执行会议决定，必要时征求有关人员意见，做好下次会议报告行动的准备，并随时向与会者通报工作进展情况。

（三）会议主持的技巧

会议中，主持者的技巧以及所带动的场内气氛是会议成功的关键。主持者作为会议的核心要掌握以下一些技巧：

（1）聆听。要让发言者知道你在仔细听他发表的意见，要从讲话人的语言内涵和表达方式中收集更多的信息，还要同时观察到其他与会者的反应。

（2）提问和邀请发言。要善于启发、引导和鼓励参与者发表意见，用开放式的问题给每个人均等的机会，有时也要特别邀请征求有关人员的意见或阻止滔滔不绝者的发言。

（3）注意澄清和引导。为使发言不离主题，要适时复述成员的意见，及时核实和纠正一些观念。

（4）综合、集中。及时综合各方的意见，作出总结分析，找出共同点、分歧点，把握会议进程。

（5）多用赞美和鼓励。对发言和提供信息的人予以及时的鼓励和肯定，使其感到被尊重和重视，增加日后参加社区活动的积极性。

（6）运用身体语言。主持人的目光、面部表情、身体姿态都可以辅助会议的主持。尤其目光和表情的运用，要让参加者感受到主持人对每个人同样的关注，态度要开放、谦和、友善、民主。

（7）时间运用准确，会期适中，不拖延。

（四）会议的组织要点

一个成功的会议要遵守下列守则：

①会议目的清楚；②认真计划会议进程；③邀请有关或有需要的人士参加；④事前向有关人士简介会议情况；⑤主持人主持会议而不是垄断会议，不要只听到你的发言声音；⑥让所有人有发言机会，互相沟通，彼此回应；⑦使参加者身心舒畅，觉得参加会议有所收获；⑧保证会议能带来行动；⑨小心会而不议、议而不决、决而不行、行而无人负责。

如果是居民大会，那么会前的宣传及动员要成为重点工作之一。因为会议召开的目的就是将重要的社区问题和事件告知居民，使他们加强对问题的认识、提高关注程度。所以广泛的动员也是一种宣传推广工作，可以通过各种海报、宣传单、展览和走访，让更多的社区民众了解会议目标，关注和参加会议。

三、社区宣传教育与传媒的利用

（一）社区宣传教育

1.对象及重点

从总体上说，社区教育的重点宜放在大力开展社区成人教育上。充分利用各种教育手段、方式方法、各种媒体及信息渠道，针对社区内不同群体工作、学习的特点和需求，为公众提供多样化教育服务，包括成人文化教育、成人职业培训、社区文化生活教育、社区文明教育等，以满足社区成员不同的教育文化需求和素质提高的需要。另外，还要重视社会弱势群体的教育，如转岗下岗培训、残疾人教育、老年教育等，使社区内社会弱势群体通过教育提高自身素质，建立自信理念，获得社会认可，融入社会，促进社区稳定与繁荣。

2.宣传动员的方法

社区宣传动员的方法很多。可以印制宣传资料，张贴或发到居民手中；可以发动社区党员、居民代表、居民小组（楼、道）长进行宣传；可以利用黑板报、宣传栏、标语、横幅等方式进行宣传；可以利用小区的广播、有线电视或网站等资源，将各项资料上网公布；还有组织专题宣传月、宣传周及邀请活动，扩大社区的影响。

（二）传播媒介运用

下面我们重点介绍在社区工作中媒体运用的策略及具体方法。

1.制定媒介策略，发展媒介关系

社区媒介策略是指社区工作中运用传媒扩大社区影响的一整套方针和部署方法。由于每个社区状况不同、工作策略和重点不同、存在的问题不同、与传媒发展的关系不同，因而也会有不同的传媒运作的策略。

（1）要收集传媒工作者的资料。根据各自的工作内容制订一份清单，在此基础上进行初步的接触，介绍自己及其所在社区组织及职能，给人留下良好的印象。

（2）发展与媒介的关系。关系建立因工作计划、取向和手法、阶段不同而不同。大体上有下列几方面的工作：

①注意和了解传媒及其作者的工作情况。

②尽可能采用当面拜访的方式。

③主动介绍自己，宣传自己。

④表示对沟通工作的兴趣。

⑤听他讲自己的工作及其感受。

其中传媒与工作者的关系可能有两种："双向—不对称"、"双向—对称"。

"双向—不对称"：工作者十分明确什么样的新闻报道具备价值、会被传媒采用，因而主动做好新闻交予传媒协助刊登。

"双向—对称"：组织很少提供现成的资料给传媒，而经常是协助传媒挖掘组织内部具有新闻价值的人和事，请传媒进行亲自的采访报道，因而更具真实性、客观性。

以往那种将资料和信息一厢情愿地发给传媒，不考虑对方需要和刊发可能的"单向—不对称"式的关系，应特别加以避免。

2.制造媒介事件，吸引传媒报道

事件对媒介的吸引固然是新闻报道的重要内容，但如果事件的目标是"吸引"传媒的注意，则考虑新闻的价值所在就是首要的任务了，只有"对症下药"才能发挥奇效。通常能吸引传媒关注，具有新闻性的事件，具有以下特点：

①事件涉及的人数众多，与大众有直接关系。

②事情非同寻常。

③涉及著名人物或重要人物。

④有新的或权威的发现。

⑤事件的主题配合当前新闻的热点。

⑥事件具有人情味和独特性。

3.运用传媒的途径和技巧

传媒的运用可以有多种途径。在活动中采访报道、召开记者招待会、人物专访、事件的特写等，都可以达到宣传及扩大影响的目的。下面介绍几种常用的传媒途径：新闻稿撰写、举办记者招待会及个人专访。

（1）邀请记者与撰写新闻稿。为了突出事件的重要性，扩大影响，在举办一些活动时应邀请记者出席采访。事前为了告知及吸引记者，要以口头或书面的形式联络媒体，以便于安排人员和布置设备进行采访。通常在邀请记者时应告知下列事项：

①单位或机构名称、简况介绍（自身的历史、影响等）。

②组织的活动名称、背景和主要内容、预期效果、独特性、重要性（即新闻价值）。

③活动的主要议程，要安排时间、地点（交通线路）。

④如有重要人物到访及有进一步的资料派发应一并说明，以吸引记者的到来。

⑤注明联络人、联系电话、传真、电子邮件地址等。

新闻稿撰写的要点：

①新闻稿的结构包括标题、导语、主体、背景、结论五部分。

②新闻稿一般呈"倒三角形"结构，将最重要的信息放在前面写，即将人物或事件（who）、时间（when）、地点（where）、为什么（why）、做什么（what）放在第一二段，按照新闻事实的重要性，由大到小顺序依次排列，以方便编辑在版面不够时删减而不致影响整体新闻价值。

③实例、权威统计数字、公共政策中的一些参考资料和比较放在第三四段。

④举一些生动的例子可以增加可读性、可信性和感染力。

⑤有关背景资料可附后以做补充之用。

⑥注明稿件提供单位和联络人联络方式。

（2）记者招待会。记者招待会也称新闻发布会，是组织为公布重大新闻或解释重要方针政策，邀请新闻记者参加的一种特殊会议。

开好记者招待会要做的准备包括：

①会议的必要性研究。

②确定会议主题。

③确定邀请记者的范围。

④选定时间和地点。

⑤选定主持人和发言人。

⑥根据主题准备各种材料。

⑦做好会务工作：发请柬、布置会场、检查设备配置、确定会议程序。

⑧必要时安排参观或会后举行茶会、酒会、便餐等招待活动。

⑨做好经费预算。

⑩做好会议效果的检核工作。

（3）接受传媒访问。社区工作者为了扩大自身工作的影响范围，宣传政策或经验，可以应邀或主动设计一些新闻采访。为了保证效果，提前的准备工作很重要：

①了解采访会在何种媒体上，什么时段向观众播发，影响的时间和范围。如是电视、电台还是报刊，是专访还是新闻片断采访，播出时间、刊发版面如何。以提前做好相应准备。

②收集有关资料。如统计数字资料、研究资料、典型案例、有关政策或官方观点等，通过收集的资料来补充自己的观点和加强说服力。

③选择从一二个不同的角度谈论一个问题，并引用例子说明，以使分析和论证更具体化、形象化。

④将观点按重要性和逻辑关系等顺序排列起来，表达要浅显易懂。

⑤预先构想会被问及的问题，并做一定的准备。

⑥可与记者协商讨论采访的内容，做好心理准备。

接受访问时，要结合谈论的问题，考虑自己的立场态度并使之与内容相吻合。要考虑受众的状况，有针对性地进行表述，态度诚恳、内心平和、语言流畅、声音清晰，围绕中心进行表达，并做适当的总结。总之，要有充分的准备才会有自信，才能做到应变灵活、落落大方，收到最好的宣传效果。

（4）运用社区媒体。社区媒体是一种小范围内传播和沟通信息的媒介。与一般媒体不同，社区媒体只针对某一特定区域及对象发行，社区媒体的内容及焦点也着重在特定区域内所发生的事情。目前，常见的社区媒体形式有社区报、社区电台、社区电视台、社区网站等。

下面是一些可挖掘和利用的社区媒体资源及内容，供社区工作者参考。

①社区通讯：报道社区生活信息，如停水、停电通知，低保金申领办法等居民关心的信息。

②社区活动剪影：记录并报道社区活动的进展、分工及资源整合状况、活动过程精彩节录等。

③我爱我家：报道社区的特色、古迹采风、奇人轶事、名人追踪、老树的故事、翻开老相册等。

④关怀社区：报道社区内需要居民关心的人、事、物，如需要有人浇水的行道树、需要送餐服务的独居老人……以及对社区关心付出的小故事。

⑤社区环保：介绍简易的环保方法或是发动全社区的环保活动，甚至是请居民提供各种环保妙方等。

⑥社区保健：介绍健康保健常识、最新医疗信息、营养知识，或深入报道社区附近医院等各项特色设施。

⑦社区商情报道：报道社区内商店的特卖活动、房屋租售信息等。

⑧专题报道：结合不同时期的社会关注热点，及时向居民宣传介绍有关改革

的政策、观念等。

⑨我有话要说：是居民表达想法的空间，可在电子式的社区媒体进行讨论等。

社区媒体的发行时间要依照社区内可运用的人力及物力资源、社区当时的状况来决定，如社区报的发行，有"周刊"、"双周刊"、"月刊"、"双月刊"、"季刊"或是不定期发行等多种选择。如是针对社区活动成效密集的信息，则可采用不定期的"快报"及固定的街心宣传栏，将最新的信息传递给社区居民。

任务二 掌握社区规划的工作技巧

情境导入

某社区是刚成立的公租房社区，人口结构复杂，有大学毕业生、低保户、打工者、村民、生活贫困者等。由于社区里商店不多，因此吸引了很多商贩摊点，如卖菜摊点、啤酒摊点、烧烤摊点等，方便了社区居民的生活，可也造成了社区环境脏乱差和治安问题等不良状况。社区工作者小张准备对社区进行规划，建成服务型社区。

任务描述

根据上述情境，请讨论分析以下问题：
1.什么是服务型社区？
2.社区规划的基本内容有哪些？
3.社区规划的程序和方法有哪些？

任务实施

1.按每10人为一组对全班同学进行分组。
2.以小组为单位根据情境，展开主题讨论。
3.各小组选派代表汇报、分享讨论结果。

任务总结

1.教师结合情境对任务要求进行分析。
2.教师对各小组讨论结果进行点评与讲授。

任务反思

　　社区是人们的社会生活场域，社区居民都需要有一个安全、方便、舒适的社区环境。对于案例中新成立的公租房社区来讲，社区人口复杂、社区摊点杂乱等容易造成治安、环境卫生等问题。社区工作者首先要对本社区进行规划，只有通过规划，让社区居民有一个舒服的社区环境，才能够开展好以后的社区工作。再进行规划时，社区工作者一定要结合社区居民的需求和社区管理的需求来进行。

知识链接

一、社区规划的内涵

（一）定义

　　社区规划是以社区为单位制定的规划，它是对社区建设与发展的整体部署与设计，故又称之为社区设计。通常情况下，社区规划是包括社区发展的目标、社区的结构与功能在内的总体规划。《中国社会工作百科全书》对社区规划下了这样的定义："社区规划是对社区建设的总体部署。其目的是有效利用社区资源，协调社区各种社会关系，合理配置生产力，有计划地发展居民的生活服务设施，提高社区规划的合理性，从而提高社区整体建设的经济与社会效益，保护生态环境，促进社区经济、社会的协调发展。"社区规划的目标是维系社区赖以生存和发展的物质体系，精神文化体系和社区内外部各方面的相互关系。

　　社区规划与城市规划既有联系，又有区别。联系主要表现在：社区是城市的基本社会单元，社区规划是城市规划的基本内容之一，社区文化、社区个性等直接影响城市规划；同时，社区规划也直接受城市规划的制约，社区规划应服从城市规划的全局。社区规划从整体上看，所涉及的内容与整个城市的城市规划所涉及的内容具有一致性，只不过由于所涉及范围和层次的不同而在内容深度、所发挥的作用以及规划的思想和方法等方面会有所不同而已。具体说，就是社区规划更加接近于居民的生活。

（二）基本原则

社区规划既是搞好社区建设的蓝图，又是搞好社区管理的依据。在制定社区规划时，要遵循一定的科学原则，不可盲目进行。通常情况下，社区规划要遵循系统性、先进性、动态性、可操作性、因地制宜和以人为本等原则。

（三）社区规划的意义

为了切实加强社区规划工作，认真贯彻有关社区规划的法规和条例，真正做到有法必依、执法必严，有必要进一步提高社区居民对社区规划工作重要意义的认识。社区规划的重要意义主要表现在以下几个方面。

1.科学的社区规划是加快社区建设的指导方针

俗话说"凡事预则立，不预则废。"对于社区建设来说，尤其如此。这是因为，社区建设具有综合性、长期性的特点。如果事先不作出科学、全面、系统的规划和安排，而是头痛医头、脚痛医脚，就必然会事倍功半，甚至造成巨大的浪费和无可挽回的损失。

2.科学的社区规划是搞好社区管理的主要依据

"三分建设，七分管理"，这对于社区建设与管理工作来说是完全适用的。一个科学、完整的社区建设总体规划，不仅应该包括经济建设、政治建设、文化建设、社会环境建设、生态环境建设、市政设施建设等方面的内容，而且还应该包括上述有关方面的管理体制、管理机构、管理条例、管理细则和管理人员的种种规定。

3.科学的社区规划是促进社区经济发展的重要纲领

社区经济要顺利发展，必须有符合当地当时实际情况的城市基础设施以及良好的社区管理、社区服务项目等软环境，而这一切正是社区规划的核心内容。如果没有符合实际的、科学的规划，单凭一时的热情随心所欲，或者简单地赶潮流，大搞重复建设，忽视经济基础设施的配套，忽视硬软投资环境的改善，要想顺利发展社区经济是不可能的。

4.科学的社区规划是提高社区居民生活质量的基本保证

社区居民是社区建设的主体，也应是社区各项工作的主要服务对象与受益对象。目前，有些社区在开展社区建设的过程中，缺乏科学的规划作为指导，只顾眼前利益，不着眼未来的发展与子孙后代的利益，进行盲目的开发与建设，这类现象需要我们提高警惕。

5.科学的社区规划是实现社区居民与社区资源和谐的重要措施

社区居民与社区资源的关系体现在两个方面：一是社区居民对社区资源的影响与作用，包括从自然界索取资源与空间，享受生态系统提供的服务功能，向环境排放废弃物；二是社区资源对社区居民的影响与反作用，包括资源环境对社区居民生存发展的制约，自然灾害、环境污染与生态退化对社区发展的负面影响。

二、社区规划的基本内容

（一）社区规划的类型

按照不同标准，社区规划可分为不同类型，下面介绍两种常用的划分标准及类型。

（1）按照规划的主要内容，社区规划可分为总体规划和专业规划。所谓总体规划，是指对社区的性质、功能、发展方向、社区建设的各个方面（包括社区组织、社区服务项目、社区文化、社区卫生、社区环境、社区治安和社区经济等）以及社区各发展阶段目标和主要措施作出总体部署的规划。总体规划注重规划的总体性和综合性。所谓专业规划，是指仅涉及社区建设的某一领域、某一方面内容的规划，如社区服务项目发展规划、社区环境建设规划等，都只是社区建设某一领域或某一方面的专业性规划。

（2）按照规划实现的时期，社区规划可分为近期规划、中期规划和远期规划。所谓近期规划，一般是指1~2年、最多3年内实现的规划；所谓中期规划，一般是指3~5年、最多5~8年内实现的规划；所谓远期规划，一般是指8~10年，甚至20年、30年、50年内实现的规划。

（二）社区规划的基本内容

制定社区规划要求根据社会发展的总体目标，从社区的实际出发，运用系统分析技术，决定最佳行动方案，以达到预期的社区目标，解决社区共同问题，引导社区健康发展。社区规划的内容是多方面、多层次的，而基本内容一般由四个方面构成，即社区现状分析、社区发展目标、社区发展要素、社区发展条件。

1.社区现状分析

社区现状分析是实现社区规划从实际出发的必要步骤，也是社区规划的构成部分。

（1）社区现状分析一般从空间环境入手，将经济、人口、科技、教育、文化、社会生活等各种数据，按指标法分类测评，并将测评结果进行可比性分析，从而获得对社区发展阶段、水平和社区发展要素的科学认识。

（2）社区现状分析要以经常的科学统计数据为依据，采用调查研究与统计的方法。缺乏经常的科学统计资料，社区现状分析将十分困难。为了统计的经常化与科学化，需要有系统的指标体系以及按照指标体系获得统计数字的渠道。没有统计指标的数据，则难以对社区现状作出全面、科学的分析。

（3）社区现状分析要分析社区的优势、拥有的资源、存在的不足、社区发展的潜力与机会、社区发展的障碍以及周围环境对社区发展构成的威胁。社区现状的这种可比性分析，要求延伸对社区状况的认识，了解可比社区的基本现状，以便经过比较分析，更准确、深刻地认识社区现状。没有比较分析，对社区现状的认识只能是片面的；只有通过比较分析，认识社区现状才会立体、深刻。

2.社区发展目标

社区发展总体目标应该具有战略性、全面性、长远性和概括性的特点。战略性是指它能超越一般人的视野，站在较高的高度，在综合考虑社区的各种因素的基础上来规划社区，从而实现人和社区的和谐发展。全面性是指它所规定的是整个规划最根本的要求，这些要求对整个规划都起着制约的作用。长远性是指所规定的是特定的未来阶段的要求，是社区发展的趋势与结果。概括性是指它高度集中地反映了整个规划的精神。社区建设的总体目标规划应反映规划年限内整个社区所应达到的总体水平，并对各主要部分的规划起规范作用。总体目标的确定，主要依据对社区现状的科学分析和对社区发展的科学预测。

3.社区发展要素

社区发展要素规划是社区规划的主体部分。所谓社区要素规划，就是对社区基本要素的发展作出规划，包括人口、经济、教育和文化、保障和服务、环境、生活质量、共同意识以及要素整合等诸多方面。

（1）社区人口。衡量社区规模的一个重要标志是人口数量，社区的特点则主要取决于人口的结构。

（2）社区经济。产业结构、产品结构、技术结构、社区经济的空间分布结构以及资源构成等，都是分析社区经济结构的主要内容。

（3）社区的教育和文化。社区教育主要指社区基础教育、职业教育、成人教育、高等教育等；社区文化指通行于社区范围内的特定文化现象，包括社区成员的信仰、价值观、行为规范、风俗习惯、生活方式、历史传统、地方语言和特定象征等，还包括各种文化设施及文娱活动等。各种文化设施是形成社区文化的必要条件。

（4）社区保障与服务。社区保障与服务规划应包括社会保险覆盖率、社会救济覆盖率、社区社会福利设施数量、社区便民利民覆盖率、受社会护理老人比重、有劳动能力残疾人自立率，每万人拥有商业、服务业网点数，每万人拥有电话、手机、计算机数等方面。

（5）社区环境。社区环境包括环境固定源噪声控制达标率、烟尘合格率、污水处理率、绿化覆盖率、人均绿地面积、每万人刑事案件发案率、非正常死亡率、民事纠纷调解成功率、每百户家庭防盗设施拥有量等主要指标。

（6）社区生活质量。社区生活质量指标包括家庭人均生活费及年收入、居民家庭人均生活费支出、人均食品消费占支出的比重、人均居住面积、住房成套率、家用煤气普及率、人均月生活用水量、人均月生活用电量、每百户居民耐用消费品拥有量等主要指标。

（7）社区共同意识。社区共同意识又称社区归属感，指社区成员将自己归入一定社会共同体的思想和心理状态，这是社区成员对其生活的社区所产生的一种特殊感情。

（8）社区整合。社区整合主要表现为社区归属感的增强、社区成员积极性的提高、社区互助合作机制的健全、全社区参与活动的增多。社区整合主要是通过有效的社区工作实现的。

4.社区发展条件

社区发展条件规划是社区规划的支持和保障系统。社区发展条件规划主要是指社区的运行机制和管理体制，大体上可以划分为行政调控管理系统、中介执行系统、经费运筹和价值管理系统、经营服务系统、公益服务系统五个部分。行政调控管理系统主要是指政府在社区中行使的职能和作用。中介执行系统是指社区事务的具体经办机构，这种机构与政府有着密切的关系，与社会和社会群体也保持着密切联系，能为社区项目服务。经费运筹和价值管理系统由金融机构、基金组织、资产经营公司和其他集资及其管理机构组成。社区的经营服务系统应做到真正地面向市场，以便更有效地服务于社区。公益服务系统承担了社区最基本的社会生活保障，这个系统面向全社区成员落实社会保障的各种具体措施，为社区居民提供各种便民利民的日常服务。只有做好以上起支持和保障作用的五个系统的规划工作，整个社区规划的内容才能获得切实的保证。

三、社区规划的程序与方法

（一）社区规划的程序

社区规划是社区建设的蓝图，是社区管理的依据，是一个利用社区现有资源、促进社区全方位发展的纲领性文件。因此，规划的制定绝不可草率，必须按照科学程序逐步进行。一般来说，社区规划的制定要经历社区实地调查、整理分析社区资料、确定社区规划目标、制定规划草案、确定方案五个阶段。

1.社区实地调查

社区实地调查是社区规划程序的开始，也是整个社区规划最主要、最艰苦的一个步骤。它的主要任务是调查了解社区地理、自然、经济、政治、文化的历史和现实以及未来发展趋势，掌握社区资源的分布与利用状况等，为下一步制定规划草案做准备。

（1）社区实地调查需搜集的资料。

第一，社区地理概况。包括社区的地理位置，社区所属行政区划及其历史沿革,社区的气象、水文、地质、地貌及自然资源条件等。

第二,社区政治概况。主要包括社区组织的发展及建设情况,社区自治及居民参与情况,各阶层的政治态度及利益协调情况等。

第三,社区人口状况。主要包括人口的数量和素质,人口的性别结构、年龄结构和文化结构,人口的出生率、死亡率、自然增长率、迁移增长率和计划生育率以及常住人口、临时居住人口和流动人口之间的比例等。

第四,社区经济状况。主要包括社区生产力发展水平,产业结构、行业结构、技术结构和企业结构,生产或经营状况以及所有制结构、分配水平和结构等。

第五,社区文化状况。包括教育、科学、文化、卫生、体育等事业的发展现状和存在的问题等。

第六,社区基础设施建设情况。包括居民住宅、生产设施、服务设施、基础设施的数量和质量,及其分布状况和利用率等。

第七,社区环境状况。包括废气、污水、废渣的数量和处理情况,易燃易爆物的分布及其危害,噪声的产生及其危害以及公共卫生、园林绿化的情况等。

第八,社区问题和社区需要。对于社区问题,应主要了解存在于社区中,对社区居民生活有不良影响的事件或问题。在社区需要方面,应主要了解社区居民的普遍需要是否得到满足。

(2)社区资料收集方法。收集以上社区资料的方法有很多,具体内容见前文介绍。

2.整理分析社区资料

整理资料是指运用科学的方法,对所搜集的资料进行审查、检验、分类、汇总等初步加工,使之系统化和条理化,并以集中、简明的方式反映被调查对象总体情况的工作过程。整理资料是提高搜集资料的质量和使用价值的必要步骤,是研究资料的重要基础,同时还是保存资料的客观要求。因此,认真做好整理资料工作,对于科学制定社区规划具有重要意义。

整理资料要遵循以下原则:

真实性原则。整理所得的资料必须是真实的、可靠的,而不是主观臆造的,更不能弄虚作假。

准确性原则。整理后的资料,事实要准确,特别是数据要准确,而不是含混不清、模棱两可,更不是前后相互矛盾。

完整性原则。整理出来的资料,应尽可能全面、完整,以便真实反映被调查对象的全貌,如果资料残缺不全,就有可能犯以偏概全的错误。

统一性原则。整理出来的资料,对于各个调查指标的解释要统一,对各项数据的计算方法和计量单位也要统一，否则就无法进行有效的比较研究，无法进行统计分析。

简明性原则。整理所得的资料，要尽可能简单、明确，并使它系统化、条理化，以集中的方式反映被调查对象总体的情况。

3.确定社区规划目标

在社区实地调查和现状分析的基础上，要提出和确定社区建设的规划目标。社区建设的规划目标是一个体系。从规划内容看，社区规划目标既包括总体目标，又包括社区组织、社区服务项目、社区文化、社区教育、社区治安、社区环境、社区卫生、社区经济等各主要方面的规划目标；从规划实施的时间看，社区规划目标既包括中长期的战略性目标，又包括阶段性、短期内要达到的操作性目标。

4.制定规划草案

完成了上述三个步骤之后，就进入了制定规划草案的阶段。规划草案往往由社区规划大纲、社区规划图以及一些用以说明问题的数据、表格等附件组成。

制定规划草案一般要遵循以下程序：

（1）提出任务。一般由决策机构提出制定规划的任务，并对规划的指导思想、基本原则和主要内容提出明确的要求。

（2）设计方案。设计方案即是由规划机构组织力量搜集资料和整理资料，并负责设计规划的方案。一般来说，规划机构应同时设计出几套方案，以便征询各个方面的意见和供决策机构选择。

（3）征询意见。主要是征询三个方面的意见，即有关专家的意见、各主管部门的意见和社区居民的意见。然后，根据各个方面的意见修改和完善原设计的方案。

（4）作出决策。作出决策即由决策机构根据规划机构设计出的几套方案和各个方面的意见，权衡利弊得失后，作出最后的决策。这个决策，既可能是原设计中的某一种方案，也可能是某几种方案的综合，再加上某些方面的修改和补充。

5.确定方案

就社区规划的指定而言，确立方案是最后一道程序，但也包含着一系列步骤。首先是选择草案。由于制定的社区规划草案可能是多个，这就需要决策机构经过反复讨论、比较，从多个草案中确定一个作为基本的社区规划方案。接着是征求意见和修改草案。对所选定的规划草案，要通过多种形式广泛征求社区居民、中介组织、辖区内企业事业单位、机关团体以及各级领导干部的意见，在此基础上，要对规划草案进行修改、补充，这也需要经过几次由上到下，由下到上反复的过程。最后是审议通过。经认真修改定稿的规划草案，要按一定程序送交审议机构审议，审议通过后由权威机构（一般是党委、政府）正式颁布社区规划方案，并开展付诸实施。至此，社区规划的制定程序即告完成。

（二）社区规划的方法

社区规划的方法既有定性方法，又有定量方法。定性方法主要有社会心态分析法、社区发展比较分析法等，定量方法主要有数学模型法、社会指标法等。

社会心态分析法在制定社区规划过程中起着重要作用。所谓社会心态是指在一定社会条件下普遍存在的社会心理特征。社区规划是以人的需要和发展为中心的，所以必须了解，反映人的共同心理特征，即社会心态。具体说，就是要对人们看待社区各种事务普遍存在的赞成、存疑、反对等态度进行全面调查了解，作出中肯的分析，并把得到的情况作为制定社区规划的依据。社会心态分析是一个相当复杂的过程，必须恰当选择反映共同心理特征的问题，所选问题要有针对性、启发性，又有可能说明主要的、本质的方面，问题选择不当就难以真正把握社会心态。研究社会心态需要有必要的数据，但又不能停留在数据上，要适当进行分析。社会心态分析要客观、求实、防止诱导。

社区规划的数学模型法，就是建立起社区发展综合评价的数学模型。即在分别将各类评价指标量化的基础上，根据它们的内在结构关系，包括各自的重要程度等级，建立相应的数学表达式。制定社区规划过程中使用数学模型法，可以使社区发展的综合评价更加科学。数学模型法是社区发展和制定社区规划的一种综合性定量分析。它的准确性取决于指标的设置和相应的科学数据的取舍。

在制定社区规划的过程中，一般要采用定量分析与定性分析相结合的方法。就具体的社区规划而言，定量是必要的、重要的，因为量的概念是规划的构成要素。从一定意义上来说，缺乏必要的量的概念，不可能制定合理的规划。但同时也应看到，规划绝不仅仅是量的堆积，仅有各种数量不可能构成规划。在重视定量分析的同时，更要重视定性分析。规划的指导思想、规划的战略目标、规划的价值判断等，都需要有正确的理论、思想作指导，都需要有定性分析。一个目标明确、思路清晰、内容具体、操作性强的社区规划，是结合定量和定性综合分析方法的结果。

（三）社区规划的实施

社区规划制定出来后，无论是近期规划，还是中期规划或远期规划，也无论是总体规划，还是专业规划，都需要一个连续的实施过程。在这个过程中，可能会产生各种矛盾与政策性问题，不解决这些问题将导致社区工作规划的搁浅。另外，一个概括性较强的中、长期规划，也需要分成若干个循序渐进的执行阶段。总之，制定规划的最终效果取决于它的实施。所以，社区规划需要最有力的保障条件使其顺利实施，这些条件可概括为以下几个方面。

1. 广泛宣传和引导社区成员共同参与

在规划制定之后，应该组织广大党员干部，对社区工作规划的总体目标、各项具体目标及实现目标的意义在社区成员中进行宣传，使这些目标为社区居民所了解和关心，使社区居民最终成为实施社区规划的监督者与参与者，从而使社区规划目标的实现成为社区全体成员共同努力奋斗的方向。

2. 整合社区内各种社会力量，形成社区建设与管理的合力

社区规划的实施是个系统工程，单靠一方面的力量是不可能顺利实施的。它涉及各个方面，牵涉社区内所有职能部门和企事业单位，必须动员这些方面的力量，才能形成系统的行动。

3. 发挥社区资源的整体优势

在实施社区规划时，要将社区的所有资源置于社区整体中来考虑，强调在整个社区范围内的资源优化配置，以便达到事半功倍的效果。在解决城市社区内大量的社会需求时，也应该注重利用社区中的各种社会力量，发挥所有社会资源，在大范围内优化目标。

4. 发展街区经济，拓展资金渠道

社区建设，资金是基础。在现阶段的财政体制下，不仅需要政府加强财政拨款的力度，同时发展社区经济这一必不可少的资金来源也是社区建设中的重要部分。

5. 制定实施计划，加强监督检查

社区发展规划的实施，需要强有力的组织保障。为此应该做到：根据总体规划和各项规划的目标与任务，组织力量，分工负责，落实到有关部门的具体成员，务必使人员到位，责任到身。除日常工作外，每年定期对规划实施情况进行监督，协助解决困难；每年对实施规划的有关部门与人员进行一次总结性评比，要有激励机制，并要将工作总结向街道党工委与办事处做汇报，召开居民代表会议通报规划实施情况；在规划实施过程中如实际情况发生变化，可对规划的实施提出必要的调整和修改意见，提交街道办事处及有关单位共同研究。

社区规划是一项系统性很强的工作，任何一个环节的疏漏都会影响最终的实际效果。只有自始至终地调动社区本身的力量，尤其是动员广大社区群众参与，才能使社区工作规划出实效，促进社区协调发展。

四、社区规划指标

（一）社区规划指标的概念及其要求

社区建设需要社区指标，而社区指标一般是指反映社区经济现象的数量特征的范畴，如人口、社区服务项目网点、社区活动参与率等。它们总是要通过一定的数值来说明，这样的数值称之为指标数值（或简称为指标值）。指标数值表示社会经济现象在一定的时间、地点和条件下达到的规模和水平。在社区建设中，无论是制定社区规划，还是评估、考核、推动社区工作，都离不开一系列科学指标。指标法是制定社区规划的一种十分有效而又广泛采用的方法，是检验社区建设工作进展情况的有效方法。

虽然社区建设与规划的指标体系仍处于探索之中，但社区规划指标的制定仍需一些基本原则，只有满足这些原则，我们的社区建设与规划指标才能制定得规范与科学。这些原则体现在如下一些要求中：

（1）社区规划的指标体系中既要有主观指标，又要有客观指标。所谓主观指标是指反映人们的主观意愿和主观评价的指标，它可以广泛地应用于了解社区居民对社区建设的看法、态度和满意程度等方面。所谓客观指标指的是反映既成的客观事实的指标，如社区服务项目设施的数目、社区建设的经费投入数额、社区内人均绿地面积等。它是了解和掌握社区建设状况的最基本的指标，也是进行社区规划的基础性指标。

（2）社区规划的指标体系既要满足完整性的要求，又要注意总体结构的协调性。所谓满足完整性，指的是社区指标体系应该能够反映社区建设的各个方面的内容；所谓反映协调性要求，是指在设计社区建设指标体系时，要注意各部分之间的合理搭配问题。

（3）社区规划的指标体系既应具有指导性，又应具有可行性。所谓指导性，就是要求我们用具体指标将社区建设要达到的主要目标反映出来、揭示出来，从正面加以正确引导。与此相联系，还必须遵循可行性原则，也就是注意指标的实用性、可操作性。不要过于追求指标的多、全、细，把指标体系变得非常庞杂，使资料的搜集、整理、汇总和分析无从下手，使得评估指标无法应用于社区建设实践。

（二）社区规划指标体系

社区规划的指标体系主要包括以下十大类。

1.社区人口指标体系

人口指标体系是对社区人口进行衡量、评估和规划的指标体系，包括人口规模、人口结构和人口变化趋势3个二级指标以及人口数量、人口密度、人口年龄结构、人口性别结构、人口职业结构、人口文化程度结构、人口出生率和人口死亡率8个三级指标。

2.社区环境指标体系

社区环境指标体系主要包括：噪声控制达标率、烟尘合格率、工业污水处理率、绿化覆盖率、蚊蝇密度达到率、生活垃圾袋装化和定时定点倾倒率、社区居民对社区环境的满意率等。

3.社区安全指标体系

社区安全指标由家庭安全、楼宇安全、小区安全、驻区单位安全、社区安全5个二级指标和26个三级指标构成。

4.社区服务项目指标体系

社区服务项目指标体系由服务设施、服务项目、服务对象3个二级指标和25个三级指标构成。

5.社区教育指标体系

社区教育指标体系由教育设施、师资队伍、社区课程、教育类型、学习活动、网上学习、学习宣传、学习发展、学习管理9个二级指标和58个三级指标构成。

6.社区文化指标体系

社区文化指标体系由文化设施、文化组织、文化活动、文化领导4个二级指标和30个三级指标构成。

7.社区体育指标体系

社区体育指标体系由体育设施、体育组织、体育管理、体育活动4个二级指标和25个三级指标构成。

8.社区医疗保健指标体系

社区医疗保健指标体系由街道医院、社区卫生站2个二级指标和27个三级指标构成。

9.社区经济指标体系

社区经济指标体系由驻区企业、社区半公益性实体、社区公益性实体、社区经管4个二级指标和18个三级指标构成。

10.社区信息管理指标体系

社区信息管理指标体系由信息组织、信息、信息收集、信息手段4个二级指标和12个三级指标构成。

任务三 掌握社区项目设计及评估

情境导入

某街道通过政府购买社工项目的形式支持了本街道1个社区的养老项目，项目结束时，街道社工科准备对项目进行评估并完成评估报告和探索出社区养老项目评估标准。小王是刚到街道社工科工作的社工毕业生，这一评估任务由小王负责，接到任务后，小王开始琢磨如何对社区养老项目进行评估。

任务描述

根据上述情境，请讨论分析以下问题：
1. 如果你是小王，接下来你会怎么做？
2. 社区服务项目的评估程序有哪些？
3. 社区服务项目的评估方法有哪些？

任务实施

1. 按每10人为一组对全班同学进行分组。
2. 以小组为单位根据情境，展开主题讨论。
3. 各小组选派代表汇报、分享讨论结果。

任务总结

1. 教师结合情境对任务要求进行分析。
2. 教师对各小组讨论结果进行点评与讲授。

任务反思

对社区服务项目效果的评估是社区工作运作过程的重要环节，及时进行有效的评估可以修正运作过程中的偏差，可以巩固和扩大社区工作的成效。社区服务项目评估工作是一项专业性、技术性、综合性很强的复杂工作，主要是运用一系列数量化统计指标进行定量和定性分析相结合的综合分析评估。具体的评析程序为：对每一项具体指标进行定量分析，即按照该项指标的标准分值进行分析后给予定性的结论，可采用分数制的方法，也可采用服务水平分类的方法。如根据抽样调查得出的平均水准，将每一个指标分为好、较好、一般、差四级评估结论，然后再进行评估。

知识链接

一、社区服务项目设计

本书以老年人文娱类服务项目的设计为例展开说明。

在设计老年人文化娱乐活动时，除了应充分考虑到老年人特有的生理特征和心理特征外，还要从本社区的实际情况出发，使设计的项目既满足本社区老年人的文化需求，又适应他们的文化消费水平。具体设计步骤如下：

第一步，根据本社区老年居民的构成情况，掌握老年人对文化娱乐的需求情况，包括文化娱乐的内容、形式及消费水平（是免费参与、低费用参与或高费用参与）。有关情况可从本社区的老年人文化团体、其他老年人团体、街道居委会干部、老年人子女、社区单位内的工会退休工作小组等加以了解，也可以利用以往的调查统计、相关社区活动资料。搜集资料的方法可综合利用社会调查的方法。这里以调查法为例，设计一份简单的老年人文娱需求问卷，问题主要包括：

（1）老年人姓名、年龄、退休后的经济收入及来源、养老形式（家庭养老、社会养老或其他），退休前职业、子女职业及收入。

（2）老年人有何文化爱好、文化特长。在退休前主要参加哪些文娱活动，现在参加哪些文娱活动。

（3）老年人对现在参加的文娱活动的满意程度及其理由（可设计成开放式主观题目，充分了解老年人的感受）。

（4）老年人对社区文化娱乐服务项目的建议和希望。

（5）老年人能接受哪种收费水平的文化娱乐活动（免费、低费用或高费用）。

第二步，在充分掌握以上情况后，经过综合分析，结合本社区现有的老年人文化娱乐设施状况，拟出老年人文化娱乐活动项目的初步设计，包括活动内容、活动形式、各种设施资源的准备、人员组织和培训、具体实施步骤、意外事故预防措施及注意事项等。

在设计项目的具体过程中，还要注意以下几点：

（1）根据社区的不同类别和不同功能，使项目设计具有合理性、层次性和多样性：

1）对高级住宅区，老年人文化娱乐项目的设计就要以文化素质要求高、具备比较高档的文化设施的高雅文化娱乐项目为主，如钢琴演奏、戏剧表演、歌咏朗诵、时装表演、书法绘画、桥牌棋类等。这类文化娱乐项目可以带给这部分文化层次较高的老年人更多的满足感，而且他们也能承担相关的必要费用。

2）针对一般住宅区，老年人的文化娱乐项目设计就应该多考虑活动形式的多样化、通俗化，设计以中低费用参与为主的项目。

3）针对低收入区，老年人的文化娱乐项目的设计应考虑活动的平民化，简易化，以不需要太多的场所、设备及启动基金的免费参与的项目为主。

（2）在文化娱乐服务项目的设计中，可以考虑运用新近出现的一些有效的组织形式。比如，开办老年大学等。这种组织形式可以同时满足多种文化层次和收入水平的老年人的需求，而且老年人在这种集体生活环境里，可以增加与他人交流的机会，还可以展示自己的才能。这样既丰富了老年人的精神生活，又解除了老年人心灵的孤独感，做到老有所乐，老有所学，老有所为。

（3）要充分了解在设计项目中需要的服务设施资源和物力资源，哪些是街道组织能够提供的，哪些是社区其他单位可以提供的，哪些是可以通过公关活动能借用的，基本的启动基金是否足够、能否及时投入，现有的服务工作人员是否够用，是否还需要进行培训等，做到心中有数，并做出应对措施。

第三步，把初步设计出来的文化娱乐服务项目向社区老年人代表、有关机构工作人员、社区其他居民和有关专家作通气说明，进行咨询，了解各方面的意见和建议，预测将会遇到的困难和矛盾，最后对初步设计再做出修改，以使项目更具合理性、操作性和有效性。

第四步，运用社区资源策划、社区倡导等工作手法，整合在服务项目中要使用到的各种设施资源、人力资源、物力资源和财力资源，连同相关社区服务组织，有关机构及其工作人员，根据项目实施计划和步骤，展开具体实际的工作。

第五步，服务项目正常推开后，要继续跟踪，了解其运行情况，及时发现问题和不足，并及时进行调整。

对社区服务项目效果的评估是社区工作运作过程中的重要环节，及时进行有效的评估可以修正运作过程中的偏差，可以巩固和扩大社区工作的成效。

二、社区服务项目的评估程序

（一）筹备评估小组及确定工作内容

（1）筹备评估小组。确定小组成员。对于一般规模的社区服务项目成效的评估，小组成员数目可在4～5人，较大规模服务的成效评估，小组人数也不宜多于7人。评估小组由社区服务项目管理部门人员主持，应当吸收有关人士参加。在评估中可以寻求专业人士的协助，例如问卷设计、数据统计分析等，不必把他们纳入为小组成员，尽量保持小组的精简和效率。

（2）确定工作内容。即确定成效评估工作的对象范围、评估工作进度表、评估的步骤、评估的要求等。

（3）形成小组初步工作计划并向有关人士咨询，以求完备。初步工作计划包括：进行评估的目标；小组的工作范围及工作期限；评估时间表。有关人士包括：参与本项社区服务项目的社区工作者、志愿者、组织机构成员及投资者等。

（二）掌握作为评估对象的社区服务项目的预期成效

确定作为评估对象的服务项目后，必须掌握其预期成效，才能为下一步制订评估指标提供依据和参照，可以通过以下途径掌握服务项目的预期成效：

（1）翻阅社区组织和社区服务项目活动的相关资料，包括服务对象的信访记录。

（2）咨询负责本项服务的社区工作者、参与过本项活动的志愿者及提供协助的社区社团。

（3）参考提供类似服务的组织的预期成效，参考与该服务项目有类似服务目标的组织的服务计划。

（4）咨询有关部门或人士，咨询服务项目的投资赞助者等。

（三）制订评估指标

1.制订评估指标的要求

制订评估指标是为了量度社区服务项目的成效，每项服务成效必须有至少一个评估指标。评估指标必须是具体、可观察、可量度、可比较的定性或定量的标准；每个评估指标都不要与其他指标重复。

2.找出影响服务成效的因素

制订评估指标时应考虑到影响服务成效的相关因素，这些因素包括：

（1）服务对象的人口特性：年龄、性别、教育水平、家庭收入、家庭状况、健康状况等。

（2）服务需求问题的复杂性及迫切程度。

（3）社区特性：经济情况、治安情况、气候情况、政治情况、民俗情况等。

（4）服务项目的内容、形式、时间、服务人数等。

在制订评估指标时，应当首要考虑主要的基本因素，而不应把偶然的次要因素都囊括在内。

（四）进行评估资料的搜集

（1）搜集评估资料的渠道包括服务记录、服务对象、相关社团的各种有关评估指标。

（2）搜集数据资料的方法包括查阅资料、自填问卷、面谈访问。

（五）分析评估资料并整理形成评估结论

分析时要客观考量评估资料的真实性和准确性。分析要以评估指标量度出服务的实际成效与预期成效是否一致，找出形成这种状况的原因，得出有关经验和教训。要以简洁易懂的方法展示评估结论，如用列表、折线图等来表示成效评估结论。

（六）运用服务成效评估的成果

1. 用于内部工作指导

（1）指导服务员工的工作改进。

（2）确定员工及志愿者的培训内容及技能要求。

（3）改善服务计划和工作策略。

（4）修订资金预算指标及进一步合理分配使用资源。

（5）修订服务成效的预期目标。

2. 用于对外事项的处理

（1）用新的要求聘用所需要的员工和志愿者。

（2）向有潜在服务需求的居民或中介机构推荐改进后的服务计划。

（3）寻找新的社区合作团体。

（4）按新的要求提升服务计划的公众形象。

（5）开辟新的渠道以增加社区服务项目的赞助费用。

三、具体层面社区服务项目评估的内容和指标

1. 社区服务项目评估的具体内容

具体社区服务项目评估的内容主要包括：

（1）社区服务项目的发展水平，即达到什么样的规模、速度等。

（2）社区服务项目的质量，即能否令人满意，是否真有实效等。

（3）社区服务项目的效率，即投入和产出是否相适应，资源是否被合理使用等。

（4）社区服务项目的效益，即受益面的大小、满足居民需求的程度、对社区发展影响的大小等。

（5）社区服务项目的组织化程度和管理水平。

（6）社区居民的参与状况，包括参与率、自助参与率，居民的参与意识，

团结意识等。

2.社区服务项目评估指标设计的原则

（1）评估指标必须坚持科学性原则。只有按照科学的原则才能确切地反映社区服务项目的真实性和客观性。例如，何为"设施服务"，它的概念和量化的范围该如何界定；又如，何为"便民利民服务"，它与一般性的商业、公用事业服务的区别等方面的基本概念。评估指标均应有统一的评估标准和考核尺度。

（2）评估指标必须坚持可操作性原则。具备了科学性的评估指标不一定都能进行准确的计量和测算，如"居民对社区服务项目的满意度"这个指标虽然能较直接、概括地反映居民对社区服务项目的感受和体会，但是，要取得经常性的确切资料是很困难的，所以在具体设计指标时还需体现可操作性原则。

（3）评估指标必须坚持在时间和空间范围上的可比性原则。制定的评估指标首先必须使评估的项目和内容本身在时间上具有可比性，能通过评估看出自身发展的速度、规模、所存在的问题和将来发展的目标；其次还必须具有横向可比性，即通过和其他地方的社区服务项目及内容的比较，能从中看出自己的优势和不足。所以要求制定的指标必须尽可能在大范围内通用，做到包括内容、范围、测算方法等基本一致，只有这样，才能在不同的地区（空间）进行类比，激发先进和鞭策后进。

（4）评估指标必须坚持导向性原则。即社区服务项目评估指标体现了社区服务项目的发展方向和宗旨；体现了开展社区服务项目的基本原则的方法；体现了开展社区服务项目的目的和作用等。通过评估检查，应能看出评估地区的社区服务项目是否有利于方便社区居民生活，是否有利于提高社区居民文化、教育和精神文明建设，其具体实施效果如何，还有哪些不足，及如何改进和加强等。

3.评估指标的分类和选用

依据上述评估内容和指标设计原则，社区服务项目评估指标主要为七大类：

（1）成果评估指标。涉及社区服务项目工作的各种结果、成绩、成就等，以客观指标为主。

（2）质量评估指标。涉及居民对社区服务项目的评价，以主观指标为主。

（3）效率评估指标。涉及投入与产出的比较，以客观指标为主。

（4）效益评估指标。涉及居民需要的满足状况和社区发展状况。

（5）组织评估指标。涉及社区服务项目的组织管理，以客观指标为主，辅以主观指标。

（6）参与评估指标。涉及居民的参与意识和参与行为，是客观指标和主观指标的结合。

（7）总体评估指标。涉及社区服务项目从总体上对社区发展和居民生活的影响，以主观指标为主，辅以客观指标。

四、社区服务项目实践中评估指标的应用

在具体社区服务项目评估实践中，评估指标又因目的、条件、手段不同，分为衡量社区服务项目效果的基本指标和衡量某个社区服务项目设施的基本指标。

1.衡量社区服务项目效果的基本指标

具体指标分为：

（1）社区参与率。社区参与率即发动社区居民和辖区单位参与社区服务项目活动的测定指标，其计算公式有二。

式一：

社区居民参与率=参与服务居民户数／社区居民总户数

式中的分子包括四种人：一是固定于一定岗位从事服务的专职服务者；二是参与互助服务的志愿服务者；三是既负责居委会工作，又参与社区服务项目的兼职工作者；四是社区范围内社区服务项目的领导和组织者。

式二：

辖区单位参与率=参与服务的单位数／辖区社会单位总数

社会单位在下面四项中，具备其中一项者，即可称参与了社区服务项目：①人力参与；②物力参与；③场地参与；④单位设施对社区开放。

（2）社区服务项目受益率。社区服务项目受益率是指社区居民和社会单位从社区服务项目处得到的帮助、照顾的比例值。居民受益以家庭为单位。

式一：

居民受益率=受益居民户数／社区居民户总数

居民受益率分为经常性受益和非经常性受益两类。对作为服务重点的社区的民政对象和困难户，进行包户性、制度性的服务；结为互助对子的户与户服务，相互之间有不间断的互助互济行为，属于经常受益户。其他受益户为非经常受益户。

式二：

社会单位受益率=受益社会单位数／辖区社会单位总数

社区单位受益有直接和间接之分。直接受益指辖区单位得到社区服务项目直接的帮助和服务，如安全保卫、环境治理、劳力提供等；间接受益指辖区单位所属的成员个人或家庭得到社区服务项目的帮助和照顾。

（3）社区需求满足率。社区需求满足率是指社区居民提出的需求通过服务得到满足的比例。其方法是首先通过普查和分散调查，了解本社区居民及社会单位有哪些服务需求，把这些需求汇总构成社区服务项目需求总量。在调查的基础上，有针对性地开展服务工作，使这些需求的部分或全部得到满足，就形成了需

求满足率。其计算公式为：

需求满足率=需求满足数／居民提出的需求总数

测算需求满足率时要注意内容的合理性，不能把社会职能部门应办的事情让社区服务项目来管。

需求满足率和服务受益率有所不同。前者是对服务需求件数的计算，后者是以户为单位计算，户受益的弹性较大，得到一次服务是受益，得到两次服务也是受益。两种计算方法各有所用，前者是对服务成果的具体测算，对服务成果的反映更准确些；后者着重反映服务辐射、渗透状况，是评估服务普及状况的指标。

（4）社区满意率。社区满意率是指社区居民和辖区单位根据自己的切身体验，对服务工作表示满意者占社区全体居民和单位的比例。其计算公式为：

居民满意率=对服务满意的居民／社区全体居民数

在实际评估中，由于社区家庭多、人口杂，对满意、不满意的全面测算较为困难，因此这项检验一般采取抽样调查法，即用以下公式：

居民满意率=表示满意的被调查人数／被测查的总人数

社会单位满意率=表示满意的社会单位数／辖区社会单位总数

是否满意是服务对象对社区服务项目的主观评价，这一评价直接转化为服务对象对社区的认同感和归属感。所以把社区服务项目满意率和服务对象对社区的认同感、归属感结合起来评估，就能得到更准确的社区服务项目满意率。

2.评估社区服务项目设施的基本指标

评估某个社区服务项目设施工作的质量，主要标准有三条：

（1）设施设备的完好率。这是对设施设备维护保养状况的检测。

（2）设施设备的使用率。这是对每个设施或项目在单位时间内服务人次状况的检验，即实际服务人次与设计服务人次之比，有相等、超过、不足三种情况。

（3）服务补偿率。即服务收入与服务投入之比。其中服务投入不是设施建立经费的投入，而是服务工作过程中的投入，包括人力、物力的消耗；服务补偿是对服务工作的补偿，基本要求是收支相抵、略有节余，既不可亏，又不可过多赚钱，其目的是尽量减少对政府经济上的依赖。

设施完好率体现的是对社区服务项目固定资产的管理状况，设施使用率体现的是社会效益，服务补偿率体现的是经济效益。这三者的统一是设施服务工作质量的综合反映。

五、社区服务项目评估的方法

1.建立、收集和积累社区服务项目统计资料

目前全国社区服务项目工作还没有建立科学的统计指标体系，统计数据也很

零散，如民政部统计年鉴中关于社区服务项目主要有两个指标：一是社区服务项目设施数，包括各类社区服务项目设施和便民利民设施；二是社区服务项目志愿者队伍。就靠这两个指标去评估各地社区服务项目的开展情况无疑是不行的。所以对于社区服务项目来说，开展评估工作的基础首先是在调查研究的基础上，建立科学、全面的社区服务项目统计指标体系，然后通过一段时间收集和积累统计资料的工作后，再进行评估。

2. 指标的分级与分类

在具体评估时，要对社区服务项目评估指标进行必要的分级和分类，计算不同的权数，还需要在实践中加以比较和提炼，使评估指标体系更为合理化、科学化、规范化，更为符合中国社区服务项目工作的实际情况。

3. 具体评估方法

社区服务项目评估工作是一项专业性、技术性、综合性很强的复杂工作，主要是运用一系列数量化统计指标进行定量和定性分析相结合的综合分析评估。具体的评析程序为：对每一项具体指标进行定量分析，即按照该项指标的标准分值进行分析后给予定性的结论，可采用分数制的方法，也可采用服务水平分类的方法，如根据抽样调查得出的平均水准，将每一个指标分为好、较好、一般、差四级评估结论，然后再进行评估。

评估方法主要为过程评估、成果评估和效益评估：

（1）过程评估。目的在于评价有关达成项目的活动质量。评估的重点主要涉及为有关程序提供一个基本的描述，包括服务的使用情况、服务使用者的特征和背景、投进服务的资源和人员配备等。取得这些资料可以帮助我们了解整个程序的进程和基本状况，而我们也可以利用这些资料去检讨服务的优劣及服务优先次序还有员工工作分配等。

（2）成果评估。此类评估亦称为效能评估，主要检讨程序的成果是否合乎当初订立的目标。我们需要知道的问题有：我们的工作成果是否有效地达到了预期目标，现在工作的成果是否是由于其他的因素而达成的，我们的工作是否有一些额外的成果？

（3）效益评估。此类评估主要着重程序的成本效益，即在一定的成本下提供服务的成果是什么。由于效益评估主要针对达成程序目标的资源成本，所以收集的资料可以帮助决策者评价不同程序的财政机制，从而作出效益比较。

总的来说，项目评估的方法有很多种，不同评估方法的采用往往取决于评估的目的以及想解决的问题种类。我们想知道我们的工作能否使受助人或社区获得改善，如果有，达到了什么程度？有哪些做不到，是什么原因导致的？知道这些问题的信息可以帮助我们对进行的项目作出检讨，从而使所提供的服务得以改善。

学习情境五 社区照顾

能力目标

1. 能够根据不同人群进行社区照顾内容设计
2. 能够开展社区照顾
3. 能够在社区组建残疾人协会

知识目标

1. 掌握社区照顾的基本内容
2. 掌握社区照顾的基本方法
3. 掌握残疾人社区照顾的基本知识
4. 掌握组建残疾人协会的基本知识
5. 掌握残疾人社区康复的基本知识

任务一　掌握社区照顾的内容及方法技巧

情境导入

某社区是老城区，社区里的住户大多数都是老年人，这些老年人大多数都与子女分开居住。因为工作忙碌等原因，大多数子女都只能利用周末时间来看望父母。有的子女想把老人送到福利院照顾，以解决无人照顾的担忧，但老人们大多数都不想离开已经居住了一辈子的社区，很多老人表示，不愿意到福利院居住。有的子女想请家政服务人员到家里照顾老人，但对家政服务人员的职业道德抱有疑虑，同时老人们与家政服务人员也很难和谐相处。基于各种原因，老人们独自生活在老城区里，随着年龄的增长和身体的老化，各种问题也随之而来，老人们对社区照顾的需求越来越多。

任务描述

根据上述情境，请讨论分析以下问题：
1.什么是社区照顾？
2.如何为案例中的社区老人开展社区照顾服务？
3.社区照顾的基本内容与方法有哪些？

任务实施

1.按每10人为一组对全班同学进行分组。
2.以小组为单位根据情境，展开主题讨论。
3.各小组选派代表汇报、分享讨论结果。

任务总结

1.教师结合情境对任务要求进行分析。
2.教师对各小组讨论结果进行点评与讲授。

任务反思

当今的社会，"4+2+1"的家庭越来越多，一对夫妻要照顾四个老人和一个小孩，再加上越来越激烈的社会竞争，中年人必须花大部分时间来不断地提升能力和更新知识。在这种背景下，家庭养老的功能在逐渐缩减，同时又因为年轻人与老年人生活习惯冲突、老人们不愿意到福利院、家庭经济负担不起福利院的生活等原因，使得大部分老人成为了独居老人和留守老人，大部分时间只能自我照顾或者老两口相互照顾。目前社区如何来弥补家庭照顾的功能已经成为一个社会热点。在进行社区照顾时，一定要从社区老人的需求出发。

知识链接

一、社区照顾的基本理念

社区照顾是指在社区内对那些身体和精神有需要的人（如老人、儿童、弱能者和残障者），通过正式或非正式的社会服务系统对其给予援助性的服务与支持。

1960年，社区照顾才正式成为英国政府的政策。1963年，英国卫生部提出《健康与福利——社区照顾的发展》文件指出：社区照顾的对象包括妇女、老人、精神病患者及肢体残障者。对于社区照顾服务，主张志愿部门与地方政府应扮演主要角色，特别在许多地方政府没有责任提供的方面，志愿服务部门是最主要的提供者。

源于英国的"社区照顾"可以分为两类：

（1）在社区内接受照顾。在社区内接受照顾是指有需要，并且依赖外来照顾的人，在社区内设的小型服务机构或家庭住所中，接受专业工作人员的照顾（即正规照顾）。

（2）由社区负责照顾。由社区负责照顾则是指有需要的人的照顾服务，其中一部分是由家庭、朋友、邻居及区内志愿者人士为其提供的。这种照顾模式强调的是动用社区内非专业人士提供照顾服务（即非正规照顾）。

我们认为：社区照顾是把有需要的社会成员留在其所在的生活社区，由政府人员、专门工作者、民间团体、志愿者、社区群众和受照顾对象的社会关系网络为其提供行动帮助、物质支援、心理支持和整体关怀。

二、社区照顾的内容

（一）社会保障

社会保障的受助人一般都是社会上有特殊困难和急需援助的人士与家庭。一般来说，这些人都是社区照顾需要针对的服务对象，如社区特困家庭等。

（二）照顾老人

1.医疗照顾

（1）在各医院门诊部设立老年门诊优先服务，为65岁以上老年病人安排优先诊疗机会。

（2）在主要医院及分科诊所内设立老年疾病治疗的专科病室。

（3）在社区设立老年日间医院，为无须住院的老年病人提供日间康复治疗，并作为病人离开老年病科室时的一个过渡性安排，以减轻医院病床的负担。

（4）健康护理服务，主要针对老人及弱能人士出院后的医疗护理。由健康护士负责，定期到病人家里帮助病人进行药物治疗或物理治疗。

2.住屋服务

提供住院照顾，如老年宿舍、安老院、福利院、敬老院等，面向一些不宜留居家中生活的老人。

3.社区支援服务

（1）老年社交中心。按照香港的标准，每3千老人的社区应有一所老年社交中心。中心可以定期举办学习班、兴趣小组及文娱康乐等活动，促进老人与社会的紧密接触关系。

（2）老年综合性社区服务中心。按照香港的标准，每2万~5万老人的社区应建一所。除一般性小组及社区活动外，中心还可以提供多样化的辅助服务，如膳食、送饭、浴室、洗衣等协助有困难的老人，同时也可提供个人辅导及推广老年社区教育、举办老年退休讲座等。

（3）家务助理。帮助一些缺乏家人照顾的体弱及行动不便的老人。服务可以包括：替老人送饭、料理家务、个人清洁及护送看病等。

（4）老年日间护理中心。为体弱而在日间缺乏家人照料的老人提供有限度的护理服务及社群活动。

（5）老年外展服务。通过外展接触，社区工作者探访一些老弱、独居及有困难到中心参加活动的老人，协助他们申请所需要的服务，如低保、家务料理等，并为他们提供探访、社交、康乐活动及辅导服务。

（6）交通及公共娱乐方面的优待，如老人乘搭车优惠、免费等。

（三）弱能人士康复服务

康复所针对的弱能人士主要有五类：聋及弱听者；盲及弱视者；弱智及学习迟缓者；精神病患者以及身体弱能者。针对弱能人士而提供的康复服务和援助服务主要应有五方面：包括预防及预早诊断评估、教育及训练、职业康复服务、医疗康复服务及社会康复服务。如重庆市大渡口区跃进村街道办事处在大堰社区成立了社区康复站，街道辖区内的残疾人等所有弱能人士每天都可以免费到社区康复站进行康复训练。大堰社区目前已有专门的专业康复导师团队（重庆城市管理职业学院社工学院社区康复指导教师团队），并定期对辖区内的弱能人士进行肢体、心理、精神及智力等方面的康复指导与服务。

（四）儿童及青少年教育

社会上需要关怀和照顾的儿童及青少年包括孤儿、破碎家庭及问题青少年等。对社区内的儿童及青少年的教育服务可以从儿童保护、儿童领养、住宿服务、感化辅导、健康照顾以及日间照顾六方面进行。

三、社区照顾的目标、任务与策略

（一）社区照顾的目标

社区照顾的目标导致一种新的文化的产生，一种"以人为本"的社会意识，即社区照顾的服务模式还包含着对建立理想和关怀社区的期望。C. Hegiboham在《回归社区：志愿者道德与社区照顾》一书中提出了被人们称之为"源自关怀社区的照顾"的五点理想，可以看作是社区照顾的目标。

第一，新公民社会意识。重建新公民意识，就是要加强居民在社区的义务参与，建立社区中互助互爱的关系，抗衡个人主义给都市带来的疏离与孤立的文化。Hegiboham认为社区是建立新公民社会意识的重要基础，政府应尽量协助每个社区去推动区内居民参与义务工作。

第二，政府与社区建立伙伴关系。在社区照顾中，政府与社区的参与应该是相辅相成、互补长短的关系。所以，服务的模式不是以家居照顾取代院舍照顾，而是正规与非正规服务的结合，从而实现有效的照顾提供。

第三，帮助服务对象正常地融入社区。社区照顾的目标应该是以协助服务对象正常地融入社区为主，使他们可以建立自己的生活方式和社交关系。

第四，使服务使用者参与表达他们的愿望，并能够承担倡议者的角色。社区照顾的目标除了提供照顾外，还要使服务使用者参与表达他们的需要。

第五，建立理想和关怀的社区。建立理想社区的主要方法就是有志愿团体在社区内形成有效的支持网络，将社区内松散的资源连接起来，通过居民的参与，发展自我潜能和对社会的影响力。Hegiboham关于社区照顾目标的理想，是对资本主义社会市场化过程，造成人与人之间的疏离与孤立关系这一社会现状的反思。重建新公民意识，强调居民的义务参与和积极互动。建立理想和关怀社区的目标，需要多方努力和长时间的推动才有可能实现，特别是政府的支持与物质资源的投入是非常重要的。

（二）社区照顾的任务

由于社区照顾是根据服务对象的需要而确定服务工作的取向，因此，可以将社区照顾理解为一个内涵相当广泛的服务模式。社会工作专业人员可以通过"社区照顾"这一管理与服务的基本模式，根据不同的国家和地区工作对象的需求和环境条件的不同，形成以实践为取向的、符合本土情况的社区照顾模式。下面我们从实践的角度划分出三个方面的工作，介绍社区照顾的任务与内容。

（1）将社区内有特殊困难而自己不能解决，并需要长期照顾的服务对象留在社区内接受服务。以英国为例，就医后出院的老人、伤残人士以及精神病康复者，回到社区后都能得到社区的照顾及支援服务。社会工作者运用"照顾管理"工作模式，对每一个有需求的个案进行认真的评估，制定照顾计划。之后根据服务对象的需要，结合不同专业和不同机构的服务系统提供社区照顾。"照顾管理"的工作过程是一个对服务对象的需要不断评估、不断协调相关支持网络系统的过程。

（2）使有困难的社区居民（个人或家庭）所需要的家庭照顾社会化，减轻家庭的负担。在社区内部分有需求的服务对象，其家庭承担着照顾服务者的大部分工作。其中服务对象的医疗、康复锻炼、生活起居与卫生饮食照顾，需要大量的人力、物力的支持。家庭照顾的社会化是将服务者的支持服务通过机构的不同专业实行分类、分项，对有需要者进行服务。例如，入户的支持性服务有心理辅导服务、医务护理服务、康复治疗等。社会化服务还包括购物服务、送餐服务、家庭清洁服务等。

（3）挖掘社区的各种人力资源，建立社区支持网络。使社区居民建立起互助、互帮的责任意识，实现社区成员之间的高度互动，形成社区内居民良好的人际关系。

社区照顾的服务是由下述提供正式与非正式服务的四种支持资源组成的：提供正式服务的机构有政府福利机构的专业化服务和市场化的服务组织；提供非正式服务的有民间社团与志愿组织以及被照顾者亲属及其邻里的支持。在这些支持资源中，非正式服务是通过建立社区照顾服务的支持网络，为服务对象提供志愿性服务。建立社区照顾的支持网络是社区照顾与服务实施中的重要环节。

建立社区居民志愿参与的照顾与服务的社会支持网络，要考虑在不同的文化与历史背景中，人们习惯寻求帮助的方式。在我国的城市和农村，人们遇到困难时最先考虑的是家庭成员、亲戚、同事、朋友和邻居等非正式的社会支持与援助。因此，在目前社区福利资源相对不足的情况下，挖掘社区内各种人力资源、建立社区支持网络，使社区内居民建立起互助、互帮的责任意识，实现社区成员之间的高度互动，就成为社区照顾与服务实施的一个十分迫切的任务。

（三）社区照顾的策略

社区照顾的策略主要是指使用什么方式使服务的使用者和服务者相互理解沟通，进而建立起彼此信任的关系；使用什么方法建立社区照顾的服务网络，以完成社区照顾的任务，实现社区照顾服务的目标。

第一，确定社区照顾的服务对象群及居住所在，与之建立起相互信任的关系，并探索他们自身的潜能与资源，帮助他们建立自信心。

社区照顾是以提供地区化服务为先决因素的，因此，社会工作者想有效地推展社区照顾，首先必须了解本地区服务对象群所居住的地区以及服务对象的需要。在了解的过程中，社会工作者要在与服务对象的积极互动中，建立起彼此信任的关系。在对他们的需要深切了解的过程中，要注意探索他们自身已有的能力和可以运用的资源以及那些可以发掘的潜能与资源。社会工作者在这个过程中，要帮助服务对象改变态度或学习某些技能和方法，帮助他们建立起自信心，使他们看到自己的力量和发展的可能性。

第二，建立社区照顾网络和自助组织。

社区照顾支持网络和服务对象的自助组织工作，是由社会工作者在确定服务对象的需求之后，察看社区的志愿者能够提供的服务和服务对象个人与家庭潜在的服务资源以及这些服务的需求者的需要之间的对应关系。一般说来，在社区层面服务的照顾网络可以根据服务对象的需要在以下三个层面建立自助组织，满足社区不同服务对象的需要。

（1）直接服务的自助组织服务系统，主要是由最接近被照顾者的人构成：家人、亲友、邻居和社区内的志愿者。他们可以为被照顾者提供购物、清洁家居、送饭服务等工作。社区内的医务志愿者还可以为被照顾者提供专业的义务服务。

（2）同类型服务对象的互助组织的服务系统。社区内同类型服务对象可以组织成互助小组，例如：癌症病人小组、单亲妈妈小组、下岗自强小组等。小组内服务对象之间可以分享他们各自的经验与感受，提升他们的互助意识和生活信念。

（3）社区危机处理的自助组织服务系统。在社区生活的个人与家庭，遇到各种突发事件，所需求助的最为快捷有效的支持系统就是社区的危机处理自助服务系统。社区可以动员具有不同专业技能的退休老人和热心的社区居民，组成不同类型的小组，以对不同类型的危机事件给予帮助。例如：老年人突然病危、家庭纠纷、青少年离家出走等问题。社区危机处理的服务可以为居民提供即时的帮助和支持服务。

由志愿者提供服务的非正式的社区照顾网络能否长期坚持下去，往往需要考虑对志愿者服务依赖比重的适宜程度。由于对服务对象提供的服务是长期的，单靠非正式服务系统可能会导致对需要服务者的服务不能持续。因此，社区照顾的正式服务系统所需的福利资源就必然依赖政府的投入。

四、社区照顾的专业技巧与服务方式

结合我国国情的适切性，社区照顾专业过程的技巧与服务方式中资源调动、社区联络、社区教育、社区照顾训练、支持服务等方法可以在本土借鉴，运用于我国的社区照顾服务。社区照顾的技巧与服务方式，可以分为社区层面和个人家庭层面。在社区层面的技巧与服务方式包括：资源调动、社区联络、社区教育、社区照顾训练；个人家庭层面的服务方式，如支持服务，则属于微观服务，其服务方式还可以参照前面所讨论的社区工作者的专业角色的内容。下面我们仅就上述专业技巧和服务方式做一介绍。

1.资源调动

社区照顾需要庞大的人力、物力资源完成服务，来自政府福利的正式的资源（人、财、物）仅仅是一部分，而另一部分来自非正式系统资源——志愿者服务、民间社团和服务对象的家人，它们是社区照顾的重要资源。社区工作者要在社区内通过多种形式拓展社区照顾的服务资源，如招聘一般服务的志愿者和专业服务的志愿者，发展与社区内社会组织（商务机构或公司）的社区关系，争取员工参与志愿者服务。与此同时，社区工作者还要联合社区周边固定的福利服务机构，如儿童福利院、老人院、康复中心等，负责社区照顾的专业性服务工作。在社区照顾服务中，由于需要专业性服务的被照顾者居住分散，往往需要较多的资源，因此，在社区内的小型机构集中那些需要专业性服务的被照顾者，可以达到节约资源的目的。社区工作者在社区照顾服务资源调动中要考虑志愿者服务队伍的稳定与壮大问题，如发动志愿者参加社区照顾服务时，需要做大量的宣传、教育和鼓动工作；要定期宣传那些已经做起志愿服务的社区居民，要积极表扬他们的奉献精神；对志愿者要给予必要的车费、津贴补助。社区工作者还要考虑资源有效使用的问题，如对非专业服务的志愿者要定期进行专业培训，要做分类训练计划的统筹安排；对长期从事志愿者服务的人员要定期嘉奖。

2.社区联络

社区联络是指维护和发展社区整体良好公众形象的公共关系工作，其作用在于通过社区公共关系的拓展工作，可使社会各界人士对社区照顾保持长期持续的支持和资助。社区联络工作可以通过公关活动，如召开新闻发布会、发放宣传品等方式充分传播社区组织信息，塑造组织形象。社区联络工作也可以开展筹款活动，如在社区居民中为有困难的人士或家庭进行募捐；向企事业单位游说慈善捐款，对特殊的捐款者可以授予"社区荣誉居民"称号等。社区组织形象的塑造是一个长期的工作，社会联络的专门负责人员要明确形象目标的合理定位，坚持在长期计划的指导下逐步实现发展目标。

3.社区教育

社区教育可以理解为在社区居民中，广泛地开展"社区照顾"理念的传播和推广的教育过程。由于过去我国是计划经济体制下的单位制福利制度，使得社区居民长期缺乏社区归属意识和社区照顾意识。因此，建立社区居民对社区的归属感就必须在建构社区照顾的服务框架的同时，进行社区照顾意识的教育，这种教育也为建立社区照顾的非正式支持网络起到动员和倡导的作用。发展社区教育可以有以下几种方式：

第一，以社区为单位，对服务需要者的家人、朋友和社区志愿者进行宣传。

第二，以社区服务对象的需要为内容，进行大型巡回宣传工作、小型讲座，提升社区内居民互相关爱、互相帮助的意识。

第三，以社区照顾所提供的服务为内容，向社区居民介绍社区照顾的各类服务。

4.社区照顾训练

训练是指在社区内对非专业人员进行一些有关照顾的基本知识与技能的训练，其训练对象包括：与服务对象所接触的邻里、志愿者、各类服务人员、家人，服务对象自身也可以接受训练。训练内容和程度可以根据服务对象的需要而定，也可以根据服务者的水平而定，并分别接受不同的训练；还可以根据新知识和新技术的发展与推广而定。

第一，对社区志愿者及服务对象的家人进行家居照顾训练，其内容包括：了解服务对象的困难与需要；学习用于疏导服务对象情绪的相关心理知识；教授简单的护理知识与方法。

第二，对社区照顾的服务对象进行心理健康和身体康复的训练，其内容要根据服务对象的身体条件、个人潜能，由相关的专业人士恰当合理地设计训练课程。

第三，在社区从事全职服务的工作人员，要定期进行更新知识的服务培训和拓展服务知识的培训。

5.支持服务

支持服务是指在社区建立一支以专业服务机构为依托，通过热线呼叫，为社区有需要人士提供各类家居服务的服务支持系统。支持服务的人员可以是社区从事各种职业的离退休人士、志愿者和下岗再就业人员。支持服务系统可以为本社区缺乏资源的有需要的人士或家庭提供免费服务；为本社区有资源的有需要的人士或家庭提供收费服务。支持服务系统属于非营利性服务，是社区自助性服务组织。目前我国城市社区服务中心的热线服务，就属于这类支持服务。

在发展这类支持服务时，要注意：第一，对提供免费服务的家庭界定十分费力，因此可以以社区最低生活保障的对象家庭为依据；第二，支持服务要防止服务的营利性倾向。

任务二 掌握残疾人社区照顾的内容及方法

情境导入

某街道辖区内共有脑瘫残疾20人，肢体残疾10人，这些残疾人都找不到工作，大部分靠家庭养育和照顾。为了更好地帮助这些残疾人康复，特别是帮助脑瘫残疾人康复，街道成立了社区残疾人照顾站，设置了专门的社工岗位，准备利用社区照顾的方法，为社区里的残疾人士开展残疾人社区照顾服务。

任务描述

根据上述情境，请讨论分析以下问题：
1. 如果你是该工作站里的社工，你会如何开展残疾人社区照顾工作？
2. 残疾人社区照顾的内容有哪些？
3. 残疾人社区照顾的方法有哪些？

任务实施

1. 按每10人为一组对全班同学进行分组。
2. 以小组为单位根据情境，展开主题讨论。
3. 各小组选派代表汇报、分享讨论结果。

任务总结

1. 教师结合情境对任务要求进行分析。
2. 教师对各小组讨论结果进行点评与讲授。

任务反思

残疾人是一个特殊的群体，残疾使得他们经常被社会边缘化和贴标签，这使得他们有着特殊的心理和性格特征。残疾人在社会生活、个人发展等各方面都会遇到很多困难，为残疾人提供照顾服务是社区照顾的一个基本内容，残疾人社区照顾服务有效地弥补了家庭照顾的不足，是医疗照顾在社区的延伸。社工在残疾人社区照顾方面发挥着资源整合角色的功能，社工不是医生，不能直接为残疾人提供医疗上的照顾，但社工可以通过协调社区内的资源为残疾人提供综合的服务。

知识链接

残疾人作为社会中一个特殊的群体，他们的生存环境主要在社区。根据《2003年中国人权事业的进展》的统计，中国有6 000万残疾人，约占人口总数的5%。他们中有大约2 000万人生活在城市社区当中。这就决定了残疾人与社区有着更加密切的联系，一般情况下残疾人不管是日常的衣、食、住、行，或者康复、教育、就业、文化生活，还是在参与民主生活、行使民主权利、展示才能和人生价值、创造社会物质与精神财富等方面，都离不开社区提供的条件，离不开这个基层社会舞台。社区成了为残疾人提供服务最直接的工作层面，因此社区中的残疾人工作一直受到社区机构的重视。在民政部、中国残疾人联合会等多个机构的共同推动下，一大批社区残协残疾人专职委员走上社区残协工作岗位，积极协调有关部门，整合有效资源，开展残疾人社区照顾。到2003年，各地以直选等方式组建社区残协3.78万个，将85.1万生活困难的残疾人纳入低保范围，安置了69.6万残疾人在社区就业，使48.8万残疾人在社区接受了康复服务，为9万残疾人及残疾人子女就学提供了帮助，为7.1万残疾人提供了法律服务，帮助残疾人开展文体活动37.6万余人次（《2003年中国残疾人事业发展统计公报》，2004）。

残疾人社区照顾是指：依托社区、充分利用社区资源力量为残疾人服务，促进残疾人平等参与社会生活的一项工作。残疾人社区照顾是社区建设的重要组成部分，是我国残疾人事业为适应经济和社会发展而新开辟的业务领域。

一、残疾人社区照顾的意义

党的"十六大"报告提出要"发展残疾人事业",这充分表明发展残疾人事业,带领残疾人奔小康,是全面建设小康社会、建设中国特色社会主义的重要内容。积极创造条件,使残疾人这一弱势群体与社会同步发展,与全国人民共同奔赴小康,不仅是社会物质文明、政治文明和精神文明的需要,也是各级党和政府以及全社会义不容辞的责任。我国有2 000多万残疾人生活在城市社区。与健全人相比,他们仍是一个特殊而困难的群体,需要社区给予特别的扶持和帮助,更需要通过社区来实现社会生活的参与。因此,做好残疾人社区照顾,对于保障残疾人的基本生活,提高其生活质量,促进其平等参与社会生活,推动残疾人事业的发展,加强社会主义精神文明建设,维护社会安定团结等具有十分重要的现实意义。

(1) 可以为残疾人提供切实有效的扶持和帮助,促进其参与社会生活。我国有2 000多万残疾人生活在城市社区。与健全人相比,他们是一个特殊而困难的群体。残疾人的生活与社区有着千丝万缕的联系,残疾人不仅在康复、教育、就业、基本生活保障、文化生活等方面需要得到社区的扶持和帮助,同时在参与民主生活、行使民主权利、展示才能与人生价值、创造社会物质与精神文明成果等方面,也要通过社区来实现。做好残疾人社区照顾,对于提高残疾人的生活质量、促进残疾人平等参与社会生活具有重要意义。

(2) 对于夯实残疾人事业基础,促进残疾人事业可持续发展具有重要意义。做好基层残疾人工作,为残疾人提供具体服务,是残疾人事业始终关注的重点。社区为残疾人工作提供了一个新的平台,积极推进残疾人社区照顾,可以将残疾人事业的各项工作落实到社区,可以使基层残疾人工作进一步得到巩固和加强,有效地改变基层残疾人工作相对薄弱的局面,推进残疾人事业的持续健康发展。

(3) 有利于残联和残疾人工作者密切联系残疾人,克服和防止残联组织的行政化、官僚化倾向,有利于树立实事求是的工作作风和廉洁奉公的职业道德,从而更好地为残疾人服务。

(4) 对于推动社区建设、弘扬人道主义、促进社会主义精神文明建设和维护社会安定团结,具有重要作用。

二、残疾人社区照顾的基本原则和目标

(一) 残疾人社区照顾的基本原则

残疾人是一个特殊而困难的群体,需要全社会的理解、尊重、关心和帮助。做好残疾人社区照顾既是人道主义的体现,也是社会主义建设的重要内容。要做

好这项工作，必须要明确残疾人工作的基本原则。结合中国残联、民政部等14个部门《关于加强残疾人社区照顾的意见》的文件精神和内容要求，我国残疾人社区照顾应该遵守以下几个原则。

1.坚持以人为本的原则

在工作中我们对待残疾人要平等相待，理解、尊重、关心、帮助他们，了解他们的基本情况，弄清他们的困难和需要，尊重他们的各种情况，照顾他们的感受，切实为了他们开展有效的服务，维护他们的尊严和权利，激励他们实现自身价值。

2.坚持以政府为主导，社区为依托，有关部门密切配合，社会各界共同参与的社会化工作方式

残疾人社区照顾要在党和政府的领导下，充分发挥有关部门的职能作用，调动社区内企事业单位、机关团体、部队、中介组织和居民群众等各种力量共同参与，形成推进残疾人社区照顾的合力。

3.将残疾人社区照顾纳入社区建设总体规划，融为一体、同步发展、共建共享

要从本地区社区建设的实际出发，将残疾人社区照顾融于社区建设之中，统筹规划，整合资源，发掘潜力，拓展服务能力，做到残疾人社区照顾与社区建设协调发展，使残疾人与健全人一样共享经济、社会发展的成果。

4.建立以社区居民委员会为核心、社区残疾人组织为纽带、社区服务机构为基础的工作机制，促进残疾人平等参与社会生活

发挥社区居委会的自治组织作用，充分利用社区残疾人协会联系残疾人的优势。以人为本，落实社区为残疾人的各项服务工作，夯实基础，逐步建立符合市场经济条件下的残疾人社区照顾机制，推进残疾人事业持续健康发展，调动残疾人的积极性，提高残疾人参与社会生活的能力。

（二）残疾人社区照顾的目标

残疾人社区照顾的根本目标是促进残疾人的全面发展，具体来说可以分为以下几个方面。

1.维护残疾人合法权益

残疾人是困难而脆弱的群体，更容易受到伤害和不公正对待。在安全保卫、民事调解和社会治安综合治理等社区治安工作中，要把残疾人作为重点对象予以关注，同时要全面落实维权工作，让残疾人在政治、经济、文化社会和家庭等各方面都享有同健全公民平等的权利。

2.建立社区残疾人协会

社区协会可以发挥密切联系残疾人、反映残疾人意愿、带领残疾人积极参与社区建设和社会生活的作用。在社区建立残疾人组织，是社区组织建设的一项内容，也是做好残疾人社区照顾的必然要求。

3.保障残疾人的基本生活，为残疾人提供帮扶服务

残疾人由于自身的障碍和需求的多样性，需要更广泛、更有针对性的服务，是社区工作的重点对象。社区组织和服务机构，要针对残疾人的实际需求，为其提供切实的服务。

4.以家庭为基础，开展残疾人社区康复，实现社区中的残疾人，人人享有康复服务

社区卫生服务机构要及时了解、掌握社区人群残疾发生情况及残疾人的康复需求，建档立卡；组织、指导残疾人开展以家庭为基础的康复训练；做好健康教育，普及康复知识；开展残疾预防，建立并实行儿童残疾发生报告制度，做到"早期发现、早期诊断、早期干预"。对于在社区无法满足的康复需求，要向设康复科的上级综合医院或康复服务机构进行转诊（或转介）。

5.培养残疾人积极向上的生活情趣，活跃残疾人文化生活

社区文化活动是残疾人平等参与社会生活的必要途径和重要体现，也是提高残疾人文化素质和丰富残疾人生活的需要。社区居民委员会要关心、重视残疾人的文化生活，通过各种健康、有益的活动，培养残疾人积极向上的生活情趣，丰富残疾人的知识；积极支持社区残疾人组织开展适合残疾人特点的活动。社区各类公众文化、体育、娱乐活动设施，要优惠和无障碍，同时针对残疾人的特殊需求，开辟场地，配置适合他们使用的视、听读物和体育娱乐器具等。社区残疾人组织和残疾人家庭要鼓励、帮助残疾人参加社区文化、教育、科普、体育、娱乐等活动。通过丰富的文化活动可以愉悦残疾人身心，促进残疾人的康复，提高残疾人的文化素质和生活水平，帮助残疾人平等参与社会生活。

6.建设社区无障碍环境，方便残疾人参与社会生活

无障碍环境是残疾人参与社会生活的基本条件，也是方便老年人、妇女、儿童和其他社会成员的重要措施。要大力发展社区设施和信息交流无障碍建设，为残疾人正常生活创造良好的条件。

三、残疾人社区照顾的主要内容

残疾人社区照顾内容涉及生活的各个方面，同时因为残疾人人群的特点，在提供一般的社区服务工作时，还需要结合他们的特点开展针对他们的特殊服务，总的来说，残疾人社区照顾可以包括以下几方面：①建立社区残疾人协会，并发挥密切联系残疾人、反映残疾人意愿，带领残疾人积极参与社区建设和社会生活的作用。②保障残疾人的基本生活，为残疾人提供帮扶服务。③以家庭为基础，开展残疾人社区康复活动。④培养残疾人积极向上的生活情趣，丰富残疾人文化生活。⑤建设社区无障碍环境,方便残疾人参与社会生活。⑥维护残疾人合法权益。

在实际工作的开展中,每个社区实际情况不同,服务工作开展的侧重点也有所不同,一般来说,残疾人社区照顾应该包括:建立新的残疾人人生观、建立社区残疾人协会、进行社区残疾人康复、帮扶残疾人、残疾人教育、残疾人就业等几个重要内容。因社区残疾人康复、帮扶、教育、文体娱乐、就业后面都会详细讲述,故在此不再赘述。

（一）建立新的残疾人观

为残疾人服务必须具备以下7种观念:

（1）残疾人与健全人一样,具有与生俱来的公民权利,包括生存的权利、康复的权利、受教育的权利、劳动的权利、娱乐的权利、爱与被爱的权利、得到各种社会补偿的权利等。

（2）通过现代社会提供的各种补偿手段,各类别的残疾人能够以适合自己的方式接受教育,掌握知识与技能,认知世界。

（3）残疾人在现代社会提供的各种条件下,不再是社会的负担而是参与社会物质与精神财富的创造,推动社会前进的一股力量。

（4）"残疾"不是造成残疾人问题的根本原因,主要是为残疾人提供的条件不够,因而使"残疾"成为一个问题。为残疾人提供各种补偿条件,使残疾人无障碍地接受教育、参加生产劳动、参与社会生活,在事实上享有公民权利和责任,是政府与社会的责任,是社会文明、进步的标志,是我国人权普遍化原则的体现。

（5）"残疾"是人体的一种遗憾,所以要加强残疾预防,但残疾并不构成人性的差异,奋斗精神的差异。时常倒是相反,由于残疾的磨炼,残疾人往往具有更加坚强的意志,更加宽容的胸怀,更加渴望社会祥和、稳定、繁荣。

（6）残疾人的残疾是为人类文明、社会进步付出的代价。要善待残疾人,建立残、健融合的关系,做到人人平等、人人参与、人人共享,是我国社会发展的方向。

（7）实现"平等参与"的局面,是政府、社会与残疾人双向的责任,缺一不可。残疾人要发扬自尊、自信、自强、自立精神,在社会实践中创造、发展自己,实现人生价值。

（二）社区残疾人维权工作

残疾人既是普通公民,又是特殊群体。作为普通公民,他们享有宪法、法律、法规所规定的所有权利。作为特殊群体,国家还针对残疾人的特殊情形制定了专门的法律、法规,以便充分地保障残疾人的合法权益。而同时残疾人是困难而脆弱的群体,更容易受到伤害和不公正对待,因此社区维权工作中,要把残疾人作为重点对象予以关注。

对于生活在社区的残疾人，为保障其合法权益得到维护，首先，有关法律服务机构及其人员和社区居委会、社区残疾人协会要向残疾人普及法律知识，帮助他们掌握法律武器，提高其依法保障自身权益的意识。目前，要让他们了解普通公民能够享有的基本权利，包括政治权利、劳动权利、公平分配权、物权、继承权、知识产权、契约自由权、债权、请求权、人格权、身份权、婚姻自由权以及生命权、社会和文化权、发展权、健康权。同时要特别组织学习《中华人民共和国残疾人保障法》，让他们了解残疾人特殊享有的社会福利权、社会救助权、社会保险权、社会优抚权等社会物质帮助权以及机会平等权、身份平等权及社会平等权。另外，要让残疾人了解，当其合法权益受到侵害时，应当如何申请法律援助。社区居委会和残疾人协会要特别关注未成年人或者无行为能力的残疾人的权益保障问题，一旦发生权益侵害事件，应及时向当地法律援助机构反映情况，协调、推动法律援助机构提供优质、高效的法律服务。社区要落实对残疾人的优惠扶持措施，关心那些残疾情况较重、经常留在家中的残疾人，如严重精神病患者，以免发生意外。

（三）社区残疾人无障碍环境建设

1988年由建设部、民政部与全国残疾人联合会共同批准发布《方便残疾人使用的城市道路和建筑物设计规范》。1989年，我国第一个无障碍设计规范，在大城市和沿海开放城市试行。自此后，无障碍环境建设才在中国开始被公众所了解。无障碍社区环境建设今天看来已经取得了一定的效果，但是在整个中国范围来看，发展仍然比较落后。

建设好有利于残疾人的社区无障碍环境，对于帮助残疾人克服外界障碍的影响、促进残疾人参与社会生活、建设文明优美的社区环境具有重要意义。

无障碍环境包括两个方面：信息和交流的无障碍、物质环境的无障碍。

1.信息和交流的无障碍

主要是要求公共传媒应使听力言语和视力残疾者能够无障碍地获得信息，并进行交流，如影视作品、电视节目的字幕和解说，电视手语，盲人有声读物等。

2.物质环境无障碍

主要是要求城市道路、公共建筑物和居住区的规划、设计、建设应方便残疾人通行和使用，如城市道路应满足坐轮椅者、挂拐杖者通行和方便视力残疾者通行，建筑物应考虑出入口、地面、电梯、扶手、厕所、房间、柜台等处设置残疾人可使用的相应设施并方便残疾人通行等。社区无障碍设施是残疾人走出家门、参与社会生活的基本条件，也是方便老年人、妇女、儿童和其他社会成员的重要设施。建设社区无障碍环境，是社会文明的体现。

3.国际通用的无障碍设计标准

（1）在一切公共建筑的入口处设置取代台阶的坡道，其坡度应不大于1/12。

（2）在盲人经常出入处设置盲道，在十字路口设置利于盲人辨向的音响设施。

（3）门的净空廊宽度要在0.8米以上，采用旋转门的需另设残疾人入口。

（4）所有建筑物走廊的净空宽度应在1.3米以上。

（5）公厕应设有带扶手的座式便器，门隔断应做成外开式或推拉式，以保证内部空间便于轮椅进入。

（6）电梯的入口净宽均应在0.8米以上。

我国在建筑设施无障碍建设方面，如社区中新建或改建社区住宅、公共设施、道路时，主管部门、业主及工程技术人员要严格执行《城市道路和建筑物无障碍设计规范》等有关强制性标准中对无障碍设施建设的要求。对已建成的无障碍设施要加强维护和管理，确保其能正常使用。社区内残疾人经常出入的其他社会服务场所、设施等，要根据他们的实际需求因地制宜地进行改造，方便残疾人参与社会生活。在信息和交流方面，社区居民委员会和社区残疾人协会要帮助服务行业人员学习、掌握基本聋人手语；帮助有条件的残疾人学会使用互联网获取和交流信息；资助贫困残疾人加入社区求助系统，为聋人、盲人设计和安装方便他们使用的光、声信号生活用品等。

（四）大力开展社区志愿者助残活动

残疾人是一个特殊而困难的群体，需要全社会的理解、尊重、关心和帮助。中华民族有扶残济困的优良传统，广泛动员社会力量，开展志愿者助残，是运用社会化工作方式，扶助残疾人的一种有效形式。开展志愿者助残活动，为残疾人提供经常的、切实有效的帮助，既能解决残疾人的实际困难，帮助他们平等参与社会生活，又有助于"奉献、友爱、互助、进步"的志愿者精神在全社会传播和发扬光大，有利于良好社会风尚的形成。

从1991年5月19日我国第一个法定"全国助残日"开始，每年5月第三个星期日也就是"全国助残日"都会在全国范围内开展统一行动的助残活动。目前全国已建立助残志愿者联络站4万余个，仅登记在册的青年志愿者就达186万人（《2003年中国人权事业的进展》，2004），而日常的、大量的、细致的助残工作则包含在社区服务工作中。

四、残疾人社区康复

（一）残疾人社区康复的概念

社区康复是1976年世界卫生组织提出的一种新的、有效的、经济的康复服务途径，它顺应了全球残疾人的康复需求。社区康复是指在社区中积极调动和协调社区中有关部门人员，包括残疾人及其家庭成员共同参与的康复活动。利用社区资源，为残疾人提供医疗、教育、就业等康复服务，同时还为有需要的残疾人提供家庭康复训练指导服务，让残疾人在社区中心和家庭中得到就近、经济、有效、可行的全面康复服务，从而帮助他们能做到自尊、自信、自强、自立。

1994年，联合国教科文组织、世界卫生组织、国际劳工组织联合发表了一份关于社区康复的意见书，对社区康复作了如下解释："社区康复是属于社区发展范畴内的一项战略性计划，其目的是促进所有残疾人得到康复服务，以实现机会均等、充分参与社会生活的目标。社区康复的实施，要依靠残疾人及其亲友、所在社区以及卫生、教育、劳动就业和社会保障等相关部门的共同努力。"

我国的社区康复要从社会经济发展和残疾人康复需求的实际情况出发，在政府领导下，采取社会化工作方式，将社区康复工作融于社区建设规划，纳入相关部门业务范畴，充分调动社区内一切可以利用的人力、物力、财力、文化等资源，以街道、乡镇为实施平台，为残疾人提供就近就便的康复医疗、训练指导、心理支持、知识普及、用品用具以及康复咨询、转介、信息等多种服务。我国是发展中国家，经济基础薄弱，康复技术资源相对匮乏且分布不平衡，而社区康复可以适应我国残疾人数量大、分布广、经济条件有限的状况。我国十分重视社区康复工作，《中华人民共和国残疾人保障法》在谈到我国残疾人康复工作的指导原则时指出："以康复机构为骨干，社区康复为基础，残疾人家庭为依托；以实用、易行、受益广的康复内容为重点……为残疾人提供有效的康复服务。"我国自1986年开始便进行社区康复的试点和推广，为我国开展社区康复积累了一定的经验。

我们认为，残疾人社区康复是指社区卫生服务中心（站）充分利用社区资源，动员社会力量，使残疾人在家庭和基层康复机构得到康复训练和服务的一种康复形式。由于社区康复具有就近就地、经济适用、简便易行等特点，所以成为了残疾人康复最为有效的形式。

（二）残疾人社区康复的特点

目前，社区康复服务主要有三种类型：机构康复、医疗延伸服务和社区康复。其中，机构康复是指康复中心、综合医院设置的康复科室等机构以门诊和住院等形式提供的康复服务。这种模式便于临床各科互相配合，可为康复对象提供较优良和系统的医疗康复，同时还可以开展早期康复，但存在康复费用高，服务面小，出院后康复训练不能持续进行，不利于残疾人与家庭生活融合等问题。医疗延伸服务是指医疗机构派出专业人员为残疾人提供康复服务，如医疗队、一日诊所、家庭病床等。这种"上门服务"可以解决一部分残疾人的康复问题，但受益人数有限，且服务是暂时性的，在人力、物力、财力方面可能造成浪费。社区康复服务则弥补了上述两种康复服务的不足，顺应了残疾人迫切的康复需求，对发达国家和发展中国家，对城市和农村都是适用的。从与机构康复、医疗延伸服务相比来看，社区康复主要有以下几个特点：

（1）政府领导、多部门参与、各司其职、协调运作，同时充分发挥非政府组织、社会和个人的作用，形成社会化的管理方式。

（2）可根据社区康复对象的康复需求，社区经济发展和康复资源状况等，制定社区康复服务工作计划，并在社区和家庭为康复对象提供就地、就近、便利的康复服务。

（3）残疾人是社区康复服务的主要对象。此外，慢性病患者、老年人等需要康复服务的人群也是社区康复服务的对象。

（4）强调残疾人作为主动参与的一方，而不是被动接受治疗的一方。残疾人及其亲友参与康复计划的制定和实施，主动积极开展康复训练，并参与为其他康复对象提供的服务活动。

（5）有技术资源中心和专家指导组的领导，采取实用的康复技术，由各部门、各专业共同组成的服务系统，以实现残疾人的全面康复。

（6）资金投入少，服务覆盖广，康复效果良好。

（7）训练场地就地、就近；训练方法简单易行；训练器材因陋就简；训练对象为家庭邻里；训练时间经常、持久。

世界卫生组织从1976年起提倡社区康复，1979年开始在亚洲、非洲、拉丁美洲的几个发展中国家试行社区康复。到1992年，全世界已有60个国家开展社区康复。我国从1986年起正式开始社区康复，最初在8个省试点进行，现已在30个省（自治区）铺开。

根据国内外实践的经验，社区康复这种新的康复服务方式是行之有效的，它有以下几点好处：

（1）服务面广、受益面广。在社区中60%～70%的残疾人可以通过社区康复而得到身体功能的改善，甚至得到不同程度的康复，重返社会。解决了残疾人"康复无门"、"康复难"的问题，使广大得不到城市医院和康复中心治疗的残疾人，就地得到有效的康复服务。

（2）简便易廉，减轻负担。社区康复使用简单、实用而方便的方法，花钱不多。据统计，残疾人在社区康复所需费用，平均起来只相当于医院或康复中心进行康复治疗所需费用的五十分之一，甚至百分之一，更可免掉往返旅费、住宿费，因此，社区康复能大大减轻残疾人家庭和社会的经济负担。

（3）有利于重返社会。过去实行残疾人长期住院治疗、疗养、收容，使残疾人长期与社会和家庭分融开来，不利于残疾人与社会相融合，而实行社区康复,可在社区解决残疾人就业和参加社会生活的问题,促进残疾人与社区内非残疾人互相交流,方便残疾人重返社会。

(4)有利于广泛参与。也就是说,有利于社区的领导和群众,残疾人和他们的家属以及残疾人组织,都参与到康复工作中。利用社会的力量、群众的支持,加上残疾人和他们家属的努力,调动各方面的积极因素,依靠社会办康复,康复工作就能事半功倍,做得更全面,效果也更好。

(5)有利于落实残疾预防工作。社区的保健医疗部门——卫生院等也参与社区康复,便于落实各项预防措施,减少或避免残疾的发生。

(三)残疾人社区康复的最终目标

(1)使残疾人身心得到康复。通过康复训练和给予辅助用具、用品,使残疾人生活能够自理,能够在周围活动(包括步行或用轮椅代步),能够与他人互相沟通和交流。

(2)使残疾人能享受均等的机会。主要是指平等地享受入学和就业的机会。学龄残疾儿童能够上学,青壮年残疾人在力所能及的范围内能够就业。

(3)使残疾人能成为社会平等的一员,融入社会,不受歧视,不受孤立和隔离,不与社会分离,残疾人能得到必要的方便条件和支持以参加社会生活。

(四)残疾人社区康复的基本原则

1.社会化的工作原则

康复对象通过社区康复服务不仅要实现功能康复、整体康复,而且还要实现重返社会的最终目标,这就需要多部门、多组织、多种人员和力量的共同参与。社区康复服务只有坚持社会化的工作原则,才能使这项社会系统工程顺利实施。

2.以社区为本的原则

以社区为本就是指社区康复的生存与发展必须从社区的实际出发,立足于社区,做到社区组织、社区参与、社区支持、社区受益。

3.低成本、广覆盖的原则

低成本、广覆盖是我国卫生工作改革的一个原则,也是社区康复服务应遵循的原则,是指以较少的人力、物力、财力投入,使大多数人能够享有服务。

4.因地制宜的原则

即根据实际情况,采取适合本地区的社区康复服务模式。如在经济发达地区,兼顾经济效益和社会保证政策,为康复对象提供各项有偿服务;在经济欠发达地区,以"低成本、广覆盖"为主,即以成本核算、收支相抵的低偿或无偿方式提供服务。

5.技术实用的原则

即康复技术必须易懂、易学、易会,使大多数康复员、康复对象本人及其亲友掌握康复技术。

6. 康复对象主动参与的原则

即康复对象主动参与制定康复计划、确定康复目标、开展康复训练以及回归社会等全部康复过程。

（五）残疾人社区康复工作的机制

做好社区康复工作不仅要依靠社区卫生服务机构，还要充分发挥社区内各有关组织（残疾人协会，"工、青、妇"组织等）、志愿人员、残疾人自身及其亲友的作用，以形成"社区参与"的良好工作机制。

残联在社区康复服务工作中应积极协调有关部门，建立政府主导、部门协调、社会参与、共同推进的社会化工作机制；充分挖掘和利用社会资源，统筹规划，合理安排，实现社区资源的共有共享，逐步建立机构为指导、社区为基础、家庭为依托的康复训练服务网络，使残疾人普遍得到康复服务；积极探索新形势下社区康复服务工作的思路和方法，总结推广适合本地实际情况的工作模式；组织技术指导组不断提高训练与服务质量。具体应做好：组织康复需求调查、人员培训、知识普及、社会宣传、督导检查和考核验收；进行转介咨询服务、登记统计服务；指导肢体、智力、精神、视力、听力语言残疾人康复和用品用具供应服务工作；发挥残疾人组织及专门协会在社区康复中的作用。

社区建设为残疾人事业提供了一次发展机遇。我们必须抓住这次机遇，积极探索残疾人社区康复工作的机制，开辟残疾人社区康复工作的新领域。

（1）坚持以政府为主导，社区为依托，有关部门密切配合，社会各界共同参与的社会化工作方式。残疾人社区康复工作要在党和政府的领导下，充分发挥有关部门的职能作用，调动社区内企事业单位、机关团体、部队、中介组织和居民群众等各种力量共同参与，形成推进残疾人社区康复工作的合力。

（2）将残疾人社区康复工作纳入社区建设总体规划，融为一体、同步发展、共建共享。要树立信心，弘扬一个理念，实行两个整合，从本地区社区建设的实际出发，将残疾人社区康复工作融于社区建设之中，统筹规划，整合资源，发掘潜力，拓展服务能力，做到残疾人社区照顾与社区建设协调发展，使残疾人与健全人一样共享经济、社会发展成果。

（3）建立以社区居民委员会为核心、社区残疾人组织为纽带、社区服务机构为基础的工作机制，促进残疾人平等参与社会生活。"哪里有社区，哪里有残协"，发挥社区居委会的自治组织作用，充分利用社区残疾人协会联系残疾人的优势，以人为本，夯实基础，逐步建立符合市场经济条件下的残疾人社区康复的工作机制，推进残疾人事业持续健康发展，调动残疾人的积极性，提高残疾人参与社会生活的能力。

（六）残疾人社区康复工作的内容、程序和具体步骤

1.残疾人社区康复工作的内容

残疾人社区康复的内容包括残疾预防、残疾普查、康复训练、教育康复、职业康复、社会康复和独立生活指导7个方面。

（1）残疾预防。依靠社区的力量，落实各项有关残疾预防的措施，如给儿童服食预防小儿麻痹症的糖丸，进行其他预防接种；搞好优生优育和妇幼卫生工作；开展环境卫生、营养卫生、精神卫生、保健咨询、安全防护、卫生宣传教育等工作。以上工作一般都要与卫生院、社区医院的初级卫生保健工作结合进行。

（2）残疾普查。依靠社区的力量，在本社区范围内进行普查，查出本社区的残疾人员和他们的分布，做好登记，进行残疾总数、分类、残疾原因等的统计分析，为制订残疾预防和康复计划提供资料。

（3）康复训练。依靠社区的力量，在家庭和社区康复站，对需要进行功能训练的残疾人，开展必要的、可行的功能训练，例如，生活自理训练、步行训练、家务活动训练、儿童游戏活动训练、简单的语言沟通训练、心理辅导等。这是社区康复工作最基本的内容。对疑难的、复杂的病例则需要转诊送到区、县、市级以上的医院、康复中心等有关专科进行康复诊断和治疗。

（4）教育康复。依靠社区的力量，在康复医学的指导下，对康复对象进行道德教育、文化教育、职业技术教育和普通教育；对智力、视力、听力及语言障碍者进行特殊教育。为康复对象参与社会生活、适应社会需求创造条件，如帮助残疾儿童解决上学问题，或组织社区内残疾儿童的特殊教育学习班。

（5）职业康复。依靠社区的力量，对社区内还有一定劳动能力的、有就业潜力的青壮年残疾人，提供就业咨询和辅导，或介绍到区、县、市的职业辅导和培训中心，进行就业前的评估和训练，对个别残疾人，指导自谋生计的本领和方法。社区内残疾人的就业，如有可能，应尽量安排在社区开办的工厂、车间、商店、公司等单位就地解决。

（6）社会康复。依靠社区的力量，组织残疾人与非残疾人在一起的文娱体育和社会活动以及组织残疾人自己的文体活动；帮助残疾人解决医疗、住房、交通、参加社会生活等方面的困难和问题；对社区的群众、残疾人及其家属进行宣传教育，使人们能正确地对待残疾和残疾人，为残疾人重返社会创造条件。

（7）独立生活指导。依靠社区的力量，协助社区内残疾人组织起"独立生活互助中心"，提供有关残疾人独立生活的咨询和服务，如有关残疾人经济、法律、权益的咨询和维护、有关残疾人用品用具的购置和维修服务、残疾人独立生活的技能咨询和指导等。

目前，从我国大部分城市来看，城市社区的康复工作主要由社区卫生服务机

构（社区卫生服务站及辖区内其他各级卫生服务机构）承担，其主要工作内容包括：掌握社区人群残疾发生情况及残疾人的康复需求并建档立卡；组织指导残疾人开展以家庭为基础的康复训练；普及康复知识和健康教育；开展残疾预防，建立并实行儿童残疾发生报告制度等。同时，对于在社区无法满足的康复需求，向设有康复科的上级综合医院或康复服务机构进行转诊或转介。

2.残疾人社区康复的工作程序

根据国内外残疾人社区康复试点工作的经验，残疾人社区康复工作的程序如下：

（1）由社区所在政府发动，成立社区康复领导小组，由卫生、民政或残联、教育、社会团体等机构参与，政府统一规划，根据社区的人力、财力和物力分步骤开展工作。

（2）建立有效的三级基层康复工作网，包括城乡社区服务网、医疗预防保健网及社区康复管理网。

（3）动员各方面的力量组建社区调查组，进行社区概况及残疾人普查，查清社区中各类残疾人的人数、地区分布、致残原因、残疾程度、残疾人的家庭及各种康复需求情况。

（4）依托资源中心的力量，对社区基层康复员及管理人员进行培训。一般对管理人员短期训练7～10天，讲授重点在社区康复政策制定、组织管理、宣传评估及残疾、康复的概念等。对基层康复员采取集中1～2周或灵活机动的培训方式，讲授重点是对残疾的识别、残疾普查、简易康复训练及记录评估方法。

（5）建立社区康复工作制度及各级人员职责。

（6）依照康复计划，本着因地制宜、因陋就简的原则，以康复站或家庭为基础，开展功能锻炼及日常生活能力训练（也可采取以同一病种的患者和家属为对象，开展短期培训，具体讲解康复的防治方法）。

（7）社区中职业康复、教育康复、社会康复的全面开展。

（8）对社区康复开展过程的经验、教训及时总结评估。

以上工作程序不一定普遍适用，各社区可根据各自实际情况、工作基础，进行变更或增删。社区康复在世界及我国都还是刚刚起步，正处于摸索、探讨阶段。为全面推广社区康复，世界卫生组织及我国均进行了试点工作，在试点条件具备的社区，也可参照以上程序进行工作，积累经验以带动残疾人社区康复工作的全面展开。

3.残疾人社区康复工作的具体步骤

根据试点地区的经验和我国的具体情况，残疾人社区康复工作可以按以下几个步骤，在一个社区里逐步展开。

第一步：组织起来。成立本社区的"残疾人社区康复领导小组"，由社区干部、社区民政部门或社区服务中卫生部门、社区医院和卫生院、社区红十字会、妇女协会以及青年协会等群众团体代表、文教部门负责人、残疾人代表、志愿人员代表等组成，负责筹划、组织、领导本社区的康复工作。

第二步：拟订计划。进行调查研究，制订本社区开展社区康复工作的计划。"残疾人社区康复领导小组"召开会议，学习上级有关部门关于残疾人康复工作的指示和计划，听取社区内有关部门汇报残疾人情况；召开残疾人或其家属代表的座谈会，了解本社区残疾人对康复工作的需求，在此基础上，制订出开展社区康复工作的计划。

第三步：培训骨干。选拔培训基层康复员，基层康复员的职责是指导和监测残疾人进行家庭康复训练。一般按每2 000人设一名基层康复员（兼职性质）。在农村，可由农村卫生员或农村医生担任，在城镇街道，可由红十字卫生员或街道居委会骨干担任，选拔基层康复员要根据以下条件：①热心群众工作，在本村或本社区有一定群众基础；②自愿从事残疾人康复工作；③初中以上文化程度，能听懂和看懂简易的辅导材料；④年龄17～55岁；⑤身体健康，能坚持工作。

基层康复员的培训可采取集中或分散的方式进行，集中5～7天时间办班（每天上课），或分散在3～4周时间办班（每周上课2～3次，每次半天）。培训内容主要是如何普查残疾，如何根据残疾人的情况选择康复训练方案和指导具体训练等。

第四步：普查残疾，分初查和复查。

初查：由基层康复员进行，在分管乡村或居委会范围内，挨家挨户按《残疾初查表》的项目进行询问和登记。初查的目的是要查出哪一户家中有残疾人。

复查：由社区医务人员与基层康复员一起进行，按《残疾复查表》的项目对在初查中初步查出的残疾人进行上门复查。复查的目的是确定残疾种类、残疾严重程度、康复需求等，为制订康复计划提供依据。

第五步：开展康复训练。主要是家庭康复训练。首先选定一名残疾人的家属作为"家庭训练员"，负责每天指导和帮助该家庭中的残疾人在家进行功能锻炼。功能锻炼的方案由基层康复员选定，再将所列方法教会家庭康复员，然后由家庭康复员指导残疾人进行练习，一般每天练习1～2次。基层康复员每周1～2次上门访问，观察了解康复功能训练的情况，给家庭训练员和残疾人提供指导。

在家庭训练的基础上，如有条件，也可以开展社区康复训练站的功能训练。在人口比较集中、残疾人比较多的社区，可设置社区康复训练站，配置简单的功能训练器材，由值班（兼职或专职）人员进行简单的指导和服务。

第六步：发展、提高。在小结、评估的基础上，进一步发展和深化社区康复工作，提高工作水平和效益，并把行之有效的好经验加以推广。

从国内外经验以及1986年以来我国各地试点进行社区康复取得的经验来看，要想开展好社区康复工作，除了掌握好以上的程序和步骤外，还需要注意以下几个问题：

（1）领导要重视。要执行《中华人民共和国残疾人保障法》中所作的规定："各级人民政府和有关部门，应当组织和指导城乡社区服务网、医疗预防保健网、残疾人组织、残疾人家庭和其他社会力量，开展社区康复工作。"

社区的领导当然对社区康复的开展负有具体的领导和管理的责任，但同时需要有各级政府的决策、组织、支持和指导。政府负责人的决策还应贯彻和落实在各有关部门的实际行动中，共同重视社区康复、支持社区康复，尤其是卫生、教育、劳动、社会服务等部门，对支持和指导社区康复工作，负有特别重要的责任。

（2）网络要健全。重点是搞好社区康复站和基层康复员队伍的建设。由于社区康复的服务网络与社区原有的初级卫生保健网络和基层社会保障网络紧密结合，因此要充分发挥这些网络的积极作用。

（3）方式要灵活。由于各地条件不同，允许在社区康复基本原则的指导下，各地根据自己的条件，实事求是地、灵活地拟订本社区的社区康复目标，采取适当的模式和措施，开展残疾人社区康复。

（4）工作要协调。由于社区康复与多个部门有关，因此要搞好协作。政府部门之间，人民团体之间要做到：各有分工、各司其职、各尽其责、相互配合。经验表明，最有效的社区康复工作，应该是由各有关方面的人员协同进行调查，制订计划和实施，并联合起来进行评估总结。

（5）管理要抓紧。要健全社区康复工作制度，需要对制度的执行和计划的进展进行经常的检查督促、定期评估，对存在的困难和问题，要采取措施解决，对必要的人力、物力和财力条件，要给予支持。

（七）残疾人社区康复工作的评估

"评估"是指对社区康复工作及康复对象的康复效果进行客观的、科学的综合评价。

1. 评估目的

（1）总结成绩与不足，以进一步改进工作。

（2）鉴定所做的工作与社区康复计划及目标是否相符。

（3）明确工作中可利用的有利条件及需克服的不利条件。

（4）进行经济核算，以与"医院康复"进行比较。

（5）收集、整理、分析各种资料信息，为改进计划及实施提供依据。

2.评估内容

评估内容应具体、全面。评估结果应力求以"量"的概念表达某些需以"质"表达的指标,应做好"质"的标准规定。评估内容应包括以下几个方面(仅供参考):

(1)管理方面。

1)社区康复工作是否纳入社区总体发展规划中。

2)各级社区康复领导小组是否成立并履行其职责,是否设置了专职、专人办事机构。

3)是否制定了社区康复发展规划。

4)三级社区康复网络是否建立及完善。

5)参与社区康复工作的各有关部门的工作协调情况如何。

6)各项工作制度及职责的制定及履行情况如何。

7)各级社区康复资源中心的建设情况。

8)各级社区康复专业人员的配备及工作情况如何。

9)社区政府财政拨款用于社区康复工作的情况,社区康复事业的投资及分配情况。

10)是否坚持对社区康复工作的定期评估。

(2)实施方面。

1)是否进行了社区概况调查及社区残疾人普查。普查的准备工作、普查方法、普查内容以及普查数据、资料的分析进行得如何。

2)为有康复能力者是否建立了康复档案,是否制订了康复计划。

3)实施康复措施的人数占全部康复对象数量的比例。

4)各类残疾人的康复普及率。

5)医疗康复的有效率。

6)教育康复的情况,如康复知识宣教情况、残疾儿童入学情况、聋儿语训情况、盲人识字情况、残疾人扫盲情况等。

7)职业康复的情况,如残疾人的职业培训情况等。

8)社会康复方面,如残疾人的社会保障情况,残疾人的婚姻、家庭情况、社区公共场所、道路等无障碍设施改造方面、社会对残疾人观念的变化情况、残疾人参与社会生活的情况等。

9)对各级、各类社区康复工作人员的培训情况。

10)残疾预防工作情况及残疾率的变化。

(3)社会效益。

1)社区各界对社区康复事业的理解、支持情况。

2）残疾人及其家庭成员对社区康复的有效、经济、易接受度等方面的认可程度、参与情况。

3）社区受益情况。

3.评估过程

（1）制订详尽的评估计划。内容包括评估的目的、方法、内容、时间、参与者等。

（2）调查研究。包括实地调查研究及资料的收集、整理、分析。

（3）完成评估报告，提出建议。评估报告应具有以下要求：完整性（报告要详尽、全面）；精确性（报告要准确、无误）；可信性（报告要真实、客观）；可比性（将资料进行整理、统计处理后，可与预期目标相比较、与其他有关项目相比较）。

（4）评估结论对社区康复工作的进一步指导。

目前，社区康复的评估工作，包括评估内容、方法、标准、时间等方面都处于探索阶段。随着我国社区康复工作广泛、深入地开展，社区康复的评估工作也将向着更科学、更客观的方向发展。

4.评估方法介绍

（1）自我评估。自我评估是指一个部门、一个单位或一个社区依据一定的标准、方法和程序对自己的工作情况进行自我总结、自我检查、自我评判。这种方法不受时间、地点和外界因素的影响，可以根据本单位的具体情况定期或不定期地进行评估，使自己随时、全面掌握和了解本地区、本单位或本部门的工作数量、质量和进度，便于及时总结经验、吸取教训、改进错误、弥补缺陷。

（2）相互评比。在同一层次上，如在一个县市区的所有社区内，或在一个社区的所有村庄街道内，组织各接受评价单位的有关人员，按统一标准、方法和程序，对各单位的工作进行相互检查、评定、比较。这种方法有利于发现工作中的经验教训，便于找出差距、发现问题，有利于单位之间相互观摩、相互学习、相互鞭策、相互促进。

（3）上级考核。上级考核就是由上一级部门依据一定标准对下级的社区康复工作进行统一考核评价。通过定期考核、评估各单位及本辖区的社区康复工作情况，实现以下目的：总结工作推广经验；为单位和个人的奖惩提供依据；为制订计划和决策打下基础；为实现科学的宏观调控创造条件。上级考核的方法多在年中及年末进行。

（4）单项或多项评价。单项评价是对社区康复的某一个方面、某一个项目进行评估，如资源配置的评估、残疾预防的评估、某种疾病康复效果的评估等。多项评价是对社区康复的某几个方面或某几个项目进行评估。单项或多项评价的目的有的是为了掌握和了解某一项或几项工作的情况,有的是为了选择有代表性的一项或几项工作进行评价,以掌握全面情况。

（八）残疾人社区康复工作的制度

制度是工作的保证,职责将工作任务明确化。在社区康复工作开展的过程中,应合理制定、不断完善、认真履行、严格监督、全面考核各项工作制度及职责规定。根据我国各地社区康复试点的经验,社区康复工作制度主要包括以下几个方面的内容。

1. 基层康复员工作制度

（1）基层康复员接受社区康复站站长领导。

（2）基层康复员通过填写工作报告表接受社区康复站站长的考核和监督。

（3）定期参加基层康复员会议,汇报情况,交流经验,研究问题,接受工作任务。

（4）基层康复员每周1～2次到残疾人家中指导康复,包括功能训练、心理辅导等,每次约30～60分钟。同时还需了解家庭训练员工作情况,进行指导；了解残疾人训练后的反应及要求。

（5）除志愿者外,如条件允许,对基层康复员可适当给予从事社区康复工作补贴（由社区负责）。

（6）为鼓励基层康复员,应实行年终评比、表彰奖励积极分子、先进分子。

2. 基层康复员培训制度

（1）基层康复员上岗前,先接受一次总数约为30小时的基础训练,发给《社区康复训练手册》。

（2）基层康复员上岗后,每半年接受一次加强训练,每次6～12小时。

（3）基层康复培训由社区基层康复站负责组织,由站长或聘请其他专业人员讲课或示范。

3. 家庭功能训练制度

（1）对每个进行功能训练的残疾人,都要开设一份功能训练登记表。其中每日功能训练是否有执行,由家庭训练员如实用打"√"或"×"的方式登记,特殊情况和反应由基层康复员登记。

（2）对每个进行功能训练的残疾人,开设一份社区康复效果登记表,在训练开始前、训练中期、训练结束后分别检查和填写一次,上交社区康复站参阅。

4. 转诊上送制度

凡遇较复杂或困难的康复问题,不能在社区内解决的,经基层康复站同意,可转送至县、市或省级康复中心、医院或职业康复辅助培训中心,经检查研究,确定康复计划，进行必要的安排。

5.评估总结制度

社区康复开展后，每年作一次阶段性评估，每三年作一次总结性评估。

社区康复员主要指社区居民委员会和村民委员会主任、社区和村卫生站的医务人员、学校教师、民政、教育、计生、妇联等系统的基层工作人员。社区康复员应具备以下条件：

（1）热爱残疾人事业，对残疾人富有爱心。

（2）了解当地康复资源和残疾人基本康复需求。

（3）掌握康复训练与服务的基本知识和技能，包括残疾的识别，残疾人康复需求的确定，康复服务的内容以及如何提供服务、记录和评估的方法，简单实用训练技能，家庭康复护理，简易康复训练器具的制作及咨询转介等知识。

五、社区残疾人协会

社区残疾人协会是残疾人与居民委员会的纽带，也是联系残疾人与政府的纽带，是残疾人意愿、需求、利益的代表。社区残疾人协会的工作质量，直接关系到残疾人各项工作能否有效落实和残疾人能否实实在在受益。

根据民政部、中国残联等14部门联合下发的《关于加强残疾人社区照顾的意见》，"要按照社区组织建设的要求，依托社区居民委员会，建立社区残疾人组织。社区残疾人组织名称为'社区残疾人协会'，主席由社区居民委员会成员担任，副主席由优秀残疾人或残疾人亲友担任。"社区残疾人协会既不是残联的基层组织，也不是单纯意义上的由某一特定人群构成的"协会"。这是由于，作为弱势群体的残疾人，一方面需要自身的代表，以便能够及时、准确地反映他们的需求和愿望；另一方面需要来自社区的支持和帮助，以保障他们的利益。从这个意义上说，社区残疾人协会是联系广大残疾人同社区居民委员会及政府的纽带和桥梁。在建立社区残疾人协会的过程中，各级残联特别是街道残联要发挥积极的指导作用，做好宣传、动员工作，充分发扬民主，帮助社区建立好残疾人满意的"协会"。《关于加强残疾人社区照顾的意见》提出，社区残疾人协会的主要职责是：配合社区居民委员会做好本社区的残疾人工作；密切联系残疾人，代表其利益，倾听其呼声，反映其需求，维护其合法权益；联系有关方面，为残疾人提供切实服务；倡导"自尊、自信、自强、自立"的精神，团结、教育、带领残疾人参与社区建设和社会生活，为社会主义现代化建设贡献力量。

社区残疾人协会面临的社区的实际情况千差万别，所以工作开展的程度也有很大的差别，同时残疾人社区照顾千头万绪，但总的来说社区残疾人协会的工作最基本要包括以下几方面：①摸清残疾人的基本情况：社区残疾人的基本情况是开展残疾人工作的基础条件和现实依据。这些情况包括：残疾人的总数及各残疾类别的人数；每个残疾人的姓名、家庭住址（电话号码）、年龄、性别、民族、文化程度、职业等情况；教育、就业、康复等需求情况；经济收入情况；监护人情况（与被监护残疾人的关系、姓名、联系方式等）。为了能够动态地反映上述情况，以半年核查一次为宜。②密切联系残疾人，热忱为残疾人服务：残疾人协会要同残疾人保持经常性的联系，及时了解、反映他们的意愿、要求；向他们宣传党和国家有关政策、方针，介绍社会发生的新生事物；动员、鼓励他们积极参与社区组织的各项活动；对于行动障碍的残疾人，要将服务送进家门。③当好社区居民委员会的助手：要及时向社区居委会反映残疾人的意见、需求和存在的问题，并提出合理化建议；协助社区居委会组织好各项残疾人活动，做好为残疾人服务的各项工作。④同其他社区组织、机构建立良好的工作关系：残疾人社区照顾同样需要社会的广泛参与、支持才能做好。社区残疾人协会要同社区内妇女、老年人、社会志愿工作者等其他组织以及企业事业单位、机构建立良好的关系，充分调动各类资源和力量，做好为残疾人服务的工作。⑤做好社区公众宣传工作：利用社区内的各种媒体，向公众宣传人道主义和有关残疾人事业的政策、方针、法律以及残疾预防、康复、教育、就业等相关知识。

六、残疾人社区照顾者

残疾人服务工作关系到残疾人事业的发展，也关系到党和国家关于残疾人工作路线、方针、政策的落实，还关系到广大残疾人的根本利益。社会的文明进步离不开残疾人工作者作用的发挥和他们的辛勤付出。

残疾人工作具有任务繁重、条件较差、社会性较强的特点。而残疾人社区照顾任务更加明确艰巨、作用更加明显、要求更加严格，因此也对残疾人社区照顾者具备的素质提出了更高的要求。作为一名残疾人社区照顾者必须具备以下条件：

（1）了解残疾、残疾人的一般知识，如有关残疾和残疾人的基本概念、分类，同时还要掌握国家和地方有关残疾人的法律、法规、政策、措施等。

（2）作为一个残疾人社区照顾者，要正确看待残疾人，要弘扬人道主义精神，恪守人道主义原则，做人道主义的传播者和实践者。

（3）热爱残疾人和残疾人事业，具有奉献精神，恪守人道、廉洁的职业道德，不图名利，乐于奉献，密切联系残疾人，以对残疾人的爱心，全心全意为残疾人服务。

（4）一专多能的才干，擅长社会工作，能熟练运用社会化工作方式。

（5）具有"团结、务实、开拓、高效"的工作作风。

（6）针对服务具体对象的实际需求应当具备相关的知识和技能，包括可在日常生活中给残疾人提供帮助，掌握康复的知识和基本训练方法，可提供残疾人的法律援助，进行残疾人的劳动就业培训和安置，了解无障碍环境的建设要求等。要做好残疾人工作，就必须了解服务对象的实际需求，掌握相关的知识和技能，这样才能做好服务。

同时，工作人员在进行服务或分派任务时，首先要考虑是否能力所及。如果不具备服务的能力则不可勉强，或选择可胜任的工作，或经过专门学习、培训再去做，这样才能避免错误乃至给残疾人带来损害，同时也有益于保证服务质量。

学习情境六　社区行政与管理

能力目标

1. 能够对社区进行有效的行政管理
2. 能够协调社区工作中的各层关系
3. 能够针对不同的社区环境采取不同的社区管理模式进行管理

知识目标

1. 掌握社区行政的基本知识
2. 掌握社区管理的基本知识
3. 掌握不同社区管理模式的特点
4. 掌握社区行政与管理体制的特点

任务一　掌握社区行政的内容及方法

情境导入

张大爷是某国有企业的下岗职工。单位相关人员告诉张大爷，下岗后，失业金的领取、医疗保险缴纳、养老保险缴纳等都交由当地街道办事处的社保所来管理。张大爷来到街道办事处的社保所，社保所小王给张大爷讲解了相关政策和所需要提交的资料，并告诉张大爷：街道的社保所承接了劳动局、社保局、医保中心下放的管理和服务工作，以后有事可以直接到社保所来咨询，并请张大爷支持社保所的管理和服务工作。

任务描述

根据上述情境，请讨论分析以下问题：
1. 街道社保所的性质是什么？
2. 街道社保所主要的行政工作内容有哪些？
3. 街道社保所主要和哪些政府机关、单位、居民打交道？

任务实施

1. 按每10人为一组对全班同学进行分组。
2. 以小组为单位根据情境，展开主题讨论。
3. 各小组选派代表汇报、分享讨论结果。

任务总结

1. 教师结合情境对任务要求进行分析。
2. 教师对各小组讨论结果进行点评与讲授。

任务反思

社区行政工作主要由街道办事处来负责，街道办事处下设社会保障服务所。社会保障服务所具体负责社区行政管理和服务工作，街道办事处相当于政府机关、企业事业单位与社区居民之间的一座桥梁，街道办事处承接了劳动局、社保局、医保中心等很多政府机关下放的具体工作，从柴米油盐、生老病死，到解决纠纷、安置就业；从妇幼保护、民工管理，到医疗救助、防台防震等诸如此类的事务。这些事务看似小事，却是社区行政管理的头等大事，是维系整个社区的团结安定和社会稳定的基础和保证。

知识链接

一、社区行政

"社区行政"由"社区"和"行政"两个概念组合而成。从广义的角度看，社区行政的含义是指：社区内负责管理社区事务的组织机构或团体为维持社区的正常运转，为达到社区特定的目标而进行的各种管理活动。从狭义的角度看，"社区行政"可以被看作是国家行政机关规划、组织、实施社区管理的有关活动。

现代社区的组织管理就其本质而言，是一种具有自治性的社会管理活动。但在市场经济不发达，市场机制不完备，社会自我组织、自我管理的能力依旧薄弱的国家和地区，由于贫困、社会治安、环境卫生、居民教育、病残老弱救助等不可能仅凭社会自身的力量来解决，因而在一定时间、一定程度上，社区活动中的政府行为是不可避免的，社区管理是将政府行为与社区自治相结合的模式。这就要准确区分街道作为政府派出机关的行政职能和社区作为社会基层的社会职能。

（一）社区行政的历史发展

新中国成立以来，社区行政的机构、职能、体制、机制等方面都发生了许多重大的变化。街道办事处由最初的区政府派出人员办事处（相当于区政府民政科的分支机构），发展成为区政府驻地区的派出机关，街道办事处同区政府工作部门属平行序列。街道办事处内的组织建制，从干事制、助理制发展成为工作部门制。

街道办事处的职能和任务，从最初的以指导居委会为主的居民群众工作，逐步延伸扩大，至目前不完全统计的三十多类，一百多项。街道工作的重心，从早期的居民事务管理逐步转为城区的行政管理。街道办事处对地区性、社会性、群众性的工作负全面责任，对辖区内的社区管理、社区服务、社会治安综合治理、精神文明建设、街道经济发展行使组织领导、综合协调、执行监督检查等行政管理职能。

街道办事处的地位、作用也随着城市经济、政治体制的改革深化愈显重要，充分显示出其在"两级政府、三级管理"管理体制中的基础作用。可以预见，随着我国城市现代化、国际化的进程，城市建设和发展速度加快，城市管理的重心将进一步下移，行政管理的专业化和效能化程度将不断提高，街道办事处在三级管理的层面上将更有效率地发挥其特有的作用，真正成为城市管理的基础。街道办事处将成为更有活力、更具工作效率的行政管理机关。

（二）社区行政的管理范围

要了解社区行政的对象，首先要弄清楚推行社区行政的出发点，其主要有三：一是，社区应如何承担好政府部门转给的管理社会公共事务的职能；二是，如何承接好从企业事业单位中分离出来的企业事业单位办社会的职能；三是，如何从各社区的实际情况出发，逐步培育社会化。因此，应着重解决以下五个问题。

1.社会稳定的基础要进一步加强

经济发展和社会发展需要有一个稳定的社会环境，而社区是整个社会的基础，它的稳定关系到整个社会的稳定。社区行政应大力加强社区稳定工作，建立和健全街道、居委会的组织网络建设，维护基层社区的稳定。

2.基层党组织的建设要进一步加强

加强社区建设和管理，关键是加强基层党组织建设，发挥基层党组织的堡垒作用和党员的先锋模范作用，带动广大人民群众参与社区工作。社区行政应研究如何充分发挥基层党组织在基层基础工作、社区建设和管理中的领导核心作用。

3.贴近市民生活的社区管理要进一步加强

社区行政要着重强化社区环保、集市贸易、市容环境的综合管理，强化社会治安综合治理，化解各种不稳定因素。为居民创造安全、整洁、文明、舒适的生活环境是社区管理的重点。

4.为市民生活提供方便的社区服务要进一步加强

为社区居民提供各种各样便利的服务，是社区建设的最基本目的。社区行政要从实际出发，根据当地居民的实际需要，最大限度地开发和利用社区资源，进行社区服务的功能开发，形成网络化的服务，满足居民的生活需要。

5.围绕提高市民素质的精神文明建设要进一步加强

社会主义社会不仅要大力发展经济、不断提高人民的物质生活水平，而且要促进人的全面发展。社区行政要着力研究如何促进物质文明和精神文明的协调发展、经济发展和社会发展的和谐有序，不断提高市民素质。市民素质的提高又会反过来促进社区行政和社区建设的健康发展。

从以上分析中我们可以看出，社区行政作用的对象主要限于社区行政的管理行为，即如何管理好政府与企业事业单位分化出来的社会公共事务，如何管理好本社区的具体发展目标。社区行政应注意如何强化、健全和完善各种管理行为，并在此基础上逐步提高社区的自治能力。由社区行政对象所决定，社区行政的范围和内容重点要放在社区构成主体身上。社区行政管理的主要内容，大多是涉及地区性、社会性、群众性、日常性的管理工作，主要有：环境管理、市容管理、卫生管理（计划生育）、治安管理（司法）、文化管理、劳动管理、人事管理、社区服务管理、民政管理、民主管理（对居委会工作指导）等。

（三）社区行政的任务

1.社区事务管理

要处理好社区生活方方面面的问题。从柴米油盐、生老病死，到解决纠纷、安置就业；从妇幼保护、民工管理，到医疗救助、防台防震等诸如此类事务，看似小事，却是社区行政管理的头等大事，是维系整个社区的团结安定和社会稳定的基础和保证。

2.社区环境建设

这是社区行政的首要任务。第一，要通过加强社区的治安管理，维持一个安全的社区环境，为社区中各类单位的正常工作和社区居民的日常生活提供安全保障；第二，要大力抓好环境卫生、园林绿化，创造优美舒适的社区面貌，为改善整个城市的环境状况打下基础；第三，要动员各方面的力量，发挥社区行政的服务功能，为居民生活和企业生产创造各种便利的条件。

3.社区关系协调

既要处理好街道办事处与各类专业管理部门之间的关系（"块"与"条"），也要处理好各专业管理部门之间的关系（"条"与"条"），同时还要处理好街道与街道之间的关系（"块"与"块"），另外还要使街道与群众之间相互信任。

4.社区文明建设

向社区居民宣传党的方针、政策和国家的法律法规，搞好社区的文化教育，提高居民的文化素质，同时发展社区文化，形成社区的各种文明规范。街道社区作为整个社会的最基层，其精神文明建设的质量，直接影响到整个城市的精神文明水平。因此，社区精神文明建设，是街道社区行政的最根本任务。

（四）社区行政管理的目标

社区行政管理的目标是形成安定安全的社区治安秩序、便民利民的社区服务网络、团结和谐的社区人际关系、健康向上的社区文化氛围，并为建成配套设施齐全、环境舒适优雅、管理规范有序、保障功能完善的现代化社区奠定基础。

二、国内社区行政发展的现状

国内社区行政正处于体制转变、重新定位和提高行政管理效率的阶段，在这一过程中也还存在着有待解决的若干问题。

1.建立以块为主的社区管理框架，增强管理工作合力

街道是城市的缩影，街道管理的内容虽然不完全等同于城市管理，但"麻雀虽小，五脏俱全"。街道工作的范围主要是在居民中间，指导居民委员会工作，反映居民的意见和要求，而驻街道单位人员的社会活动和生活保障，均由本单位和主管部门，即"条"进行管理。

近几年，许多城市，特别是大城市不同程度地实行了区街体制改革，市综合职能部门将管理城市、组织人民生产等方面的权力适当下放给区街，收到了显著成效。各区级政府通过实行街道办事处对区职能部门派出机构实行双重领导的方式，有效地增强了街道办事处在社区行政管理中的主体性和权威性，打破了条块分割的局面，社区管理开始进入有计划、有组织、有控制的管理轨道。

2.实现政、企、社职能分开，进一步提高了社区行政管理效率

在计划经济体制下，国家对社会资源的掌握和分配，对经济和社会生活的管理，都是通过行政体系采取垂直的专业管理来实现的，带有明显的政企社合一的特征。这种情况下机关不仅是行政单位，还是生产单位和生活单位。这种管理体制带来的弊端，一是政府及其派出机构包揽了大小社会事务，时时事事处于矛盾的第一线，失去了缓冲空间，给社会的稳定带来了一定负面影响。二是政府把自身混同于一般社会组织，陷于具体事务，不仅自身应当发挥的政府管理功能得不到很好的发挥，而且又因自身既当"裁判员"又当"运动员"，难以做到公正公平，在一定程度上削弱了政府及其派出机构的行政管理权威。三是社会化的服务作业一直由政府直接统揽、垄断，缺乏竞争，不仅使服务作业难以走向市场，形成专业化、产业化，而且还大大增加了财政开支和管理成本，降低了管理效能，并为相关行业不正之风的滋长提供了机会。改革开放以来政府部门按照精简、统一、高效的原则，对街道办事处的内部机构设置进行了探索性改革，组建了部分中介、服务和管理机构，加快了政企、政事、政社职能分离的步伐，大大提高了行政管理效率。

但是，目前社区行政尚存在一些影响社区发展的问题，主要是：

（1）社区行政的责任主体不明。

①行政管理职责错位。按理说，政府专业管理职能部门和专业执法队伍应是社区管理的主体，工作的考核对象应是区职能部门在社区的派驻机构，而现在却把考核的目标放在街道办事处身上，结果造成街道办事处虽非执法主体，却往往冲在管理、执法工作的第一线的状况，市容环境卫生管理、市场管理、社会治安综合治理等方面，街道办事处与区职能部门派出机构都存在并行的两套管理班子，这样不仅无助于管理效率的提高，反而助长了管理工作上推诿扯皮现象的出现。

②行政管理职能交叉。由于目前城市管理的法规体系存在一定的不合理性，有的子法先于母法而出，有的新条例颁布后旧法规未予废止或修正，再加上一个法规出台后便成立一支队伍，造成了职能上的重叠和交叉。如巡警与派出所、市容监察、工商、规划等部门在市容卫生方面的分工就是如此，造成了工作中"各唱各的调，各管各的事"，甚至有时出现"有利争着管、无利不愿管"的情况，某项工作谁都可管，可又谁都不管到底，严重影响了行政效率和执法的严肃性。

③行政管理职能割裂。城市管理的系统性很强，但在现实中一条污水管理由工务所、房管所分段管理，一个垃圾桶、化粪池产权与使用权、管理权分离等诸如此类的情况非常常见。在计划经济体制下，从资金、人力到任务分配都由政府一手包办，分工再细不成问题；然而在市场经济情况下，各部门的利益不断强化，行政的支持逐年减少，分工太细无疑又将增加相互扯皮的状况。

（2）社区行政的管理组织体系不全。

①建设与管理脱节。这方面较突出的是规划设计的滞后和开发建设的监控乏力。如城市的老龄化问题、居民娱乐、服务的社区化问题都没有在小区的设计中体现出来；城市就业层次的多样化和城市供应方式、体制的变化所需要的集贸市场、社区服务网点也都未规划，还存在未预留建设位置或建设单位片面追求经济利益违规占用预留场地等问题。这些问题都为日后的社区管理工作留下了隐患，增加了管理工作难度。

②权力与职责脱节。从城市管理的行政体系看，市、区、街道都处于一个系统中，然而专业管理部门的配置却只在市、区两个层次，形成了双重领导关系，而街道却没有相应的行政配置。这种行政权力结构与目前的分级管理、以块为主的要求形成了尖锐的矛盾。其结果造成了临时组织机构的大量产生，既缺乏社区管理的权威性、规范性，又大大削弱了政府的管理效率，增加了不必要的管理成本支出。

③权力与监督脱节。目前政府纵横组织间的分工也不够规范，如街道办事处处在城市管理具体操作的第一线；政府专业管理部门又往往在行政、执法、企业职能管理方面存在混淆问题；再加上群众自治组织作用日益弱化，社区的行政和执法管理实际上处在约束功能残缺的状态中，从而使整个社区的行政管理工作缺乏相互的制约、制衡机制，缺乏社会化的监督机制，致使社区管理的质效难以真正得到保障。

（3）社区行政的运行机制不顺。

①政企不分。由于受市场机制的影响，与社区管理有关的无论是专业职能部门还是执法单位都热衷于办经济实体，有的甚至利用手中的权力搞行业性垄断。这样做不仅分散了行政管理的精力，还破坏了政府形象，影响了执法的公正性、

严肃性。尽管有些部门如环卫、房管等都开始逐步实行政企分离，但分区而治、独管一方的格局没有改变，政府与之切断的只是人事财源，而其他依旧，竞争机制并没有完全发挥作用。

②事权划分没有真正与市场机制结合起来。城市管理量的加大，必然要实行从上至下的任务分解，然而现在这种分解没有走出旧体制的框架，其典型的特征是，权力的划分仅限于政府内部的简单再分配上，既没有跳出行政管理单一手段的框架，又没有做到人、财、物的同步下放，尤其是没有根据不同的职能，进行权力的再分配。如区政府与街道之间进行分权中下放的大多是操作性强、投入量大的事权，结果导致下级政府机构人、财、物需求的膨胀，不仅弱化了块的管理职能，而且也降低了专业管理水平。

（4）社区行政的基础力量不强。

①群众自治作用削弱。由于居民委员会承担了太多的行政事务，据初步统计，居委会干部所承担的工作任务共有近200项之多。加上队伍本身的素质与现实要求存在差距，如年龄偏大、文化水平和工作能力有限，再加上长期受计划经济体制的影响，在思想观念和工作方法上一时难以跟上时代的需要，过去密切联系群众的传统逐渐丢失，组织参与社区管理的能力又大大下降。因此从另一个方面增加了政府行政的难度。

②管理队伍的职业化、专业化水平不高。由于城市管理理论研究、专业培训工作十分薄弱，加上干部来源的单一化，城市管理队伍的年龄层次文化水平、专业水准都跟不上现代化城市管理的需要。

③社会化程度不高。由于城市管理长期袭用行政管理的单一手段，因此形成了以行政隶属关系来划分管理权限、义务的模式。在领导的分工方面，计划体制的痕迹也较深，与以块为主的综合管理要求很不适应。此外，依法治理的意识、基础都不够强，客观上影响了管理社会化程度的提高。

三、国内社区行政的特点

综观国内社区行政，可发现以下几个方面的特点。

1.行政任务的广泛性

正如上文所述的那样，由于街道社区处于整个社会的最基层，它所涉及的任务涵盖了社会生活的方方面面。面对着社区居民不同层次的多种需求，其行政职责表现出鲜明的广泛性特征，其工作任务的烦琐细微，是其他各级政府所无法比拟的。

2.行政方式的综合性

由于街道办事处不是一级政府，因此它的权能有限，同时，其承担的行政任务广泛而具体，其中的诸多行政职责往往并不是仅仅靠街道办事处就能完成的，要解决问题常常需要依靠各类专业职能部门（"条"）的协助和支持。因此，街道社区行政任务的完成一般总是各种行政力量共同作用的结果，体现出行为方式上的综合性特征。

3.行政目标的公益性

街道社区行政的宗旨是为社区中各类单位日常工作的开展提供良好的工作环境，为社区居民提供安全、便利、舒适的生活环境。其行政管理行为通常并不直接产生经济效益，是一种服务行政，讲求的是社会效益，而这种管理的公益性构成了街道社区行政的最基本特征。

4.行政参与的群众性

虽然街道社区行政的主体主要是街道办事处和各类专业职能部门，但是社区中诸如居民委员会等群众自治团体也发挥着重要的协助管理作用。由于社区建设直接关系到每一个社区居民生活的质量，这就使社区行政管理的群众参与有了利益的驱动。可以预见的是，随着社区建设的发展和社区文化的进一步形成，社区行政的群众参与面将会进一步扩大。

四、社区行政的新型模式

近几年来，随着社会主义市场经济不断向前推进和整个社会的持续高速发展，政府转变职能、企业转变机制这一根本性的转变，正在有条不紊地进行着。在这个变化过程中，无论是政府还是企业，都迫切需要把原先由它们承担的社会事务归还于社会；另一方面，随着城市物质文明的不断发展，精神文明建设的重要性也日益凸显，因此迫切需要寻找一个有利于城市文明发展的新的城市管理模式。而从区域性和现有管理基础来看，街道作为城市的最基层行政组织，它既是众多社会职能的一个很适当的承载者，又是城市管理基础的重要环节，因此，街道社区的发展自然成为城市发展的基础和关键。

（一）建设社区行政新模式的客观背景

改革开放以来，传统的计划经济模式已经被打破，国家的政治、经济和文化等制度以及社会心理都发生了或正在发生着深刻的变化。在这样的宏观背景下，社会的各个层面都对自己的功能、角色进行调整和定位，政府机关和企事业单位将原来承担的社会管理和社会服务功能转移、退让出来，由街道和居委会等各种社区组织所承接，街道这个具有中国特色称呼的一级政府机构开始发挥着越来越大的作用。居民的就业、教育、医疗和住房以及养老、保险等福利性服务也越来越趋向于社会化。同时由于经过改革开放30多年的积累发展，城市居民的生活水平有了大幅度的提高，消费型社会结构的形成日趋明朗，人们对物质生活和精神生活的要求越来越高，并开始追求生活环境、生活质量等一些过去未曾想过或不敢想象的东西。在生活方式上人们也越发崇尚个性化、多元化，过去那种从众、单一的工作生活模式已经越来越不被大多数人接受。因此，社区单一的行政管理模式已经无法满足居民的要求。另外，随着国家现代化进程的加快，城市建设的大规模扩张，城市化速度急剧加速，城市管理功能逐步下移、落实到街道，使它担负了近200项的职能。街道办事处如果整日忙于应付处理这些琐碎繁杂、千头万绪的事务，就不可能完成其最重要的综合管理职能。从全国来说，经济体制改革、城市化进程的飞速发展和人类发展观念的更新、进步，推动着社区组织新模式的诞生。

现行街道社区行政的主要特点决定了社区组织模式发展过程中还存在着许多问题有待于解决。

第一，在管理体制上，由于行政系统的直线型管理模式，使得社区的各个职能部门只能服从本部门和本系统的管理目标，各行其是，条块分割严重。街道办事处作为行政主体，块指挥不了条，因为条不对块负责，没有服从的义务，反之，块对条也就缺乏约束力。另外块无法行使条的职能，却常常对条的责任负责，于是街道的法定权威就无法建立起来，其直接的后果就是影响到社区总体任务与目标的实现。

第二，在责任机制上，各管理部门都过分强调自身的管理权威和利益，造成社区整体上管理无序，没有统一的管理目标，没有一个权威机构对各个职能部门的工作职责和任务作明确的界定，没有谁对社区的管理负全责，没有谁对社区管理该负的责任做出裁决和进行监督。因此往往出现有利的事情大家干，无利可图的事情则无人问津；有权的不干，无权的不能干或想干却干不了的情况。责、权、利严重脱节，常常造成行政部门之间的矛盾以及由于职责不清引起的社区管理职能得不到落实。

第三，在法律建设上，法律规范的缺乏和不完善使得社区管理和建设无法可依，有法难依。行政执法部门对社区出现的各种问题只能做到头痛医头、脚痛医脚，却不能从根本上加以解决，违章设摊的小贩、随意停放的自行车、到处乱搭违章建筑就足以使街道干部叫苦不迭。同时，社区管理本身的法律规定也不健全，对于管理者来说如何依法管理并没有明确的法律依据，对被管理者来说也存在如何依法保障自身利益、履行义务的问题。这样一来就必然会出现管理部门管理不善，指挥、措施不力，群众办事无门的情形。

第四，在组织规范上，依据宪法，居委会是居民群众自我发展、自我管理、自我服务的自治组织。从这个意义上说，其成员应是以兼职和义务性工作为主的，居委会的干部不应是专职的职业工作者。但从目前的情况来看，我们实际上是在将居委会干部专职化，进一步强化居委会的行政职能。这与法定的自治原则是背道而驰的，现在与其说是群众自治组织，不如说是街道办事处的下级行政组织。

第五，在社区观念上，在传统的计划体制下，行政组织包打天下，或不敢或不愿或不能将社会性管理和服务的职能下放、转移给其他社会组织，没有鼓励、扶植、发展群众自我管理和服务组织的意识和观念。同时居民也同样受计划模式的影响，缺乏社区参与意识，出现了凡事找政府，否则就埋怨的现象，政府工作人员受累却不讨好。为了改变社区观念欠缺的现状，政府部门应当适应新的形势，转变管理观念，掌握新的管理方法，同时大力培育居民的社区意识。

第六，行政投入增加有限，影响社区行政工作主旨的实现。街道社区的公益性特点已经决定了它的工作重心应该着眼于创造良好的社区规范，为社区居民提供安全舒适的生活环境，为城市文明奠定扎实的基础。从目前的情况来看，虽然近几年来对社区行政管理的资源投入力度不断加大，但却无法很好地满足社区各方面的高速发展以及社区居民对社区管理提出的越来越高的要求。街道社区行政工作的主旨没有得到充分的贯彻。

（二）探索建立新型社区行政模式的必要性

1. 城市现代化管理的需要

城市管理过去在计划经济管理体制下，当时的城区管理和市民社会生活都由国家政府或企事业单位包下，这种管理体制和模式在新中国成立初期有它的必要性和合理性。但是随着社会主义现代化建设的发展，特别是改革开放以后，市场经济的发展，这种体制与模式已经越来越显示出固有的缺陷，已不适应城市经济和社会文明的发展需要。社会实践不仅要求将社会、政府、企业事业单位的职能区分开来，各行其责，而且要求社会职能随着社会发展和改革的进一步深入不断扩大。这就是说，在现代城市管理中，管理主体不是单一的国家，而是多元组合，包括国家、企业事业单位和社会等，其管理体制应当是集权与分权相结合，管理模式应当是多样化的。这种新体制要求现有的政府管理结构和职能要进行必要的改革，管理重点下放，权力要适度下放和分流。因此，探索建立新型的社区管理模式是城区管理现代化过程中权力适度下放和分流的需要。事实上也是把城市管理中的一部分社会职能归还于社会、还权于市民的表现，使一部分社会事务由市民进行自我管理、自我教育、自我发展。这是社会文明进步提高的实际表现。

2. 我国继续执行政治体制改革、加强和完善城市基层民主政治体制的需要

随着城市现代化建设的发展，特别是社会主义市场经济的发展，广大市民和基层干部要求扩大民主、自由、平等权利的呼声越来越高，要求参政、议政、监政的愿望和积极性越来越强烈。这是改革开放以来，市民素质有较大提高的现实反映。同时随着改革的深入，社会的发展，市民的休闲时间大大增加，也为市民关心国家大事及参政、议政、监政提供了时间保障。而建立城市基层街道一级社区管理委员会正是城市基层民主政治制度的一种实现形式，它是使市民和社区内的各种单位参与社会管理，发扬参政、议政、监政积极性的一种组织载体和手段。探索建立和发展一种新型的社区组织管理模式，可以使我国在20世纪50年代建立起来的城市居民委员会这一市民自治组织，在结构功能上进一步得到提高和完善，这也是我国城市基层民主政治发展到一个新阶段、新水平的标志。

（三）构筑新型社区行政模式

构筑新型社区行政模式，必须按照党的"十六大"精神，在"三个代表"理论的指导下，解放思想，实事求是，不断探索和完善"两级政府，三级管理"的新体制，积极探索社区建设和管理的新机制，加强党的基层组织建设，加强社会主义精神文明建设，加强社会治安综合治理，进一步提高城市现代化管理水平，为人民群众创造安全、整洁、方便、舒适的生活环境。

1. 基本原则

（1）行政主导原则。在构筑新型社区行政的过程中，在很长一段时间里，居于主导地位的将是政府的行政力量，即要靠政府行政的权威来推进社区行政体制的变革。造成这一状况的根本原因是：在目前社会现代化发展过程中，社区自治意识的淡泊和自治机制、自治力量的软弱。因此要靠政府行政来培养和发展。

（2）共同参与原则。在推进社区行政模式转变的过程中，行政管理的参与面将会逐渐扩大，街道办事处、各专业管理部门、中介机构、各类群众组织等各种力量都将积极参与社区行政管理，成为推进社区行政管理模式变革的力量。所不同的是，在社区行政模式变革的不同阶段，各种力量所起的作用、所处的地位也将是不同的。

（3）法制规范原则。这是社区行政模式转变得以顺利进行的根本保证。规范产生有序，没有规范就会最终导致混乱。社区转变过程中，也是建立和完善有关社区行政的法律法规的过程，社区行政规范化、法制化，是构成新型社区行政的又一重要原则。

（4）服务导向原则。社区行政与其他政府行为的重要区别是，它是一种服务行政。其着眼点并不在于实现控制，而是在于如何更为有效地服务社区，创造良好的社区面貌。虽然，控制是有效管理的重要条件，但对于社区行政而言，服务性始终是居于主导地位的。

（5）分步实施原则。随着社会主义市场经济的不断向前推进，为与之相适应，"小政府、大社会"的管理原则成为了必然选择。在这种状况下，社区最终实现自我组织、自我管理也将会成为必然。但这是一个渐进的过程，不能一蹴而就，需要细致的规划和有效的领导，要分阶段、分步骤地稳步实施，最终才能形成一个健康良好的全新社区行政管理模式。有了正确的指导思想和原则，才有可能建设出一套良好有序的新型社区行政模式。

2.新型社区行政划分方式

新型社区行政的组织类型，根据不同的标准，可以有不同的划分方式。

（1）按组织的性质划分。可以分为行政性组织和社会化组织两类。行政性组织近阶段主要包括街道办事处及其下属机构、区级专业职能部门的派出机构，其性质定位于准政府行政管理；社会化组织近阶段主要包括各类社区服务中介机构、团体及各类群众组织，其性质定位为群众性自我管理。在社区行政模式变革的不同阶段，行政性组织和社会化组织所起的作用、所处的地位会发生重大变化，其构成也会有很大的不同。此种分类方式，是区别社区行政模式变革的不同阶段的标志。

（2）按组织功能分。大致可分为社区行政决策系统、社区行政执法系统和社区行政执行辅助系统。现阶段，社区行政决策系统包括街道办事处和城区管理委员会，它在社区行政管理活动中起到行政决策的作用；社区行政执行系统包括街道办事处下设的各部门以及市政管理、社区发展、社会治安综合治理、财政经济、社会保障等协调性机构。而居民自治组织、中介机构、物业公司等机构，其职能是对社区行政执行系统管理工作的补充和辅助。随着社区行政模式的不断变化，社区行政决策系统、社区行政执行系统、社区行政的执行辅助系统的构成也将发生变化。

应当清楚地看到，社区行政模式的变化，是建立社会主义市场经济体制的要求，新型的社区行政模式必须是一种与市场经济体制相匹配的结构。因此，以"小政府、大社会"为原则，实现社区行政管理的完全社会化，将是社会主义市场经济条件下社区行政模式变革的必然结果。

（四）建立新型社区行政的条件

建立新型社区行政组织模式，必须具备的基本条件主要有以下几项。

1.党政部门的支持和重视

要将建立新型社区行政组织模式工作列入议事日程，建立政府行政职能机构，协调各部门的工作，统一实施计划，并且协助落实社会公益性组织的资金来源，这项工作对基层单位来说是解决实际问题的举措，也是解决实际问题的体现。制定有关社区的方针政策，以政策和资金作为宏观调控手段，赋予社区工作者较高的政治地位，改变以往不受重视、甚至是遭到轻视的局面，加大宣传力度，大力宣传社区工作，形成全民共同参与的社会氛围。

2. 要抓好干部队伍建设

可以说，这是关系到社区工作质量的关键。从目前的情况来看，必须要引进和选派优秀年轻干部到街道工作，充实干部队伍，改善现有干部队伍的结构和构成；对于那些已经有较长工作年限的干部，要进行适应性训练，使其在角色上有较快的转变。同时要加强街道干部的学习和研究工作。

3. 应当重视街道干部

这不仅有利于街道干部地位的稳固、权威的确立、作用的发挥，也是对其工作的一种肯定，能大大激发他们的主观能动性，激发他们工作的主动性、积极性和创造性。在此基础上，在社区组织机构的人员组建和构成上，要坚持精简、高效、廉洁奉公的原则。

4. 要制定相应的法律法规

这是目前社区管理和建设工作的当务之急，在全国性的法律法规尚未成熟的时候，可以先依据地方的特点和发展情况制定一些地方性法规以及基本的社区管理条例和规章，先在个别基础较好的街道做试点，取得一定经验后再逐步推广。确立社区居民共同遵守的规范，强化依法管理的观念，并加大执法力度，树立政府权威，维护大多数居民的利益，培养居民遵纪守法的意识。

任务二 掌握社区管理的内容及方法

情境导入

某社区地处城乡结合部，由于房租便宜，吸引了大量打工族来此租房，社区人口结构复杂，生活方式多样。因为只是暂时居住，很多租客对社区环境、社区公共设施等都漠不关心，到处可见生活垃圾，偷盗案件频发。原住社区居民认为社区的脏乱差、治安等问题都是各形各色的租客们带来的，特别是农民工租客。于是，部分居民来到社区反映情况，希望社区工作者出面，对这些租客进行管理，对房屋租赁进行管理。

任务描述

根据上述情境，请讨论分析以下问题：
1. 如果你是当地社区工作者，接下来你会怎么做？
2. 社区管理的内容有哪些？
3. 如何评价当前的社区管理体制？

任务实施

1. 按每10人为一组对全班同学进行分组。
2. 以小组为单位根据情境，展开主题讨论。
3. 各小组选派代表汇报、分享讨论结果。

任务总结

1. 教师结合情境对任务要求进行分析。
2. 教师对各小组讨论结果进行点评与讲授。

任务反思

从总体上看，当前我国社区管理的水平还很低，与市场经济体制相适应的新的社区管理体制还没有完全建立起来，社区管理还存在条块分割现象，缺乏系统性。分工不明、各自为政、管理脱节的现象严重，难以实现社区整体化、系统化管理，最终导致社区管理的效率低下、功能缺失。

知识链接

一、社区管理

（一）含义

从管理的一般规则看，社区管理是现代管理的一个重要领域。不管是哪个领域的管理，都是由管理者在一定的环境条件下，对组织所拥有的资源（人力、物力和财力等各项资源）进行计划、组织、领导、控制和协调，以有效地实现组织目标的过程。由此出发，我们可以对社区管理概念作如下的界定：所谓社区管理，就是在一定的社会条件下，社区基层政权组织与社区居民、住区单位等，为维护社区整体利益、推进社区全方位发展，采取一定的方式，对社区的各项事务进行计划、实施和有效调控的过程。

由此可见，从管理的基本要素出发，社区管理的定义应包括如下基本内涵：

（1）社区管理的范围主要是指经过社区改革后做了规模调整的居民委员会辖区，有时也指街道辖区。

（2）社区管理的主体是多元的，又是双向的，包括：社区基层的政权组织、住区单位、社区居民等。社区的政权组织包括城市社区的街道、居委会，农村社区的村委会等，它们在社区管理中发挥着方向性主导作用。社区内的企业事业单位，如学校、机关、商店、企业等，它们的存在与社区发展息息相关，是参与社区管理的重要力量。广大的社区居民，随着民主参与意识的增强和现代社区管理模式的转变，日益发挥着主体作用。但社区管理中，人所扮演的角色具有双重性，当其作为管理主体的代表对社区事务进行管理时，扮演着主体角色；同时，任何一个社会人居住在一定的社区，成为社区管理者的服务对象，扮演着客体的角色。

（3）社区管理的客体，即社区管理的对象，是社区内的各项事务。主要包括：地区性事件，即社区中对所有成员而言具有共性的事务；社会性事务，即涉及各成员间相互关系的事务；群众性事务，即涉及群众利益，需要广泛参与的事务；公益性事务，即有利于整个社会，而不限于任何特定成员的事务等。

（4）社区管理的目的是维护社区的整体利益，推进社区的全方位发展，或者说是为社区发展提供全方位的服务。社区管理是一种特殊的管理，其主要目的是营造社区氛围，整合社区发展力量。因此，社区管理应以服务为先导，确立服务的宗旨。

（5）社区管理是动态的，是随着社区管理环境的变化而不断调整和灵活选择的。以社区管理方式的变革为例，在计划体制下，社区管理方式主要是服从命令的行政方式。在市场经济体制下，社区管理方式是在相互尊重、平等的基础上，各管理主体通过协商、讨论，加强沟通，相互理解，达成共识，最终采取共同行动的方式来进行管理。

（二）特征

从社区管理的含义中，可以看出社区管理具有区域性、群众性、综合性、规划性以及层次性的特征。

1. 区域性

社区是具有一定界限的地域，换句话说，社区是地域性社会，是一定的社会关系空间与地域空间的结合体。社区管理的区域性主要体现在：社区管理工作指向本社区，为本社区内成员、社区组织提供全方位、多样化的服务；社区管理的具体内容基本上局限于社区范围内；社区管理的组织者和参与者主要是本社区内的居民、单位和组织；社区的主要管理方式是发动社区内的各类管理主体，进行自我组织、自我管理和自我服务；社区管理的目的是全面改善社区环境，提高社区居民对本社区的认同感、满意度，提高本社区居民的综合素质和生活质量。

2.群众性

社区管理是一项群众性工作，应本着以人为本的原则，维护社区居民的根本利益；社区居民的参与是提高社区管理水平的坚实基础，社区居民的参与热情越高，社区管理工作越易于开展；社区居民对其生活的社区所形成的认同感、归属感的强弱，是社区管理工作好坏的重要标志。因此，密切社区群众之间的关系，才能增强社区居民对社区的向心力和凝聚力；解决社区的矛盾和困难所采取的主要方式之一，是依靠群众力量，发挥社区成员的互助作用。

3.综合性

社区管理的综合性主要体现在：社区管理工作涉及面广，包括社区服务管理、环境管理、治安管理、文化管理、卫生管理等多项工作；评估社区管理工作绩效的指标不是单一的，具有综合性；提高社区管理水平，社区管理主体需掌握社会学、人口学、心理学、经济学、管理学、法学等多学科的知识；社区管理主体需运用经济的、行政的、法律的等多种手段和方法，并综合利用各方面的力量，才能有效地达到预期的管理目的。

4.规划性

规划是对社区发展进行总体部署，其目的是为了有效地利用社区资源，全面协调社区关系，提高社区的整体效益。社区管理的规划性要求社区管理者认识和掌握社区变迁的客观规律，从社区实际出发，制定长期、中期、短期计划，有目的、有步骤地实施管理。

5.层次性

社区管理是一个管理系统，这个管理系统是有层次的。例如在城市社区管理体系中，分市、区、街道、社区居委会几个不同的管理层次，不同管理层次扮演着不同的角色，各司其职、各负其责。如果社区管理层次不清，职责不明，就会出现管理角色越位、缺位、错位等现象，不利于实现社区管理的整体目标。需指出的是，由于中国社会管理体制的特定性，目前我国的社区管理还带有一定的行政性，政府的管理职能较强，社区的自治职能较弱。随着改革的深入，社区管理将日益实现民主自治管理，即通过社区的管理机构实现民主决策、民主管理；社区组织将具有中介性，是社区居民与党和政府的桥梁，是在党的领导下，在政府的指导下和相应的法律法规的规范的范围内，实行民主自治、全员参与。

（三）原则

社区管理的上述特点，决定了社区管理是一项有计划的实践活动，社区管理的复杂性要求我们在管理中必须以一定的基本原则为指导，使管理工作更有针对性，更能突出重点。

1.全体利益原则

全体利益原则强调：社区管理的目标是满足社区内全体居民、组织、团体、单位的共同需要和利益。一切手段、做法都必须紧紧围绕着这个根本目标，而不能偏离，它是衡量社区管理有效与否的最直接的标准。

2.自治和自助原则

自治和自助原则强调：社区管理的方式是由政府向社区的放权和授权，通过各职能部门向社区延伸的机构及社区居民和单位的共同参与，明确社区管理主体的地位（既是管理者，同时又是被管理者）及其责、权、利；明确社区自我组织、自我管理的管理方式，充分调动社区成员参与社区管理的主动性、积极性和创造性，利用社区内的人力和物力资源，发挥社区居民的特长和潜能，以自动、自发、自助、自治的精神，来实现社区的管理和发展。

3.组织和教育原则

组织和教育原则强调：实现社区管理目的的方法，是通过社区教育，提高社区居民的综合素质；通过组织和管理，利用约束性要素，来建立健全并理顺社区居民之间的关系，统一大家的认识，培养社区意识。

4.协调性原则

协调性原则强调：社区管理不能仅仅局限于社区这个小区域，要注重社区与整个外部大环境的协调以及组织与功能之间的协调，以保证管理的及时、有效。

5.前瞻性原则

前瞻性原则强调：在社区管理过程中，要注重预见性，要有长远的目标，要充分考虑社区管理的根本出路问题，将影响社区发展的不利因素化解在萌芽状态。

6.系统管理原则

系统是指由一定数量的相互关联的因素所组成的相对稳定的统一体，它是事物由于客观的普遍联系而形成的存在状态。系统管理原则是指在管理过程中，对社区的各被管理要素进行统一计划、组织、协调、监督和控制，以期获得最佳的整体效益。

7.法制管理原则

依法治理社区是现代社区管理的必然要求。法制管理原则要求社区各管理主体应在法律赋予的权限内行使管理职能，不能超越职权或滥用职权；社区的各项管理活动、管理行为，要有法律依据，符合法律规定。以我国城市社区管理为例，城市社区管理的基本原则、组织构造、管理体制和主要内容，主要依据的法律是《中华人民共和国宪法》和《中华人民共和国城市居民委员会组织法》。

8.渐进创新原则

渐进创新原则是适应中国国情的一条基本管理原则。因为：第一，由于中国人口众多、幅员广阔，各个社区之间存在着很大的差异性。特别是在计划经济体制下，以"单位人"身份形成的老社区，与改革开放后以"社会人"身份形成的新社区相比，具有明显的差异性。第二，我国真正意义上的社区管理才刚刚起步，还未形成一种经验模式，与国际接轨还有一定的差距。因此，考虑我国的国情，我们只能本着渐进创新的原则，充分发挥全员的积极性、创造性，创建自身的管理特色。

由于社区承担的事务繁多，社区管理的内容也注定多种多样，具体包括：我国社区管理现有的几种模式及未来发展趋势，社区管理组织、社区管理者、社区规划、社区管理的各种实践活动（包括社区环境管理、社区文化管理、社区治安管理、社区卫生管理等）、社区服务管理、社区管理信息化、社区管理绩效评估、社区管理伦理以及社区管理工作方法。

二、社区管理与街道管理的差异性

社区管理并不等于街道管理，两者的差异通过各自的定义就可明显看出，它们主要表现在以下几个方面。

1.管理主体不同

街道管理体制是行政管理，管理主体唯一，就是街道党工委和街道办事处；而社区管理的主体多样化，除了起主导作用的社区党组织和社区行政部门外，还有各职能部门向社区延伸的机构以及社区内的单位和社区居民，管理主体的范围大大扩展。因此，社区在管理的过程中要强调分而治之，相互协调，动员各方面管理主体的力量来共同参与管理好社区。

2.管理目标的设定方式不同

街道办事处是政府的派出机构，它必须要对上级政府负责，完成上级交派的任务，因此街道管理的目标设定方式是"眼睛向上看"的设定方式，其工作中心和重点随上级政府的意志而转移，街道的工作目标基本上由上级行政机关来设定。

社区作为一个区域性生活共同体，之所以有必要存在，就在于它能够满足社区成员的需要。社区管理作为一种自我服务和自我管理，也应该为了满足社区自身的需求而开展工作。因此社区管理的主要目标应是发现群众的需要，满足群众的需要，社区管理的目标设定方式应是"眼睛向下看"的设定方式。

3.管理对象不同

街道管理由于带有很强的行政色彩,必须符合行政性管理的规则,即以行政隶属关系和行政命令手段来进行管理。故街道管理的对象较为单一,仅限于街道属下的企业事业单位和依附程度较大的居民委员会;而不具行政关系的单位,特别是行政级别高于街道的单位以及广大居民,一般不属于管理的对象。因此街道管理的对象面比较窄,量也比较少,不能覆盖全部街道范围,有管理所不能及的空白点存在。

社区管理是一种地域化的管理,它是包括各种机构、单位和居民在内的所有社区成员的自我服务和自我管理。管理对象面广量多,覆盖整个社区,没有空白点存在。另外,从前面社区管理主体的分析中我们知道,社区管理主体也包括了社区内所有成员,即管理主体同时又是管理对象,这种情况是社区所特有的,是由社区管理的性质——自我管理所决定的,每个成员在管理自己的同时都有权管理别人,而自己也有接受别人管理的义务。在这种管理体制中,由地域联系来体现管理资格,而不是行政级别,即凡是社区地域范围内的单位和个人,无论是有行政隶属关系的上级主管单位存在的企业事业单位和有工作单位的职工,还是没有上级单位的新经济组织等各类单位和无工作单位的社区居民,他们都必须接受社区管理,同时也有权参与社区管理。

4.管理方式不同

街道管理具有突出的行政性质,其管理方式是行政体制中通用的上下级之间命令与服从的方式。上级部门以指令方式向街道布置工作目标和工作任务,街道就布置的工作目标和任务开展工作,进行具体的落实,无论街道理解或不理解都必须服从执行。

在社区内,所有成员都是平等关系,不需要用命令的方式来管理,另外,有很多社区单位不属于街道管理,没有上下级隶属关系,有些单位的行政级别甚至远远高于街道,根本无法用行政命令的方式来管理。因此社区管理方式是在相互尊重、平等的基础上,让各管理主体明白自己既是管理者又是被管理的对象,对社区有应尽的义务,在此前提下以协商、讨论、加强沟通、相互理解、达成共识,并采取共同行动的方式来进行管理。

5.管理机制不同

街道管理实行的是单一的行政机制,它是以上下级的行政隶属关系存在为前提,以人员编制、职务权力、经费投入为保障,以行政命令为手段的一种管理机制。而在社区管理中,由于各社区成员的地位和相互之间的关系与街道体制中的地位和关系有很大的不同。除了作为管理主体的行政机构对其属下的企事业单位和向居委会下派的专职干部、社区工作者运用行政机制进行管理外,还可利用社区的约束要素和社会心理要素来进行管理，用法律机制、社团机制和伦理道德机制来进行管理，对提供有偿服务的单位如物业公司等，运用市场机制进行管理。因此社区管理机制是包含多种机制在内的综合性的管理机制，它有别于只有单一行政机制的街道管理机制。

6.管理内容不同

街道管理的内容主要是上级单位交派的任务，其范围非常有限，内容常常随上级部门的工作重心的转移而变动。上级要创卫生城区，街道的管理重心马上就要移到环境卫生整治上来；上级要创建安全城市，街道则要着力于治安、联防、外来人口管理等。管理内容的范围虽小，但变动幅度大。

社区管理的内容要比街道管理的内容宽泛得多，只要是社区居民需要的和能够满足社区居民需要的内容，都是社区管理的内容。主要包括地区性事务，即区域中相对所有成员而言具有共性的事务；社会性事务，即涉及各成员间相互关系的事务；群众性事务，即涉及群众利益，需要广泛参与的事务；公益性事务，即有利于整个社会，而不限于任何特定成员的事务。

三、社区管理体制

（一）社区管理体制的含义

社区管理体制主要是指社区管理的组织体系及运转模式，即参与社区管理的管理主体的组织结构、职权划分和运行机制的总和。社区管理体制是社区管理工作的基础和保证。

社区管理主体的组织机构是指参与社区管理的一切组织（既包括政府组织，也包括社区自治组织；既包括社区管理工作组织，也包括社区保障监督组织），在结构上应是多层次、多系统的网络式结构。所谓多层次是指由市——区（县）——街道（镇）——居（村）民委员会——居民代表组成的多级管理体系。所谓多系统是指由政府行政管理系统、社区自治管理系统、社区生活服务管理系统组成的横向管理体系。

职权划分是指依法确立政府、社区自治组织、社区服务组织的管理职责与权限。

管理机制是指社区管理权力的运行和制约方式，即参与社区管理的党政组织的推动力、社区自治组织的原动力、社区单位的潜在力等形成的社区管理的整体合力。在管理方式上表现为制度规范、标准化管理。

社区管理体制是一个历史范畴，一定的社区管理体制，总是特定的历史环境和时代条件的产物。在不同的社会背景下，社区管理体制不同。如计划经济体制下，我国社区的管理体制主要是行政性的。组织结构为行政直线，即市——区

(县)——街道(镇)——居(村)民委员会这一种多级管理结构。在这种模式下,管理层次越高,机构设置越全,人员配备越强,管理资源越多,反之则越少、越弱。管理职能以政府为主,居民委员会等社区组织成为国家行政管理体系的"末端",其管理职能不能得到充分发挥,呈现出一种倒三角形的态势。运作方式也是行政命令式的,单纯利用行政手段难以做到对社区资源的有效配置以及各方利益和需求的统筹兼顾,也难以做到真正意义上的依法治理。

市场经济条件下的社区管理体制则是社会职能型的。其组织形式应脱离以往的直线形、倒三角形结构,转变为多层次、多系统的网络式结构。在管理职能上,应依法确立政府与社区组织之间的职责权限,规范政府的角色定位。社区管理职能主要通过相对独立的、充分体现居民自治原则的管理机构去实现。管理主体应综合运用行政手段、法律手段和经济手段以及引进责任考评机制、法律机制、市场机制和监督机制等方法,处理社区内存在的问题,解决矛盾,服务群众,对社区进行综合性管理。

(二)社区管理体制的特点

完善的社区管理体制应具有如下特点。

1. 管理组织框架体系形成,具有配套性和系统性

所有参与社区管理的各级政府及其职能部门、社区党组织、社区成员大会、社区委员会、社区协商议事委员会等管理机构,其组织机构是配套的、系统的,形成了一个完整的管理框架体系。

2. 管理组织间的关系明确,具有整体性和联动性

各管理主体的职责、职能既是相对独立,又是相互制约的。既能有效发挥各自的管理作用,又能有效配合,发挥整体功能。各管理主体的运行,既有自己的职责范围和工作程序,又能形成整体联动,共同趋向一个管理目标。

3. 管理组织的职能定位准确,具有全面性和立体性

在管理范围上,突破传统的隶属关系,打破条块分割,形成区域自治管理,具有完整的区域性;在管理内容上,涵盖所有的管理事项,管理内容具有综合性;在管理对象上,有直接隶属的,有间接管理和双重管理的,实现管理对象的全员性。

4. 管理队伍多元高效、具有职业性和社会性

管理队伍素质高,群众自我管理意识强,志愿者人数增加,管理队伍实现社会化、职业化、专业化、年轻化。

5. 管理机制有效,具有能动性和规范性

运行机制上的党政推动作用、社区主体组织的自治作用、社区单位的参与作用三者形成社区管理的整体合力。运作手段上实行制度化、标准化管理。

总之，完善的社区管理体制，能够保证理顺社区党的建设与社区自治的关系、社区行政管理与自治管理的关系、社区政府职能部门与社区组织的关系、社区单位与社区的关系、社区与社区居民的关系。

（三）我国社区管理体制的构建原则

建立同市场经济和现代化社会相适应的社区管理体制必须遵循一定的原则，当前我国构建社区管理体制主要遵循了以下几个基本原则。

1. 重心下移、立足基层

重心下移、立足基层是指把社区管理的重心下移至街道办事处和居民委员会层次，立足街道办事处和居委会开展社区建设和管理工作。这是因为：第一，社区建设要贴近居民群众，要对居民群众的多元化需求做出直接、灵敏的反应。而街道办事处和居民委员会恰恰具备直接面对居民、直接为他们提供服务和实施管理的明显优势。第二，社区建设内容丰富，任务繁重，大大超出了市、区两级政府所能承受的限度，因此，只有依托街道办事处和居民委员会，充分调动他们的积极性和创造性，才能有效推进社区建设与管理。第三，计划经济体制下的"倒三角形"管理体制已经不能适应今天社区建设的需要，必须实现管理重心的下移。

2. 条块结合、以块为主

"条"指的是社区中进行专业管理的各职能部门，"块"指的是进行综合管理的地域性机构——街道党工委和街道办事处。在社区建设管理体制中，职能部门的专业管理与街道办事处的综合管理要结合起来，并且要以街道办事处的综合管理为主。这一原则是由社区建设工作的多样性、复杂性和专业性决定的。社区建设不同于行业或部门工作，它是在一定的社区范围内开展的一项内容复杂、涉及面广、专业性强的系统工程，单靠几个职能部门在各自的"条"上展开专业管理工作往往不能形成合力，难以整合社区建设和社区管理的各种资源。同时，社区建设也离不开各职能部门的专业管理，专业化管理是社区建设的客观要求。因此，在街道办事处的辖区内，既要将各职能部门的专业管理与街道办事处的综合管理结合起来，以街道办事处的综合管理为主；又要统一协调，加强社区内各职能部门的专业化管理，充分发挥职能部门的作用。

3. 党政主导、各方参与

这个原则要求我们在构筑社区建设的管理体制时，一方面要维护社区党组织的领导核心地位和区政府及街道办事处的主导地位；另一方面又要充分调动各方面的积极性，广泛吸收社区内各单位和居民代表参与决策和管理过程。社区管理不是单纯的政府行为，也不是单纯的民间活动，而是在党和政府的领导下整合社区内企事业单位、居民群众和社会中介组织等各种力量共同建设社区的过程。

4. 扩大基层民主

推动民主化进程、实现社区自治是社区建设的一个重要目标。要通过社区管理体制的构筑，健全民主选举制度，实行政务和财务分开，让群众参与讨论和决定基层公共事务和公益事业，对干部实行民主监督。

5. 管理与服务相结合

对于社区建设来说，服务是宗旨，管理是保证，建设是基础。社区管理和社区服务紧密相关，是一项完整的系统工程。随着人民生活水平的提高，社区管理的水平、社区服务的质量同居民生活、工作与学习的关系日益密切。因此，必须建立有效的管理机制，将相应的管理和服务责任落实到市、区、街道、居委会，形成责任清晰、管理有序、服务完善的社区管理体系，真正寓管理于服务之中。社区建设实践表明，社区建设的管理体制必须充分体现管理与服务相结合的原则。

（四）社区管理体制的基本框架

遵循上述基本原则，综合各地的实践经验，在我们看来，当前我国社区管理体制的基本框架是在市一级设立社区管理的领导机构，在区一级建立社区管理的指导机构，在街道一级健全社区协调组织机构，在居委会层次上成立社区委员会，同时由各级民政部门负责协调各种日常事务。

1. 市一级设立社区管理领导机构

由市委、市政府领导牵头，有关部门和单位参与，主要负责制定、审核全市范围的社区建设规划和工作计划；研究制定社区建设的方针、政策和重大措施；督促、检查全市范围内的社区建设工作；努力解决社区建设中的政策保证和财力保障等问题；协调有关部门和单位之间的关系，为全市开展社区建设创造条件。

2. 市辖区一级建立社区管理指导机构或协调组织

由区委、区政府主要领导牵头，有关部门负责人和驻区大单位代表参加，负责制定全区性的社区建设规划和工作计划；研究、决定全区性的社区建设的重大问题和决策、措施；协调有关部门和辖区内各种社会力量，积极参与社区建设活动；理顺街道条块关系，充分调动街道办事处开展社区建设工作的积极性；主持开展社区建设的"示范工程"。

3. 街道一级建立健全社区协调组织

由街道办事处党政主要负责人牵头，辖区内有关部门、企业事业单位、社会中介组织和居民代表参加。主要职责是贯彻落实上级党委、政府有关社区建设的决定、决议和工作部署；研究、制定街道范围社区建设规划和工作计划，并付诸实施；发动、组织辖区各种社会力量积极参与社区建设工作，探索实现社区共建的新机制；指导居民委员会和社区中介组织开展灵活多样的社区建设活动。

4. 居委会积极探索社区居民自治与社区内单位有机结合的新途径

可成立由居民选举产生的居民委员会和社区内单位代表共同组成的社区管理委员会，组织开展符合本社区特点的多样化的社区建设活动。

（五）社区管理体制存在的问题

从总体上看，当前我国社区管理的水平还很低，与市场经济体制相适应的新的社区管理体制还没有完全建立起来。存在的主要问题如下：

（1）大政府、小社会的管理框架还未根本打破，多元主体的民主管理体制还未完善。社区管理中占据主导地位的仍然是政府，社区内部事务大多由各级政府机关一手包办。社区成员对行政任命的社区管理主体缺乏认同感，对社区缺少归属感，积极参与社区管理和活动的自主意识还有待进一步提高。

（2）社区管理还存在条块分割现象，缺乏系统性。分工不明、各自为政、管理脱节的现象严重，难以实现社区整体化、系统化管理，最终导致社区管理的效率低下、功能缺失。

（3）社区管理重视短期成果，忽视长远效益；重视硬件管理，忽视软件管理。具体表现在：社区管理中，社区发展缺乏科学的长期规划，社区管理决策缺乏民主决策的程序与制度规定。另外，社区管理更多偏重于经济建设和对以"物"为中心的硬件管理，相对忽视文化建设和以"人"为中心的软件管理。

（4）管理者的"业余"性质与老龄化特征。社区管理者岗位的设置往往是不确定的，居委会成员年龄老化、人员常换和业余兼职是其普遍特征，管理队伍的素质急需提高。

四、社区管理模式

（一）我国现有社区管理模式介绍

伴随着社区建设的蓬勃发展，全国各地开始进行社区管理体制构建的实践，在社区定位、社区划分、社区组织结构等方面获得了许多宝贵的经验，归纳起来有以下几种模式。

1. 上海浦东模式——以街道为单位，统一规划，政府主导，多方协力的社区共建模式

上海是我国较早探索社区建设管理体制的特大城市，它在实行"两级政府、三级管理"改革的过程中，构筑了领导系统、执行系统和支持系统相结合的街道社区建设的管理体制。以卢湾区五里桥街道为例，它所构筑的街道社区管理模式包括如下几个方面：

（1）由街道党工委、办事处和城区管理委员会组成了街道社区建设的领导系统。根据权力下放与属地管理的原则，街道办事处依据法律法规和区政府的授权，履行相应的"准政府"的管理职能，对全街范围的社区建设行使领导、协调、监督等职权，对地区性、群众性、社会性的工作承担全面责任。同时，建立由街道办事处牵头，派出所、房管所、环卫所、工商所、街道医院、市容检察分队等单位参加的城区管理委员会。城区管委会定期召开例会，商议、督查城区管理和社区建设的各类事项，制定社区发展规划。

（2）四个工作委员会构成街道社区建设的主要执行系统。设立市政管理委员会、社区发展委员会、社区治安综合治理委员会和财政经济委员会四个工作委员会。市政管理委员会对辖区内市容工作实行综合管理；社区发展委员会对辖区内社会发展与建设工作进行管理与协调。通过对街道内社区保障、社会福利、社区教育文化、计划生育、劳动就业、户籍等方面的管理，全方位、多层次地解决社区居民的生活需要；社区治安综合治理委员会主要是协助街道党工委、办事处领导辖区内的社会治安综合治理工作；财政经济委员会对辖区内街道财政进行预决算，对有关企事业单位、个体工商户等实行工商、物价、税收等方面的行政管理，对街道企业进行综合管理。四个工作委员会的设立和运转，使街道工作得到了延伸和拓展。

（3）辖区内企业事业单位、社会团体、居民群众及其自治性组织构成了街道社区建设的支持系统。它们通过一定的组织形式，如社区事务咨询、协调委员会、居民委员会等组织发挥各自的作用。

2.青岛模式——区、街道、居委会三级组织机构，寓社区管理于社区服务之中的模式

青岛市构筑的社区建设管理体制包括四个相互关联的层次：

（1）全市建立社区建设工作委员会。由市委、市政府领导牵头，有关部门领导参加。主要职责是：研究贯彻省、市以及国家相关部门有关社区建设的决定、决议和工作部署；审核社区建设的中、长期规划，研究制定年度工作计划、要点；审定向上级报告的有关社区建设重大问题的工作报告和重要文件；对各区、市直有关部门和单位社区建设年度工作目标的完成情况进行督促检查等。

（2）在区级建立社区建设指导委员会。由区委、区政府主要领导担任正、副主任，有关部门领导人参加。主要职责是指导、协调、督促、检查全区范围的社区建设工作。

（3）各街道成立社区建设协调委员会（或社区管理委员会）。一般由街道办事处党政主要领导任主任，吸收辖区内与居民生活相关的部门及企事业单位负责人参加。负责研究部署、综合协调全街道范围的社区建设工作。

（4）各社区组成社区建设管理委员会。一般由社区干部与社区内单位代表及居民代表共同组成,以社区主任为主,负责组织开展本社区的社区建设工作。

在青岛市社区建设的管理体制中,民政部门举足轻重。市、区两级社区建设工作委员会(指导委员会)办公室都设在了民政局,由民政部门负责日常事务。

3. 沈阳模式——按自然规律划分社区,实行社区自治、社区内资源共享,部分政府职能交由社区承担的模式

沈阳市社区管理体制改革,主要包括以下方面的内容:

(1)社区定位。沈阳市将社区定位在街道办事处与规模调整前的居委会之间,这样一方面有利于社区力量的整合,有利于社区资源的优化配置;另一方面,既保证了政府在社区建设的初始阶段,对社区工作能够进行有力的指导、支持和帮助,又保证了社区群众民主自治的性质,便于调动和激发社区成员建设社区的积极性。

(2)社区划分。沈阳市依据居民居住的地缘关系,心理认同感等社区构成要素,按照有利于群众自治和管理、优化资源配置、提高工作效率的原则,将社区划分为四种类型:按照居民居住和单位自然地域划分的"板块型社区",以封闭型的居民小区为单位的"小区型社区",以职工家属聚居区为主体的"单位型社区"和根据功能特点划分的"功能型社区"。

(3)建立社区组织体系。沈阳市的社区组织体系体现了"社区自治、议行分离"的原则,包括领导层、决策层、议事层和执行层四个层面。

4. 武汉江汉模式——以社区为依托,构建基层自治组织,提升社区自治功能,形成政府行政调控与社区自治相结合的、分阶段逐步实施的模式

武汉市江汉社区以转变政府职能为突破口,创新管理体制,形成政府管理与社区自治互补的城市基层管理体制。具体分3个阶段逐步加以实施:

(1)近期社区培育阶段。即调整社区规模,构建新型社区组织,理顺社区各方关系,初步建立政府倡导、政策引导、基本自治的基层社区管理体制。

(2)中期社区发展阶段。即稳步推进社区制度的变迁和转型,实现政府职能的根本转变,基本完成城市基层管理体制的重心由行政调控体制向法制保障下的社区居民自我调控体制转变。

(3)远期社区自治完善阶段。即扩大社区基层民主,实现以民主选举、民主决策、民主监督为主要内容的依法自治局面,全面提升社区功能。

5. 深圳罗湖模式——以居住小区为基础,居委会与物业管理公司紧密结合的社区服务市场化模式

深圳罗湖模式是在20世纪90年代初进行"安全文明小区建设"的基础上建立起来的。其特点是:在政府的统一规划指导下,在一些可以实行市场化的社区服务领域中引入市场运作机制,以建设安全文明小区为切入点,化整为零,分散管理，将居委会的社会性职能与物业管理公司的商业性运营较好地结合在一起，形成了一种高度市场化的社区建设和管理模式。

6. 佛山城南模式——以街道为单位，统一规划，政府引导，社区各方携手共建模式

佛山市城南街道地处城郊结合部，他们结合当地的实际情况，将新区的开发规划与社区管理较好地结合在一起，形成了具有自身特色的佛山城南模式，具体做法是：

（1）加强街区管理队伍建设。充实街道办事处领导，面向社会公开招聘居委会干部，实行"竞争上岗"、"居务公开"。

（2）建立社区服务中心。由政府投入资金，以街道为单位建立功能齐全的"社区服务中心"，为辖区内居民提供全方位的服务。

（3）发挥社区整体资源优势。建立由街道办事处主持的辖区内各企业事业组织及居民代表联席会议制度，推进社区管理。一是在"社区服务中心"指导下，设立居委会社区服务站，并与辖区内的一些单位及个人签约建成了一批签约服务站点，为社区居民提供各种服务；二是发动社区群众，组成志愿者队伍，为社区内的军烈属、孤寡老人、残疾人等对象提供长期固定的无偿服务；三是积极探索如何协调好社区内各级单位共同参与社区工作的方法，如将社区内单位的共青团组织纳入街道的管理范围，充分发挥其在社区建设中的带头作用；四是利用计算机建立社区服务网络，将社区服务中心的各项设施、活动场所、提供的服务信息，办事处各部门、居委会的职责及办事的程序等资料输入网络，为社区居民提供方便、优质的服务。

以上几种社区管理模式虽各具特色，但也集中反映了我国社区管理改革的某些共性特征：

一是政府对社区管理高度重视，提高了街道办事处的地位，赋予街道办事处更多的行政资源，使其在社区管理中发挥主导作用。

二是重新审视政府在社区管理中的角色定位。政府不再是行政巨人，政府在社区管理中的角色是搞好规划、组织协调、政策扶植、资金引导和实施监控，政府扮演着倡导者、引导者、参与者、监督者的角色。

三是充分利用社区整体资源，吸引各方力量积极参与，发挥社区管理的整合优势。

四是居委会在社区管理中的地位得到提升，不再是被动充当"政府的腿"，而是日益发挥出自治作用。

五是为社区居民提供各种服务已成为社区管理的重点，社区的行政性职能在弱化，服务性职能在提升。

六是社区管理日益体现人性化原则，以人为本，社区管理紧紧围绕"人"来开展工作。

（二）我国社区管理模式的未来发展趋势

2006年10月11日，中国共产党第十六届中央委员会第六次全体会议通过的《中共中央关于构建社会主义和谐社会若干重大问题的决定》指出了未来中国社区工作的方向："推进社区建设，完善基层服务和管理网络。全面开展城市社区建设，积极推进农村社区建设，健全新型社区管理体制和服务体制，把社区建设成为管理有序、服务完善、文明祥和的社会生活共同体。""广泛开展和谐创建活动，形成人人促进和谐的局面，把和谐社区、和谐家庭等和谐创建活动同群众性精神文明创建活动结合起来，突出思想教育内涵，广泛吸引群众参与，推动形成我为人人、人人为我的社会氛围。"

由此可见，和谐社区建设将成为我国未来社区建设的主要任务。

2006年11月10日，民政部基层政权和社区建设司副司长陈光耀做客强国论坛，以"社区建设与和谐社会"为题与网友在线交流。他谈到和谐社区的概念："和谐社区是根据构建社会主义和谐社会的目标和今后我们社区建设工作的总体要求提出的，所要建设的和谐社区的标准是居民自治、管理有序、服务完善、治安良好、环境优美、文明祥和的社区，这是一个总体的基本要求。"

由和谐社区出发，我国的社区发展已经和将要呈现出以下更多独具特色的新形式。

1.服务型社区

社区服务是社区建设的龙头。社区服务的重点，将放在面向社会特殊群体的社会救助和社会福利服务、面向社区单位的社会化服务以及面向下岗失业人员的再就业服务和社会保障社会化服务上。社区服务将以坚持网络化、产业化、社会化方向，以最大限度满足居民群众的需求为内容，体现大社区、大服务。

（1）服务项目多样化。改变服务内容单一的局面，面向广大居民群众，满足多层次、多方面的需求，为群众办好事、办实事。服务活动经常化，通过经常组织开展健康有益、丰富多彩的文化、体育、科普教育、娱乐等活动，丰富居民群众精神文化生活，满足群众需求，凝聚人心。

（2）服务手段信息化。通过计算机、网络等现代化办公条件，提高服务效率和服务水平。服务人性化、以人为本将是社区建设的首要原则，真正做到"社区以民为本，民以社区为家"。

2.自治型社区

扩大社区民主、实行居民自治，是社区建设的根本。自治型社区紧紧围绕民主政治建设和社区居民自治的要求，健全民主制度，规范工作程序，充分发挥城市社区在国家政治和社会生活中的作用，实现自我管理的目标。

3.学习型社区

党的十六大强调要构筑全民学习、终身学习的学习型社会。学习型社会的基础是学习型社区，通过建设学习型社区，居民的素质可以得到进一步的提高。现在我国一些城市的硬件设施一点也不比发达国家差，但有些市民的素质却有待提高，乱扔垃圾、随地吐痰、不讲卫生，公共厕所脏、乱、臭等成为城市发展的一大痼疾。社区是人们生活活动、接受教育和再教育的主要场所，学习型社区可以通过成立社区教育学院，组织开展健康有益、丰富多彩的社区文体、科教等活动，倡导科学、文明、健康的生活方式和崇尚先进、团结互助、扶正祛邪、积极向上的社区道德风尚，形成健康向上、文明和谐的社区文化氛围。

4.数字型社区

数字型社区就是以计算机和网络为基本工作方式的社区。它是一个全面的概念，并不是简单地将传统的社区管理事务原封不动地搬到互联网上，而是要对其进行组织结构的重组、业务流程的再造和管理模式的重构。其发展目标是实现5个"W"，即任何人（Whoever）、在任何时间（Whenever）、任何地点（Wherever）、采用任何方式（Whatever）都可以和任何人（Whomever）进行各种信息传递。

5.生态型社区

生态型社区就是可持续发展的社区，是天蓝、地绿、水清、空气清新、人际关系和谐、居民安居乐业的社区。建设生态型社区是在以人为本的原则指导下，以打造高效、节能、环保、生态平衡、健康舒适的居所为方向，创造舒适的生活环境；通过完善基础设施、服务设施，有效地利用社区资源、能源；改善居住环境质量，达到人与自然的和谐。通过大力开展社区文化活动、倡导绿色生活、倡导社区居民亲近自然，形成独特的社区文化底蕴；倡导社区居民关怀弱势群体、和谐共处。通过建立健全社区环保制度和群众性的环境监督管理体系，发挥环保志愿团体的作用。教育和引导社区居民自觉按照可持续发展的要求，改变不适合环保要求的生活方式、推行绿色消费，选用清洁能源，配合做好垃圾无害化、资源化、减量化等工作。倡导居民自觉做到节约水电、垃圾分类、爱护绿地、少用一次性制品、拒吃野生动物。

参考文献

[1] 马仲良,于燕燕.社区卫生与医疗[M].北京:中国劳动和社会保障出版社,2001.

[2] 王振耀,白益华.街道工作与居委会建设[M].北京:中国社会出版社,1996.

[3] 刘静林,张雷.社区服务[M].北京:中国轻工业出版社,2005.

[4] 唐忠新.社区服务思路与方法[M].北京:机械工业出版社,2003.

[5] 房列曙.社区工作[M].合肥:合肥工业大学出版社,2005.

[6] 张景元.社区康复教材[M].北京:华夏出版社,1991.

[7] 董先雨.社区卫生服务与管理[M].北京:华夏出版社,2000.

[8] 周沛.社区社会工作[M].北京:社会科学文献出版社,2002.

[9] 吴亦明.现代社区工作——一个专业社会工作的领域[M].上海:上海人民出版社,2003.

[10] 徐永祥,孙莹.社区工作[M].北京:高等教育出版社,2004.

[11] 莫邦豪.社区工作原理和实践[M].香港:集贤社,1994.

[12] 甘炳光等.社区工作:理论与实践[M].香港:中文大学出版社,1994.

[13] 徐永祥.社区发展论[M].上海:华东理工大学出版社,2000.

[14] 娄成武,孙萍.社区管理[M].北京:高等教育出版社,2003.

[15] 吴亦明.现代社区工作[M].上海:上海人民出版社,2003.

[16] 陈钟林.社区工作方法与技巧[M].北京:机械工业出版社,2004.

[17] 刘君德等.中国社区地理[M].北京:科学出版社,2004.

[18] 宋林飞等.社区社会工作[M].北京:社会科学文献出版社,2002.

[19] 李学举.社区建设工作谈[M].北京:中国社会出版社,2003.

[20] 周月清.英国社区照顾:源起与争议[M].台北:五南出版社,2000.

[21] 甘炳光等.社区工作技巧[M].香港:中文大学出版社,1997.

[22] 王青山.社区建设与发展读本[M].北京:中共中央党校出版社,2001.

[23] 孙凌等.城市社区建设新论[M].重庆:重庆出版社,2005.

[24] 夏建中.社区工作[M].北京:中国人民大学出版社,2005.